"保险与经济发展"丛书
Insurance and Economic Development Series

国际劳工组织 发布
王向楠 编

扶贫济困的保险

Insurance: Help the Poor

中国社会科学出版社

图书在版编目(CIP)数据

扶贫济困的保险／王向楠编.—北京：中国社会科学出版社，2020.5
("保险与经济发展"丛书)
ISBN 978-7-5203-6785-1

Ⅰ.①扶… Ⅱ.①王… Ⅲ.①保险业—研究 Ⅳ.①F840.3

中国版本图书馆 CIP 数据核字(2020)第 119439 号

出 版 人	赵剑英
责任编辑	王　衡
责任校对	朱妍洁
责任印制	王　超

出　　版	中国社会科学出版社
社　　址	北京鼓楼西大街甲 158 号
邮　　编	100720
网　　址	http://www.csspw.cn
发 行 部	010-84083685
门 市 部	010-84029450
经　　销	新华书店及其他书店
印　　刷	北京明恒达印务有限公司
装　　订	廊坊市广阳区广增装订厂
版　　次	2020 年 5 月第 1 版
印　　次	2020 年 5 月第 1 次印刷
开　　本	710×1000　1/16
印　　张	16.25
字　　数	252 千字
定　　价	95.00 元

凡购买中国社会科学出版社图书，如有质量问题请与本社营销中心联系调换
电话：010-84083683
版权所有　侵权必究

前　言

出版本书的目的

中国社会的主要矛盾已经转化为人民日益增长的美好生活需要和不平衡不充分的发展之间的矛盾，"精准脱贫"是近些年中国三大攻坚战之一。作为经济社会的重要部门之一，保险业在"扶贫济困"问题上可以发挥重要作用。近年来，中国保险业在这方面也取得了不错的成绩。

"扶贫济困"与保险业有天然的重要关联。一方面，保险起源于各类场景下的互助计划，保险赔偿和给付的对象就是受到各类自然或人为事件冲击的人。保险的一个角色是社会保障体系的重要支柱之一，因此，"扶贫济困"是保险业的一个主要价值定位。另一方面，贫困群体在各类风险面前更脆弱，而风险事故也是贫困群体之所以"贫困"的重要原因之一。保险是个人家庭、企业和社会进行风险管理的一种基本方法，并且保险业在风险管理的理念、数据、技术、业务模式等方面有专长，因此，"扶贫济困"属于保险业的强项。

截至目前，在中文图书零售的主要网站上查询，还鲜见关于"保险+扶贫（或贫困）"的著作。因此，出版这一话题的著作是有意义的。笔者近几年忙于学习研究保险业改革和风险的一些问题，所以选择通过整合和翻译已有采用科学方法研究此问题的文献资料，希望形成一本有一定系统性的书。

为何选择国际劳工组织发布的成果

联合国国际劳工组织的影响力保险部门（International Labour Organization Impact Insurance Facility）长期研究这一话题。该部门成立于2008年，总部位于瑞士日内瓦，原名称为小额保险创新部门（Microinsurance Innovation Facility），2014年变更为现名称。

该部门旨在服务保险业、政府部门以及他们的合作者，致力于更好地发挥保险在经济和社会发展中的作用——发展市场、资本建设、研发和创新等。就当前而言，该部门主要目标是，支持保险及相关活动的开展，进而实现：（1）降低数亿低收入人群的脆弱状况；（2）提高各类企业尤其是小微企业的生产力和创新能力；（3）推动公共部门的有效政策制定，尤其是在健康、农业、环境等领域。此外，该部门在全球多地开展保险素养和保险服务的推广活动，2019在近40个国家开展了100多个项目，服务的城市低收入家庭、小农户和小微企业超过百万。

该部门成立时获得了盖茨夫妇基金会（Melinda Gates Foundation）的慷慨资助，此后，获得了世界银行（World Bank Group）、环球利益集团（GBG Foundation）、苏黎世再保险基金会（Z Zurich Re Foundation）、安盛保险（AXA）、保诚基金会（Prudential Foundation）、慕尼黑再保险基金会（Munich Re Foundation）、联合国资本发展基金/联合国开发计划署（UNDP）、美国国际开发署（USAID）、澳大利亚国际开发署（AusAID）等近20家机构的资助。关于该部门的详细介绍可参阅其网站http://www.impactinsurance.org。

该部门自成立起的十余年来专注于研究相关问题，发布了数量较多和有一定质量的政策性或实务性研究报告，涵盖了这一话题中的大部分内容。该部门有充足的经费支持，所以研究的立场和视野较好。因此，本书选择了编译该部门发布的成果。

编排的过程

本书第一章的两节分别来自该部门在成立十周年前后发布的"趋势总结"和"展望"。

本书第二章到第十章的编排是从该部门发布的研究简报（Briefing Note）出发。因为绝大部分的研究简报均是在一篇完整的研究报告的基础上形成的，所以研究简报属于该部门研究成果的精华。该部门自成立起，截至2019年10月，共发布了43篇研究简报。笔者主要根据其研究内容与中国国情的相关性，保留了37篇，删除了6篇（第1、9、12、34、36和38号）。

每篇研究简报基本上对应于本书第二章到第十章的一节；笔者仅是将第5号研究简报拆分为两部分，这两部分各作为一节内容的基础。研究简报是内容精要，第1—26号研究简报基本在6页以下，第26号以后的研究简报统一为2页。由于篇幅等原因，研究简报或多或少地缺少一些很有价值的内容。因此，笔者在研究简报的基础上，还原回了完整报告中一些有价值的内容。

最后，本书将零散的38节内容按其主题归为8类，每类构成一章，再将各章按"一般理论"→"业务流程"→"产品服务"的规则排序，形成了本书的第二章到第十章。然后，将各章内部的各节按照某个逻辑来排序。

各章节的主要内容请见本书的"摘要"。各节内容的作者及其所属机构、研究简报编号、研究简报对应的完整报告的编号请见各节的第一个脚注。

阅读本书建议注意的几点

其一，本书的内容属于经济社会发展领域，更关注落后地区和弱势群体，所以对于生活在一二线城市的高收入阶层、金融素养高的群体以及专注于高端业务线的企业而言，这些内容可能有些过于"接地气"了。但是，考虑到即使是在发达国家的发达地区，也存在着大量保险服务不足的群体，而中国的保险普及程度和产品服务水平还有很大的提升空间，所以本书应当有较广泛的读者。

其二，本书中总结的经验基本上是来自中国之外的国家和地区，并且正如本书所言，不少内容尚需要经过更多样本的检验。因此，本书内容提出的对策建议如何更好地运用于中国，还需要保险行业内外的读者有个人的思考。

其三，2019年诺贝尔经济学奖授予了三位经济学家，他们基于真实世界的微观样本研究了多种（反）贫困和发展领域的问题，并采用了随机对照实验（Randomized Control Trial，RCT）的方法。近年来，保险领域发表很好的一些学术论文中不少就采用了这种方法、来分析微观样本的具体问题。本书的大量话题可以进行类似更深入的学术研究，有志于此的学者可以多加关注。

致　谢

对于本书的出版，本人先要感谢英文文献的发布机构及作者，也要感谢中国社会科学院创新工程学术出版资助，同时感谢中国社会科学院金融研究所及保险与经济发展研究中心的领导和同事平时的关心帮助。

最后，本人的理论造诣和实践经验有限，本书会存在错误或不妥之处，所以敬请相关专家批评指正。

王向楠

摘　　要

本书大致按照"概况"→"一般理论"→"业务流程"→"产品服务"的顺序展开。

第一章是"概况"。第一节总结保险在扶贫济困上（更广泛地说，在服务经济社会上）的趋势。第二节提出影响力保险部门在未来十年的重点工作，这也是研究保险更好地服务经济社会的十个领域。

第二章属于"一般理论"，分析"保险的价值"。第一节从宏观角度分析保险的功能作用。第二节关注扶贫济困性质非常明显的小额保险，分析其如何提升客户价值；该部分基于国际劳工组织提出的"产品、可及性、成本和体验"（PACE）客户价值分析框架。第三节关注健康保险，分析其在家庭财务管理、健康保险服务使用和幸福感方面的经验证据。

第三章到第七章属于保险的"业务流程"分析。第三章关注"保险教育"。第一节总结风险管理和保险教育的实践，总括性强。第二节分析如何宣传小额保险的产品，总括性次之。后3节是聚焦性的。其中，第三节分析大众传媒工具在保险教育中的运用。指数保险是较复杂的产品，农业从业者的保险素养较低，第四节分析如何帮助农业从业者理解指数保险。第五节分析如何发挥保险行业协会在保险教育中的作用。

第四章关注"保险推广"。第一节分析小额保险需求的十个谬论，提出对策建议，较有理论性。第二节分析保险经营中扩大规模的重要性，并较全面地提出对策建议。第三节分析保险销售队伍，属于保险公司直销或个人代理人管理的内容。第四节扩展到对所有销售渠道的分析。第五节从销售扩展到业务流程中的其他关键环节。

第五章关注"保险理赔"。第一节通过对12家实施创新理赔管理实践的小额保险供应者开展的结构化调查，提出小额保险理赔的 8 条指导原则。第二节分析如何对小额保险理赔的数据进行分析。

第六章关注"保险公司的外部关系"。前两节是总括式的，不限定于某些合作伙伴。其中，第一节关注分销上的合作，第二节分析合作关系中更具一般性的内容。后 4 节有针对性地关注某类合作伙伴，其中：第三节分析小额金融机构；第四节分析零售商和银行；第五节分析保险补贴，是与政府部门——主要是财政部门的关系；第六节分析保险中的政府和社会资本合作（PPP）模式，属于保险和政府的综合性合作。

第七章关注保险经营管理的"综合性"内容。第一节提出原则，说明如何才算是"负责任"地提供保险。后 5 节是在分析该话题现状的基础上，提出对策建议，其中，第二节更多是总结经验；第三节关注小额保险的盈利能力；第四节分析保险公司需要做出的变革；第五节是基于行为经济学原理的分析；第六节分析如何利用手机及其背后的信息技术。

第八章到第十章属于"产品服务"分析。第八章关注"健康保险"，其是国内保险业当前最受关注和潜力巨大的领域之一。前两节是总括性的：第一节基于文献综述和专家访谈，讨论了妨碍小额健康保险发展的因素，提出对策建议；第二节提出发挥小额健康保险作用的十条建议。后 4 节属于相对具体的内容，按照从基础性到扩展性的顺序展开，其中：第三节分析第三方支付机制；第四节分析小额健康保险的增值服务；第五节分析小额健康保险如何从替代、基础、合作和补充 4 个方面为全民健康保障事业做贡献；第六节从保险扩展到金融，分析金融服务业应当如何应对健康风险。

第九章关注除健康保险之外的"其他保险"。小微企业在经济社会发展中发挥着重要作用，但是获得的金融保险服务较少，第一节分析小微企业保险。信贷业务与保险业务有多种结合方式，其中一种较基础的产品是信贷人寿保险，第二节对其分析。再保险是保险公司管理风险的重要方式，第三节分析小额保险的再保险业务。

第十章关注"特定群体"。女性的收入和财富状况比男性差，更容易陷入贫困，第一节分析适用于女性的小额保险。在日益全球化的经济中，劳动力跨境流动越发普遍，他们很多没有获得正规的金融保险服务，第二节关注如何为移民群体提供保险服务。

最后,需要说明的是,本书很多章节的标题中有"小额"字样,但是,绝大部分内容对"非小额"的、更广泛意义上的保险也是很有借鉴意义的,或者说,很多内容将"小额"二字去掉也是可以的。这也是国际劳工组织将"小额保险创新部门"改称为现在的"影响力保险部门"的一个重要原因。

目　　录

第一章　扶贫济困的保险：回顾与展望 …………………… （1）
　　第一节　近十年的回顾 …………………………………… （1）
　　第二节　未来十年的展望 ………………………………… （6）

第二章　保险的价值 ………………………………………… （13）
　　第一节　保险和经济发展：增长、稳定和分配 ………… （13）
　　第二节　提升小额保险的客户价值 ……………………… （21）
　　第三节　健康保险作用的经验证据 ……………………… （30）

第三章　保险教育 …………………………………………… （34）
　　第一节　关于风险管理和保险的消费者教育实践 ……… （34）
　　第二节　超越口号：宣传保险产品的良好实践 ………… （45）
　　第三节　保险教育之视听大众传媒宣传活动 …………… （52）
　　第四节　帮助农户理解指数保险 ………………………… （58）
　　第五节　保险行业协会在保险消费者教育中的作用 …… （62）

第四章　保险推广 …………………………………………… （66）
　　第一节　保险购买率低的成因及其应对措施 …………… （66）
　　第二节　规模：宏观思维 ………………………………… （74）
　　第三节　保险销售队伍的发展 …………………………… （79）
　　第四节　保险分销渠道分析 ……………………………… （84）
　　第五节　消除获取保险的障碍 …………………………… （87）

第五章　保险理赔 ……………………………………………（90）
第一节　真谛时刻：理赔管理 ……………………………（90）
第二节　小额健康保险理赔分析的价值 …………………（99）

第六章　保险公司的外部关系 ……………………………（106）
第一节　超越销售：保险分销新领域 ……………………（106）
第二节　管理小额保险伙伴关系 …………………………（112）
第三节　为小额金融机构提供更好的保险 ………………（119）
第四节　通过零售商和银行代办来实现保险规模与效率 …（127）
第五节　保险补贴的经验教训 ……………………………（129）
第六节　让 PPP 模式在保险领域发挥作用 ………………（133）

第七章　保险的综合经营管理 ……………………………（141）
第一节　提供负责任的保险 ………………………………（141）
第二节　保险经营的前车之鉴 ……………………………（146）
第三节　小额保险的盈利能力 ……………………………（150）
第四节　变革保险公司：为低收入家庭提供更好的服务 …（153）
第五节　保险心理学：小变化能产生大影响 ……………（156）
第六节　手机和保险 ………………………………………（161）

第八章　健康保险产品服务 ………………………………（166）
第一节　小额健康保险的创新和障碍 ……………………（166）
第二节　发挥小额健康保险的作用：给从业者的建议 …（173）
第三节　健康保险的第三方支付机制：实用技巧和解决方案 …（179）
第四节　小额健康保险增值服务 …………………………（187）
第五节　利用健康保险推动全民健康保障 ………………（194）
第六节　金融普惠与健康风险应对 ………………………（199）

第九章　其他的保险产品服务 …………………………………（204）
　　第一节　小微企业保险 ……………………………………（204）
　　第二节　改善信贷人寿保险 ………………………………（209）
　　第三节　发展小额保险再保险 ……………………………（214）

第十章　特定群体的保险 ………………………………………（222）
　　第一节　发展适用于女性的小额保险 ……………………（222）
　　第二节　将移民过程中的非正式保险正式化 ……………（228）

参考文献 …………………………………………………………（237）

词汇缩略及译文 …………………………………………………（246）

第 一 章

扶贫济困的保险：回顾与展望

第一节 近十年的回顾[①]

过去十年中，尽管环境发生了翻天覆地的变化，但是保险在扶贫济困方面的发展很快，保险产品、技术、参与者等均日益成熟。与此同时，其他应用前景广阔的计划层出不穷。在过去十年中，我们见证了以下十个趋势。

一 不仅是为了穷人

十年前，本部门聚焦针对低收入家庭的保险（亦称"小额保险"），很快我们意识到，人们对保险的需要超出了现有小额细分市场的供给水平。尽管传统保险业聚焦企业和高净值客户，但是大部分非小微群体也缺乏正规保险的可及性。这一新兴的细分客户群体正在成长。到2025年，预计将有10亿人口成为新的保险消费阶层（日收入超过10美元），并且这一群体人数有史以来首次超过贫困人口数量。尽管如此，保险普及率水平依旧低下，估计仅有3亿—6亿人享受了保险服务，仅占潜在市场人口总数的10%—20%。

二 一个更具风险的世界

过去十年中，这个世界已然变得更具风险了。《环球风险报告

[①] 本节内容完成于2018年6月，作者为国际劳工组织影响力保险部门集体。

2017》将极端天气事件和自然灾害的发生可能性和影响程度均列为最高级。极端天气事件的频率与强度的逐渐增加导致人们收入下降和生产潜力受损。受其影响的个人不得不想尽办法来应对极端天气事件造成的影响，其中包括减少食品消费、让孩子辍学、借钱和出售资产。显然，这些策略都有损于人们应对当前和未来天气变化影响的能力。除天气变化之外，移民、工作性质变化、青年失业、经济不稳定等均会导致更大的不确定性。因此，越来越有必要探索管控和转移此类风险的有效选项。

三 规模与产品的演变

一个好消息是，保险供应者在过去十年已经取得重大进步。许多保险方案采用了嵌入式、捆绑式、自愿提供等组合服务形式，保障与寿命、健康、财产、天气、农业、火灾等相关的风险，并且实现了规模效益。市场研究和客户价值评估工具，如"产品、可及性、成本和体验"（Product、Access、Costs、Experience，PACE）和3-D（见表1—1），已经帮助保险公司向"客户至上"的方向转变。

表1—1　　　　3-D（三维）客户价值评估工具的价值

设计方案	1. 可靠反映农户经验的指数； 2. 保障合适的活动； 3. 保障合适的风险； 4. 赋能生产性投资决策； 5. 将保障缺口降至最低
分销	6. 被保险农户了解产品详情； 7. 员工和代理人接受充分培训、激励和监督，以便充分告知客户各类信息并且负责任地出售产品； 8. 支付过程将流动性约束降至最低； 9. 产品具有普惠性

续表

交付	10. 交付的产品有充足的货币保障； 11. 及时交付待遇； 12. 交付待遇的流程非常可靠而且被充分理解； 13. 供应商反应迅速，而且主动回应问题、麻烦和投诉事项； 14. 农户获得了被保障的充分证据

四 关于消费者教育方式的经验教训

如果消费者未意识到捆绑的产品，那么此类产品便无法提供价值和建设保险文化。在此情况下，消费者教育显得尤为重要。相关证据已经引导我们以及身处这一行业的其他人去改变人们对消费者教育的看法——尤其是将关注点从课堂学习转移到"受教时刻"（Teachable Moments）。有些信息是在我们要到用时才去学，才会深入思考，所以在这些时刻（"受教时刻"）我们更可能记住这些信息。在个人理财领域，当一个人在做财务决策或使用理财服务时，通常会出现受教时刻。我们发现，在客户消费旅程的某些精确时刻开展互动的效果通常会好过传统的独立课堂干预。

五 更广泛的风险管理需要

如今，人们不再将保险视为一种独立解决方案，而是作为一种更整体化的风险管理方法的一个部分。保险公司正与农业、健康、环境、金融服务领域的利益相关方开展合作，以便提供一体化的解决方案，进而提升整体价值链的适应力。例如，将农业保险和信贷与农业生产要素等服务捆绑起来可以让保险更有存在感，产生更好的社会效果，加快方案的拓展速度。

六 新的参与者已然出现

2008年最常见的分销渠道是，为保险公司提供简单信贷寿险产品的、客户聚合能力强的小额金融机构（Microfinance Institutions, MFIs）。在2018年，小额金融机构仍然在分销环节发挥着重要作用，但是保险公司已与数量惊人的分销者确立了合作关系，以此来触达新客户，包括小零售商、超市、合作社、汇款代理商、雇主、茶厂和当铺，当然还有移动网络运营商（Mobile Metwork Operators，MNOs）。因为核心业务处于优先地位，而保险业务与其他收入来源存在着竞争，因此，让保险业务成为这些合作伙伴的优先事项存在困难。但是，若激励措施设计得当，这些渠道便能够化作强大的保险渠道。

七　一体化的商业模式

过去十年中，供应商格局已经发生了变化。尽管少数专业小额保险供应者仍在继续突破和推动行业边界，但是针对低收入和新兴客户的保险已经蔚然成风。截至2016年，已经有60家全球大型保险公司涉足低收入和新兴细分市场，而在2005年时仅有7家。能够利用既有基础设施、与其他部门共享服务、对产品进行交叉补贴等是大型保险公司进入这一领域的重要驱动力。

八　数字革命

过去十年中，人们的谈话内容已经从电子表格转向区块链，从纸质表单转向了大数据，从热线电话转向了聊天机器人。手机的普及、更好的数据分析技术、国家身份证明系统、卫星、无人机等技术进步，使得供应商能够触达新客户，实现后端流程自动化，提升风险识别能力和降低成本。此外，保险科技供应商正在竞相颠覆这一行业。因为获取数据变得更容易，并且供应商也从高接触分销模式向低接触分销模式过渡，所以围绕隐私和消费者权益在保护的各项挑战依旧存在。

九　政府的作用

各国政府愈发重视利用保险来达成其公共政策目标，尤其是那些与全民健康保障、粮食安全、气候变化适应举措相关的目标。我们已经看到，在全球范围内，受政府资助并通过与金融部门开展合作来提升效率的各类计划有所增加。例如，因为难以确定及登记其信息，也无法以有效且公平的方式为他们的保险费融资，所以非正式就业的人群及其家属往往无法享受公共健康计划的保障。政府健康计划正在寻求通过创新方式来锁定并招收这一部分被公共健康计划排斥在外的群体，以此来缩小不同群体享有的医疗保障的差距。与此同时，人们一致认为，保险应当成为各国农业发展战略的一部分——将其整合为一种风险缓释工具，借此提高价值链的韧性。

十　市场开发方式

尽管已经取得进展，但是许多国家仍然迫切需要提高普惠保险市场的成长速度。十年前，各界的关注点在于同单独的保险供应者合作，打造能力。结果表明这并不够。更有效的是，将所有来自监管者、部委、行业协会、保险公司和分销商的利益相关方汇聚起来的结构化的市场开发进程。图1—1显示了一种多重利益相关方的市场开发方法，它已让更多客户享受服务，增加了所提供的产品服务的价值与多样性。

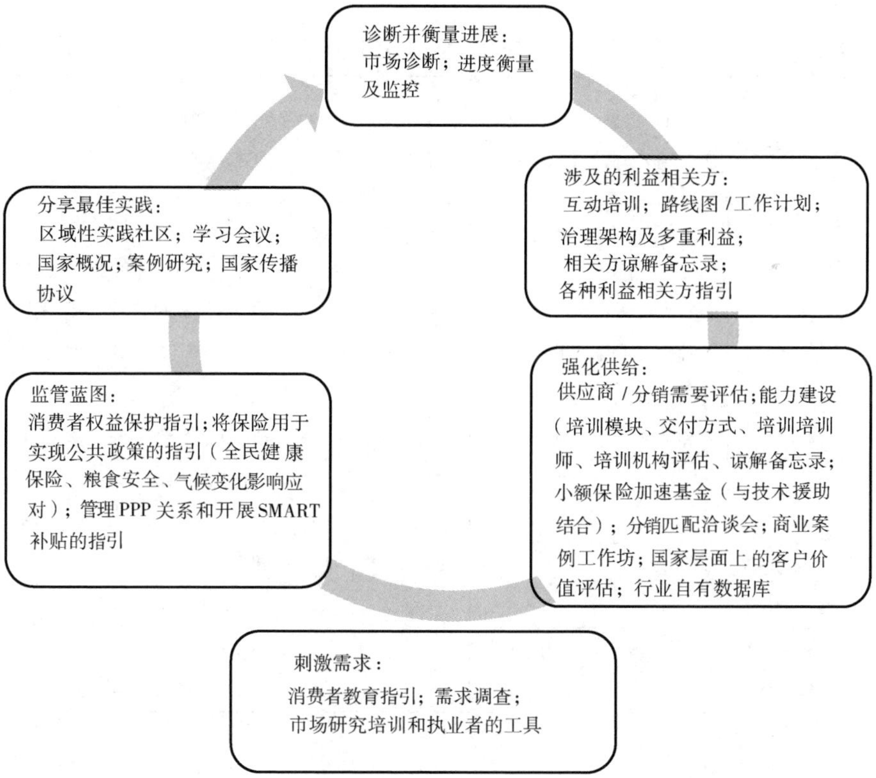

诊断并衡量进展： 市场诊断；进度衡量及监控

涉及的利益相关方： 互动培训；路线图/工作计划；治理架构及多重利益相关方谅解备忘录；各种利益相关方指引

强化供给： 供应商/分销需要评估；能力建设（培训模块、交付方式、培训培训师、培训机构评估、谅解备忘录；小额保险加速基金（与技术援助结合）；分销匹配洽谈会；商业案例工作坊；国家层面上的客户价值评估；行业自有数据库

刺激需求： 消费者教育指引；需求调查；市场研究培训和执业者的工具

监管蓝图： 消费者权益保护指引；将保险用于实现公共政策的指引（全民健康保险、粮食安全、气候变化影响应对）；管理PPP关系和开展SMART补贴的指引

分享最佳实践： 区域性实践社区；学习会议；国家概况；案例研究；国家传播协议

图1—1　国际劳工组织关于多重利益相关方的市场开发方式

第二节　未来十年的展望[①]

近十年来，市场、产品、参与者和技术均发生了翻天覆地的变化。本节详细说明保险业的未来发展趋势、国际劳工组织目前正在开展和可能开展的工作，以便探讨如何促进保险业在未来数年中为可持续发展目标（Sustainable Development Goals，SDGs）做出贡献（见表1—2）。这不仅涉及将有价值的保险保障扩展至未享受到服务的细分市场，而且还涉及与各国政府开展协作，通过更有效地管理风险来实现公共政策目标。

这一前瞻性研究着眼于保险如何能够更有效地促进发展，涉及供求问题、技术发展、人口统计、公共政策变化等。

表1—2　　　　　　　　保险对可持续发展目标的贡献

针对社会经济发展的保险	相关的可持续发展目标：影响和/或降低风险	首要的可持续发展目标	保险可以间接影响到可持续发展目标
气候变化和食品安全	13. 应对气候变化； 2. 消除饥饿，实现粮食安全，改善营养和促进可持续农业	5. 性别平等，保障所有妇女和女孩的权利； 17. 针对可持续发展目标的伙伴关系	1. 消除一切形式的贫穷； 10. 减少不平等现象； 14. 养护和可持续利用海洋和海洋资源以促进可持续发展； 15. 保护、恢复和促进可持续利用陆地生态系统； 9. 产业创新和基础设施建造； 16. 和平、正义和强大机构体系； 11. 可持续城市和社区
医疗和社会保障	3. 良好的健康与幸福		
体面的工作和金融普惠	8. 体面的工作和经济增长		

[①] 本节内容完成于2018年12月，作者为国际劳工组织影响力保险部门集体。

一 供给

（一）重新设计产品

长期以来，技术一直在帮助保险公司更好地管理和分销保险。现在，它正在颠覆产品本身的性质。远程信息处理技术、物联网（Internet of Things, IoT）等数字解决方案使得即时个体定价、实时数据采集、自动理赔等成为可能；随着这些技术的发展，主流保险中正兴起新型产品，如"基于使用的"保险（Usage-based Insurance）和按需保险（On-demand Insurance）。

保险业正准备欣然接受这些变化，但是这对实现发展目标意味着什么呢？为低收入客户提供其他金融服务的经验有助于预测保险可能发生的变化。在评估个体客户的贷款资格时，所用算法已经使用了其手机使用习惯和社交媒体的数据。随着保险公司逐渐积累起处理备选数据源的经验，风险画像和分析也将指日可待。事实上，这些技术将改变游戏规则，通过自动化方式降低运营成本，利用有关客户的可选信息来开展风险评估与定价，使用人工智能来促成更好的服务。数据和计算能力的可及性以及针对风险画像和分析的创新思维将引发新的可保事件，提供更全面的风险画像，从而更有效地渗入服务水平低下的市场。

技术也促使保险公司从仅仅承担风险转向提供更广泛的服务，以此来更好地预防、减轻和管理风险。通过出具风险管理意见并提供相关增值服务，保险公司可为服务水平低下的市场提供更具吸引力的产品服务。尽管这一承诺尚待实现，但是与我们保持合作的供应商正采用数字技术来构建更多以客户为中心的产品，改善风险识别，强化客户服务与沟通。

但是，值得注意的是，当关系到数据保护和客户隐私时，这些技术进步便自带风险。我们需要铭记于心的另一项重大关切是，因为保险公司可以获取更多有关个体保单持有人的信息，所以一些高风险人员将会被拒保。

（二）重新设想小额保险公司

过去十年中，多国出现了为小额保险供应者设计专门监管的趋势。但是，专门为低收入家庭提供服务的保险供给者还很少见，一个更简单的模式是，在一家较大的保险公司中设立小额保险部门，保险公司可以为该部门提供能够加以利用的共享服务。展望未来，我们预计到一种趋势，即独立小额保险公司转变为保险人内部专设的"新兴消费者"团队，特别是对于那些长期致力于这一细分市场而且愿意变革管理过程的保险公司。这些专门团队遵循了成功保险人所采用的模式，尽管拥有独立资产负债表，但是可以采用共享服务模式，以此来利用既有系统和资源，进而降低准入成本。

（三）重新设想保险公司

传统保险公司的结构在未来十年将不再适用。这一想法过于超前吗？也许吧。但是成本结构是保险公司的一项特别关切，因为技术进步可能颠覆其标准商业模式，危及这些保险公司。但是，但是在提升传统业务效率的过程中，那些成功服务于低收入市场的保险公司也吸取了相当多的教训。

例如，因为每份保单的利润边际小，备选分销点的业务是以量获利的，所以试图通过此类网点来服务于新细分市场的保险公司可能需要进行重大重组。但是，在一家大型传统保险公司中引发此类变革任务的难度会进行让人心生挫败。为了应对这一问题，我们正式总结了从此类转变中吸取的一些经验教训。其中一个主要结论是，为了获取信任并且满足客户不断变化的需求，保险公司需要一个组织架构。这一架构包含人力资源管理、组织文化、组织结构等，赋予保险公司倾听并回应客户的能力。这是一条针对所有细分市场的中肯明鉴。另一个主要结论是，保险公司需要构建起为客户细分服务的架构，而非像财险、寿险、健康保险一样墨守成规。

（四）以PPP模式来管理气候变化风险

气候变化对保险业既是机遇又是挑战。因为气候变化让企业和家庭感到更脆弱，他们由此更可能将保险纳入自身的风险管理工具包，所以，从这一点来说，气候变化是一项机遇。但是，考虑到气候模式的变化以及借助多重手段跨地域分散风险的需要，风险池的规模应当大，然而这一要求是一家保险公司难以承受之重。过去，各国政府通常只能将此类风险列入其灾害管理计划中，但是现在他们逐渐开始与私营部门开展合作,以此来改善这一成本的可预测性。

这汇聚起了不寻常的合作关系——公共部门与私营部门各有偏重,动机迥然。

尽管这些新商业模式,如政府和社会资本合作(PPPs)模式的理念引人瞩目,但是其具体的经营模式却可能存在挑战。为了加速决策者的学习曲线,国际劳工组织正在建设一个同行学习平台,促进来自政府机构(从农业部、财政部、央行到规划委员会和保险监管者等机构)的成员分享自身经验,并且借鉴他人提升农业和灾害保险可及性的实践经验。

二 需求

(一)重新定义新兴客户

过去十年中,认识到潜在市场的大部分人难以触及保险后,我们不变从小额保险转向普惠保险。展望未来,因为这些客户群经历了显著变化,所以我们将不得不再次加强对他们的理解。用于界定普惠保险客户的一些特征未来将失效,如客户是难以触达且缺乏消费能力的。随着许多新兴国家的手机(包括智能手机)普及率不断上升,识字率提高,收入增加,对于被排斥在外的群体,这些约束将大为缓解。更多的家庭迈入了中等收入序列,这些家庭将具备更强的保险购买力,并且会催生新需求(如保障资产和家畜)。此外,另外一个服务水平低下的细分市场——小微企业的保险权益和需求也亟待满足。若小微企业要成长壮大并创造就业,那么他们需要获得生产性和保障性投入。

(二)教育顾客

不理解保险仍旧是发展普惠市场的一大障碍。在未来数年中,至少在部分国家,这一局面将开始改变。与客户开展的每次互动都是一次教育机会,这一教育机会可以通过新的通信工具得以强化。我们不再仅有一扇窗户来向客户说明一款产品并且接收客户的反馈信息。技术推动了必要且备受欢迎的高频互动、渐进式教育和持续反馈。随着时间的推移,这一商业模式需要从高接触分销模式向低接触分销模式过渡,从以建议为基础的方法向自助服务过渡,以此来提升小额保险的可行性。但是,这一转变的时机很微妙。市场需要充分理解保险，才会乐于采用低接触的方法。因此，投入资源提升客户理解是开发这一市场的重要的前期贡献。

从高频接触渠道过渡到低频接触渠道是否具有普惠性？老年人、农村人口、妇女等数字化倾向弱的人群是否会被排斥在外？保险公司需要考虑这些约束条件，然后为这些群体细分提供备选渠道。

即便消费者接受过良好的教育，但是只有利益相关方聚焦客户及其需求时，对保险的使用才算成功。产品和技术的演变很快，新产品要注意提供价值。国际劳工组织一直是客户价值的坚定支持者。多年来，我们开发了一系列培养行业能力的工具（如PACE工具和农业指数产品的3-D评估工具）和课程（关于客户价值的从业者学习小组、关于影响力保险的系列研究、客户价值培训、关于市场研究的在线学习课程等）。

三　弥合差距

（一）提供一体化风险管理解决方案

当前以客户为中心的趋势揭示了一项重要现实：消费者不可能通过保险来管控所有风险。当然，保险公司永远不会对此反驳。但是，若目标是可持续发展，而不仅仅是售出更多保单，那么就需要一种更加一体化的方法来支持风险管理。

因此，我们预计，金融服务供应商将开始提供一体化解决方案，将不同的保障形式捆绑起来，在风险事件发生时，实施紧急贷款或承诺储蓄工具等措施。若这些产品包括针对高成本但是罕见事件的保险组件，外加减少家庭风险敞口的基本预防措施，那么保险对新兴消费者的影响便要大得多。

一些一体化产品（尤其是针对健康风险的产品）正在接受测试。但是，目前开发出集储蓄、信贷和保险于一身的产品的保险公司还不多。这很可能成为下一个前沿领域。

（二）与搅局者合作

小额金融机构、零售商、公用事业公司等分销渠道易于触达客户和某些基础设施，所以一直是普惠保险的重要驱动因素。在某些情况下，因为其他类型的组织具有更大的灵活性且能够更好地满足客户需求，获得保险牌照，所以保险公司甚至可能失去其主要保险供应者的角色。

与金融科技和保险科技企业建立新伙伴关系为保险公司带来了直接触达客户的机会，使得保险公司能够将保险与一系列服务捆绑起来。但是，这些企业也是破坏者，他们拥有与传统的保险公司截然不同的文化和业务。为开展合作，保险公司将需要以更富创造性的方式思考自己给伙伴关系带来的价值，以及新模式如何能够让自己更好地触达并服务客户。只有当保险有助于合作伙伴的核心业务或做出更好的生产经营决策时，保险公司才可能建立新的伙伴关系。

四 聚合

（一）担负责任

事实证明，定义这一市场的一个顽固特征是对保险业缺乏信任。与移动网络运营商等分销商相比，保险公司的存在感弱和品牌认知度低，这些特征致使人们对保险业缺乏信任。因此，保险公司需要齐心协力来改变这一形象。国际劳工组织一直在业内宣传负责任的保险议程。负责任的保险供给需要以一种可及、透明、公平、反应灵敏和尊重的方式给能够有效使用这些产品的知情消费者提供恰当的产品。不幸的是，这种新方式可能要花费十年时间才能够生根发芽。

推动这种文化变革的一个主要因素是透明性。缺乏信任在一定程度上是受到不透明的定价和业内时有发生的可疑理赔事件的影响。但是，业务通常会随着市场而自动增长。向透明化过渡将使客户能够比较同类产品，并更了解保障范围，因此不会觉得提出索赔请求是痴心妄想。单家公司仅凭一己之力难以实现这一转变——全国性的保险行业协会需要就此议题发挥更强的带头作用，以此来开启塑造公众舆论。

虽然许多国家的公众对政府机构缺乏信心，但是仍希望监管者在创建信任方面发挥更大的作用。即使监管者与保险公司之间往往存在敌对关系，但是，为了支持市场发展，双方需要精诚团结、同舟共济，不然孤掌难鸣。

在未来十年，我们是否会见证此方面的进展？当然，这将因市场而异。但是，在效果最佳的国家，监管者和保险业将双管齐下、共同努力，就消费者保护的恰当机制达成一致，同时不会妨碍保险公司开拓新市场。尽管保护客户很重要，但是不能为了保护客户而将其逐出市场。

（二）打造保险市场

保险业有潜力在微观和宏观两个层面上为经济发展做出重大贡献。在微观层面上，发达的保险市场中的家庭和企业更具韧性，并且更愿意投资于生产领域。在宏观层面，若监管允许，保险公司（尤其是可以开展长期投资的寿险公司）可以为基础设施和资本市场发展做出贡献。该行业可以利用这一潜力，在不损害可持续发展的财务底线的前提下，为实现这些目标做出重大贡献。为了实现这一潜力，许多囿于发展初期阶段的国家需要系统性的市场开放计划。通过汇聚来自监管者、相关部委、行业协会、保险公司、分销商等一系列利益相关方的力量，才有可能实现大规模提供优质保险的主要目标。

第 二 章

保险的价值

第一节　保险和经济发展：增长、稳定和分配[①]

一　引言

保险主要是为未来提供某些条件出现时的财务承诺，所以它与大多数金融服务有相似之处，即在经济运行中很大程度上是无影无形的。保险与其他金融服务的区别主要在于描述这些承诺的文件——保险的客户与其保险公司、代理人和经纪人的会面较少，所以他们对保险的感知也较少。在金融市场上亦是如此：因为充当长期投资者的保险公司大多采用"买入并持有"的战略并且交易非常不活跃，所以较之于商业银行、投资银行和投资基金，保险公司受到的关注通常较少。

尽管如此，保险在发达经济体与发达社会中无处不在。一份保险合同能够保障数量众多的个体或集体行动——人们的健康状况、出行、消费行为、住宅甚至生命。因为现代保险业管理风险，允许个和个人、企业和社会采取措施，所以若没有某种形式的保险，人们便难以再冒险从事投资、创新、组建公司等活动。

在工业化、资本主义和自由主义社会中，衡量保险及其外部性的重要性的真正方法在于，想象人们所处的现代经济中失去保险保障（如保险公司提供的常规产品服务项目将会如何）。人们能够轻易想象出：将有

[①] 本节内容基于研究简报第 40 号，节选自系列论文第 46 号。本节作者为 Lisa Morgan（SCOR 再保险公司），Amélie de Montchalin（安盛保险公司）、Christian Thimann（安盛保险公司）。本节作者的致谢请参见系列论文。

多少经济活动会中断或缩减，以及企业与个人的行为将发生多大变化。由于存在物理风险（如驾驶）、技术风险（如航空旅行）、法律风险（如新品推荐与销售）、自然风险（如种植业、河岸与海岸的宜居范围）、经济风险（如以供应商的身份签订商业合同等），各式各样的经济活动及项目会受到影响。在欠发达经济体，经济关系依赖非正式的信心创造工具，因此，衡量正规保险的重要性的另一种方法便是：评估将简单保险产品引入欠发达经济体所带来的影响。近年开展的小额保险试验便是在这一背景下进行的。

更普遍而言，若不存在任何保险，那么未来生活条件的不可预测性便会成为一项重大关切。因惧怕生病后无力支付治疗费用，或因病致使家庭陷入万劫不复的境地，人们要么会过早死亡，要么遭受相当大的财产（包括个人工作与谋生的能力和手段）损失。世界上的经济机遇和结果具有高度不稳定性和高度不平等性：有些人财力雄厚、有能力投资并承担风险，而有些人受到风险影响，没有财务保障来对冲风险。

对于保险的具体宏观经济作用的研究不多，其中一个原因是，经济学家长期以来基本上将金融机构视作经济增长和经济活动的自然推动因素（Rajan 和 Zingales，1998），并且一直将保险归入一般的金融中介范畴，没有进一步研究这一金融中介。但是，即使寿险业务也是更趋近于资产管理业务，而非银行业务，所以将保险的商业模式与银行的商业模式合并看待显然是不当的。保险业在金融业中的一个标志性转折点是1993年。1993年之前，保险在全球国民经济核算中一直被视作工业的一部分；在此之后，保险被分类入生产性服务业。此外，为银行和保险公司开发的审慎框架存在着众所周知的显著差异，如欧洲的《巴塞尔协议Ⅲ》和《偿付能力Ⅱ》（Gatzer 和 Wesker，2012）。

二 保险的价值

（一）保险与经济增长

只有保险人才能造就纽约市。他们是这座城市的真正建设者。若没有保险人，便不会存在摩天大厦。没有投资者愿意为一个烟头便可将其付之一炬的大楼提供资金。①

——亨利·福特（Henry Ford）

我们可以将保险描述为推动个人和企业承担风险的因素，是能够让个人充满信心地将其思想和资产以有效方式投资于经济之中的方式。更高的经济发展水平通常会促进风险承担，提升金融普惠性，推动有助于保险发展的经济社会的多样性和复杂性。保险服务有助于提高金融业的整体效率，尤其是促进向私营行业提供信贷。

经济发展水平低与保险深度低通常相关，这种社会中盛行的是传统的非正式的自我保险机制。当人均国内生产总值处于约 3000—5000 美元时，保险深度的增速超过国内生产总值，直至市场趋于成熟，形成一种"平稳"状态。一项研究（Lee 等，2013）发现，经济合作与发展组织（OECD）成员国的年度寿险保费每增加 1%，便可带动年度实际国内生产总值上涨 0.06%。Han 等（2010）从 1994—2005 年 77 个发达经济体和新兴经济体的数据中发现，保险深度增加 1% 会拉动经济每年增长 4.8%。

（二）保险与经济稳定和金融周期

若可能，我愿给每家每户每人写下"保险"二字。因为我深信，在付出适当的价格之后，保险可以让家家户户摆脱无法弥补的灾难。

——温斯顿·丘吉尔（Winston Churchill）

在个体遭受冲击时，保险便能发挥出经济稳定器的关键作用，为遭受自然灾害或金融危机等异质或加总冲击的个人缓解消费困境。这类稳定因素的实例包括变额年金和失业保险。第 1 个实例是变额年金，它是保险公司为个人提供稳定收入的服务的良好实例。此类合同促使保单持有人在受益于未来的最低保障性收入的同时，实现自身储蓄的多元化投资，将资产配置到更广泛也更有利可图的产品系列。② 因为这些家庭获得

---

① 美国最早的两座摩天大楼是 1870 年纽约的公平人寿大楼和 1885 年芝加哥的家庭保险大楼，正如其名，它们均由保险公司出资建造。

② 根据合同条款，初始担保投资（以及未来向保单持有人支付的款项）能够以正常的最低增长率为基础向上修正，也可通过"齿轮效应"从所基于的底层资产的绩效中获益。

了保障，其未来的养老年金将较高，所以这些保障措施会防止他们在行情下跌时撤回投资，从而避免遭受损失。就此而言，当保险汇集和分散个人的非财务风险时，它便可以稳定收入。

第2个实例是按揭贷款附带的失业保险，它促使面临风险的人们维持必要的收入水平，以此来应对各种开支。当经济衰退、失业率抬头时，若失业的房主没有保险用于（至少暂时地）偿还按揭贷款，房地产价格便会即刻经历调整，银行受制于升高的不良按揭贷款，家庭失去栖身之所——这3种后果将加剧经济衰退。

保险也是金融市场和经济体稳定的资金来源（见图2—1），因为它能促进长期贷款和投资。保险通过为长期储蓄对象提供激励措施来强化储蓄行为，使得客户可以获得比传统储蓄银行或其他金融机构更有竞争力的长期合约储蓄工具（Webb，2006）。保险机构是欧洲联盟最大的机构投资者，截至2012年年底，保险业管理的投资总额超过8.4万亿欧元，占国内生产总值的六成。

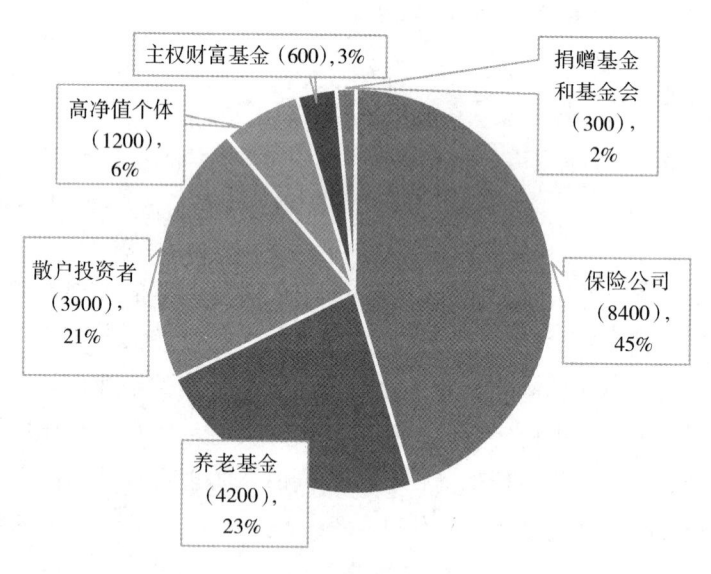

图2—1　2012年欧洲机构的资产管理规模
（单位：10亿欧元）

资料来源：欧洲保险和再保险联合会。

保险公司比其他金融市场主体（如银行）更着眼于长远。Bobtcheff 等（2016）发现，美国保险业在历史上一直比银行业稳定得多，例如，保险业的波动幅度是国内生产总值的 1/5，而投资银行业的波动幅度几乎是国内生产总值的 2 倍。

（三）保险与分配

常言道，保险联系了"少数人的不幸与多数人的幸运"，从而自然而然地是一种分配形式。保险在各种经济主体之间编织起了一张无形的互助网，围绕共同的偏好和优先次序在人群之间建立起跨时空的联系。保险通过其基本的汇聚原则建构起团结的理念——根据较大的风险汇聚（而非基于个人）的统计发生率对风险进行定价，从而汇聚风险并共同承担风险。

人寿保险公司的金融风险代际分担方式会影响代际福祉，其作用相当于投资回报率每年提高足足 1%（Gollier，2008）。保险公司通过对投资资产收益的反周期自留以及长期担保提供，创造了社会效益。此外，因为不同世代分享了一部分准备金，造成保证利率寿险合同和养老金合同中存在代际交叉补贴效应。早期的几代人建立的红利储备金在合同期满后便留在了公司（Døskeland 和 Nordahl，2008），尔后泽被后世。

保险也是一种在任意给定时间点上个体之间再分配的机制。从理论上讲，它独立于个体的收入水平。

保险公司承担的角色是，在经济代理人之间积极回收流动性（赔付），再将其重新分配给面临风险的人们。这有别于政府部门的再分配举措，后者着眼于经济需要，以及将"较富有"的人的收入转移给"较贫穷"的人。正如前文所强调的，相互化和风险分担是这一经常发生于财产保险市场的再分配举措的自然引擎。

此外，因为人们会在市场行情的不同阶段进入或退出市场，而这些"进进出出"对冲了个人和非同步决策的影响，所以分红合同等设计（这一设计旨在让保单持有人保留一部分与其储蓄和保费投资相关的金融风险）实现了个体之间的再分配。

（四）保险与创新

保险与创新之间存在一种不易确定的关系。一方面，保险通过保护创新者免遭外部冲击和保障其财富,来促进创新。另一方面,保险通过调整承保范围应对新型风险或调整其自身功能以适应技术变化,从而会限制创新。其中的实例包括网络风险或自动驾驶汽车——这可能需要再造保险。

三 保险的局限和未来

（一）保险的局限

1. 保险业发展及其影响是有限的

保险自身发展不是目的,它在成熟市场上发展的局限性清楚地表明了这一点。保险深度与经济增长之间的"S"形关系提醒我们,保险深度达到一定阶段后便无法超越经济增长的速度。① 究其原因,对于愿意承担更多风险的潜在买家（主要是公司）,其增加的风险和产品复杂度使得保险价格高企。最近发展起来的自我保险子公司,即大型制造或服务公司的专属公司,便是这一趋势的实例。

2. 特定风险的不可保性

一些风险看似超出了"可保"的范围,如当下的网络风险,所以有关可保性的争论很复杂。(1) 技术障碍（其中包含统计学障碍以及理解风险本质属性方面的障碍）:风险是否遵循大数定律？我们是否意识到了潜在的最大损失？回答这一问题很困难,因为关注风险本质的历史知识很少。(2) 社会与政治问题:人们愿意投保的公共物品的风险是否应当由国家来承担？或者说,私营行业是否能够通过引入可选择性定价方法来管理这一风险？(3) 文化问题更多:这是否是一种我们容许存在的风险？我们是否应当为之发明一种补偿机制？或者说,是否应当禁止任何会致使这一风险的经济活动,从而阻止其发生？讨论最后一个问题的意义类同于——辩论"未雨绸缪"是否胜过事后赔偿（如《法兰西宪法》中引入的"预防原则"）。它强调,人们的社会偏好以及对风险这一概念的容忍度甚至在考虑其后果出现之前便发生转变了。一些集体心理表征

---

① 当不存在保障缺口时,如金融机构和经济活动不再超越保险供给时,私营公司便无法再指望从保险市场干预中获得任何潜在经济利益（美国国际开发署,2006）。

的流行，如在一些传统情况下见到的赞扬、个人自力更生艰苦创业的能力，似乎限制了人们在遭遇冲击以前对保障性解决办法的需求。

3. 过度保险的风险

若人们不甚理解自己购买的保障措施，或者当该保障措施与其他服务项目捆绑销售时，个人或企业便可能为自身过度投保，或对同一风险重复投保，从而暴露出保险的这个缺陷。在这样一个世界里，过量收取保费将导致资源配置欠佳，降低投资与更高风险项目的流动性，削弱商品消费和服务需求。显然，在此情况下，保险会限制人们承担风险或完善自身的行为或组织结构。①

保险可能有碍于被保险人开展防灾减损，所以保险水平并非越高越好。因此，保险所基于的一个假设是：被保险人具有管理风险和实施预期防范措施的自然动机。从这个意义上讲，保险经济学的传统结论是，最优的保单免赔条款是能够创造出对基差风险有最低激励水平的设计。Annan 和 Schlenker（2015）给出了一个良好反例，表明在一些情况下，美国联邦农作物保险可能抑制农户采取适应战略来应对极端高温，从而加重了潜在损失。

4. 保险公司可能失败

正如其他商业活动一样，保险公司也可能失败。保险公司对保单持有人担负的责任往往会持续数十年，加之他们在经济社会中发挥了特殊作用，所以严格的监管框架必须长期存在。但是，如上所述，保险公司开展资产负债管理不仅使其经营失败风险的概率降低，而且在经营失败时要比其他类型的金融机构更容易管理。

第一，保险公司在潜在保单持有人中全面甄选承保风险，再通过分散化、对冲、再保险等手段保障这些风险。第二，因为解除寿险合同通常会让保单持有人遭受财务惩罚，所以即便保险公司陷入财务困境，也不大可能发生保险挤兑，从而确保了一种有利于保险公司的脱困形式。因为赔付是由外部事件触发的，并不受保单持有人的控制（如一场车祸、

---

① 还有人辩称，过度保险可能导致过度冒险；但是，保险公司已通过奖惩机制等定价实践抵消了这一可能性。我们应当考虑无效的资源配置的弊端。

自然灾害等），所以除非出现经过协调的大规模欺诈行为，否则非寿险业务实际上也不可能发生"挤兑"。第三，因为保险公司的负债和杠杆率比其他金融机构低，所以他们在传统业务活动范围内承受的金融风险要比其他金融机构小。

（二）保险的未来

众所周知，当今成熟经济体中的保险业是许多不同要素投入共同作用的结果：围绕风险管理的社会偏好、对货币化和金融工具的需求、资本化的经济模式、私人和公共机构间围绕巨大社会风险（健康、长寿、气候等）做出的微妙角色划分。

因此，毫无疑问，今日之金融复杂度将承受经济、金融、社会演变等带来的诸多变化和挑战所形成的压力。因为存在如下所述的重大变化，所以保险在经济运行中发挥的作用很可能发生改变：（1）科技和大数据能力，尤其是在开启新认识、承保风险、创造个人之间的金融关联性（如众筹、P2P保险）等方面；（2）全球气候风险的高度相关性、不可预测性、相互依赖性凸显的风险；（3）社会对风险的看法发生了改变，如对风险本身的接受程度显著降低，对预防的重视程度高于赔偿和修复。

反过来，经济发展致使保险无处不在并且常具有强制性（经常从汽车保险开始）。我们完全有理由认为，在新兴经济体中也会出现类似情况：经济进一步发展和收入持续增长将导致家庭、全国或地方的企业寻求更优化的团体风险管理方案。例如，世界银行（World Bank）与世界卫生组织（World Health Organization，WHO）已经就新兴国家的道路安全发起了PPP倡议，私营保险公司也参与了此项全球性努力。[1]

四 聚焦小额保险

有证据表明，小额保险的发展带来了微观和宏观层面的双重经济效益。小额保险可以向贫困家庭提供外部财务保障，使得家庭没有必要求助于替代性的和无效的应对机制，从而促进专业化。例如，在健康保险

---

[1] https://cdn.axa.com/www-axa-com% 2F86762efe-37b9-4aeb-898f-425fa9ba0be7 _ axa _ pr_ 20151119. pdf.

中，保险可以通过培养被保险人更健康的习惯来提高社会生产力。小额保险创新的一个实例是指数化农业保险。指数化（或者参数化）保险合同概述了引导客户获得赔偿的特定先决条件（如卫星易于自动跟踪的公开指数：雨、太阳、温度等），将这些指数用于估计无法直接观测、难以评估、昂贵的损失（如位置偏远的农田）。

现代保险具有多层次的作用。首先，保险通过管理风险允许个人和企业开展冒险和创新活动。其次，保险通过降低违约概率和促进长期投资来降低利率水平。最后，保险调整了个体储蓄与总储蓄的水平和配置，形成更优的资本配置。保险的此类做法会影响经济周期、经济发展状况、收入和冲击在经济主体之间的分配等。

第二节　提升小额保险的客户价值[①]

一　引言

当小额保险供应者、政府、捐赠人设法为客户提供更好的价值时，他们共同面临的问题是：客户能否从小额保险中获益？我们如何衡量这些益处？我们如何提升客户的价值主张？

本节使用国际劳工组织小额保险创新部门开发的客户价值评估工具——"产品、可及性、成本和体验"（PACE），评估印度、肯尼亚、菲律宾等国实行的15个小额保险方案。PACE工具通过比较这些保险产品之间，以及针对类似风险的备用保护手段之间的特点，来研究保险产品给客户带来的附加价值。

如专栏2—1所示，价值创造是一个可以从多阶段和多角度分析的复杂过程。PACE客户价值评估工具重点关注价值创造的第一阶段，即产品开发或改进阶段（见图2—3）。它迎合从业者的需求，帮助他们开发更好的价值主张，以此来保护客户权益免受特定风险的侵害。PACE工具并不

---

① 本节内容基于研究简报第10号，节选自系列论文第12号。本节作者为 Michal Matul（国际劳工组织影响力保险部门）、Clemence Tatin-Jaleran、Eamon Kelly（独立咨询人）。本节作者的致谢请参见系列论文。

衡量小额保险带来的影响，也不试图评估客户满意度或购买决策。因此，它不会取代严谨的影响力研究，后者衡量的是小额保险产品给客户福利带来的影响。PACE工具提供了产品与流程的初步分析，后期可以通过市场研究或影响力研究予以补充。它在为更严谨的研究或政策讨论方案提供信息的同时，也为从业者提供了可行的见解，有助于小额保险提供者采纳以客户为中心的方法。

专栏2—1　客户价值的定义与价值创建过程

客户价值是从客户而非卖方角度加以定义的。本节采用的客户价值定义结合了发展和市场营销学科领域的文献的观点（Sebstad 和 Cohen，2000；Dercon，2005；Woodruff，1997；Kotler，1994；Plaster 和 Alderman，2006）。从发展的角度来看，终极问题在于，小额保险是否以及在多大程度上提升了保单持有人及其家庭、社区的福利。在小额保险背景下，客户价值关乎由改善的风险管理实践带来的脆弱性下降，从而有助于提升福祉水平（资产积累的一个关键因素是保护资产）。这种以客户为中心的方法符合市场营销的基础理论——有价产品是实现客户目标和满足客户基本需求的手段。市场营销视角引发了人们对购买行为、产品用途和客户满意度的分析。没有需求可能意味着糟糕的服务价值，但是也可能意味着买家误解了卖家提供的价值。

小额保险的价值创造是一个从产品开发、确立分销方式开始的过程。如果客户使用一款保险产品并对其续保战略足够满意，那么价值便得以创造。因为客户也可以获得非保险或间接的待遇，比如生产行为变化，所以使用这款保险产品并不意味着客户需要索赔。图2—2概括了整个客户端的价值创造过程。这些步骤为构建模块，通过单独分析价值链的每一环节，价值创造机会便更容易显现。

开发PACE工具的动机受小额保险业需求的驱动。小额保险业需要一种全面且简单的方法来理解和评估客户价值，为从业者提供实时信息，以此来改进保险业的产品。因为该方法依赖于员工访谈、流程审查、绩效以及其他方面的二手数据，所以 PACE 分析师仅需要数天便可完成此项分析工作。该分析类似于审计，着眼于所有产品的保障范围可及性、金钱成本或货币价值、经验。从业者、政府、捐赠人、监管者和投资者都可用 PACE 分析来初步掌握客户价值，设计干预措施，从而改善特定市场。

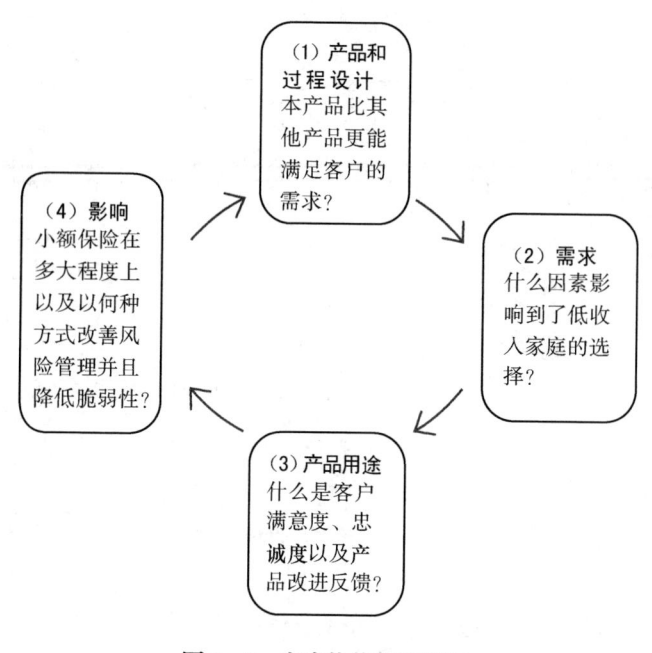

图 2—2　客户价值创造模型

资料来源：该框架由国际劳工组织小额保险创新部门及其合作伙伴制定。

二　用 PACE 识别提升客户价值

人们普遍认为，如果合适的小额平价保险产品简单易得并且有求必应，那么此类产品便可为低收入家庭带来价值。如图 2—3 所示，PACE 框架的设计围绕 4 个原则。（1）产品：通过评价增值服务的保障范围、待遇水平、资格标准和可得性来衡量其恰当性。（2）可及性：通过分析风险选择、参保登记、文书要求、教育程度、保费支付方式和接近度来衡量可及性和简单性。（3）成本：考察额外成本以降低总成本，并衡量可负担性和性价比。(4) 体验：通过索赔程序、处理时间、保单管理、产品可触达性和客户关怀来衡量反应度和简单性。

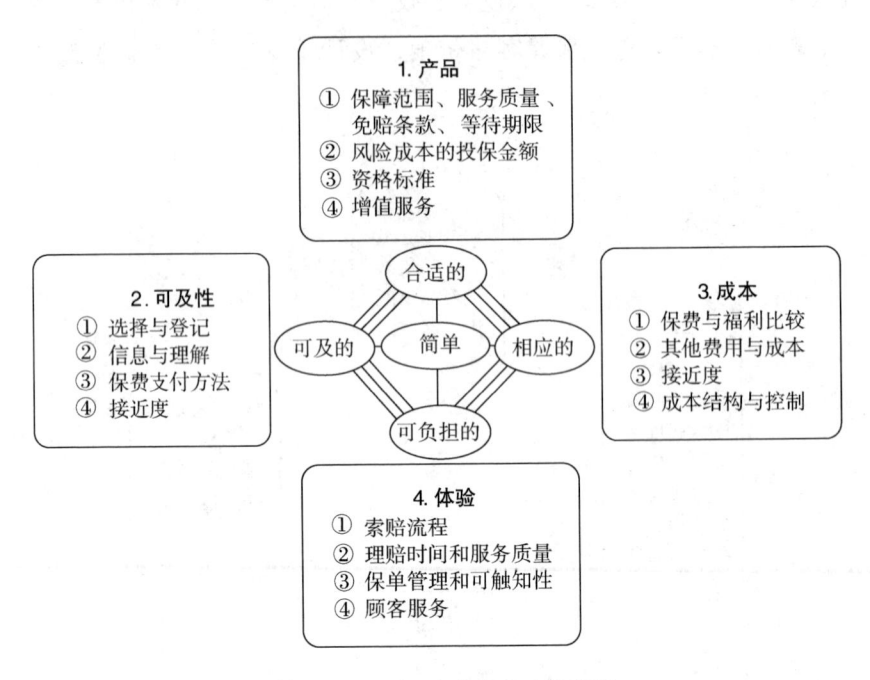

```
                    1. 产品
                ① 保障范围、服务质量、
                  免赔条款、等待期限
                ② 风险成本的投保金额
                ③ 资格标准
                ④ 增值服务

                    合适的
  2. 可及性                          3. 成本
  ① 选择与登记    可及的      相应的    ① 保费与福利比较
  ② 信息与理解         简单            ② 其他费用与成本
  ③ 保费支付方法                       ③ 接近度
  ④ 接近度                             ④ 成本结构与控制

                    可负担的

                    4. 体验
                ① 索赔流程
                ② 理赔时间和服务质量
                ③ 保单管理和可触知性
                ④ 顾客服务
```

图 2—3　PACE 客户价值分析框架

图 2—3 列出了使用五分量表的评分系统和 16 个子维度的标准。尽管这一评分系统仅适用于一款产品，但是它通过比较基准和类似产品能够提供更深刻的见解。小额保险通常是对现有风险管理机制的补充，比如非正式储蓄、信贷小组、有税收支持的政府安全网，所以我们不应当孤立地分析客户价值。

尽管假设 4 个主要维度几乎同等重要尚可以接受，但是 16 个子维度的重要性明显存在差异。例如，人们不能将理赔的权重与保单管理相提并论。因此，在每个主要维度下，两个次级维度会分配到较高的重要性，并且在这一维度的总分中占 70%，而另外两个次级维度仅占剩余的 30%。

PACE 分析仅依赖于可用的二手数据和有限数量的员工访谈，所以能够以相对快速的方式完成。主要的资料来源有产品规格、绩效数据、手册、流程图、报告、员工反馈等。数据收集方法类似于审计，其中特定问题的答案以不同来源的数据为基础接受验证。可用的客户数据越多越好。如果无法获取客户数据，那么 PACE 分析的准确性便会大打折扣。直接从客户处收集原始数据会大大增加 PACE 分析的时间成本，但是对于那些真心为低收入市场提供服务的组织，其分析结果会更具参考性。

PACE 有别于其他客户价值评估工具的一个关键方面是，它兼顾了产品规格和相关流程。小额保险计划的问题往往在于，支持可及性或索赔流程设计欠佳，从而损害了这些产品的价值。通过从客户角度评估当前流程，PACE 可以确定改进的着力点。下文基于 15 个寿险或小额健康保险计划案例，分析 PACE 的 4 个维度的价值创造经验。

三　价值创造方式

（一）改善产品特性，提升成员价值

人寿保险面临的一个主要挑战是，如何提升意外死亡和伤残（Acci Dental Death and Disability，AD&D）保险待遇的价值。因为存在针对极低频率风险所需的高额保费、免赔条款以及长时间的等待，所以 AD&D 保单的客户价值往往引发质疑，但是原则上讲，没有必要控制意外保险的逆向选择。

鉴于低收入家庭面临的意外事故风险较高，并且他们在应对意外开支上面临多种挑战，因此，继续提高 AD&D 产品的客户价值尤为重要。按月分期发放，而非一笔付清伤残津贴，类似于按月领薪，可以向保险受益人灌输更好的财务纪律。

小额健康保险的设计本质上要比寿险产品复杂。提高小额健康保险待遇的一种更简单的方法是投保住院现金险，即将住院现金待遇作为补充保险，弥补因住院治疗而造成的收入下降。如果客户因公共卫生系统资金不足而需要（非正式地）支付药费或服务费，那么这一补充保险便很实用。此外，它还可以保护那些没有享受收入损失补偿方面社会保障的非正规就业者。

（二）提升产品的可及性

从直觉上讲，为客户提供产品间或产品内部特定功能之间的选择权是有益的。但是，选项过多会增加决策的复杂度，继而消磨客户原本想要购买产品的宝贵决心。此外，别无选择的强制型产品通常更便宜，因为其管理费用开支可能更低，可以更快速地实现规模效应，避免逆向选择。当同时考虑所有的客户价值维度时，强制型产品和自愿型产品的优缺点便能够进行更明确的对比。

一些小额保险公司正在试验一种混合方式。在菲律宾，MicroEnsure 公司向小额金融机构 Taykay Sa Kauswagan 有限公司（TSKI）的借款人提供了一种强制型寿险产品。考虑到许多客户在用 TSKI 公司储蓄，TSKI 公司为那些希望在还清贷款后续保的客户提供了一个"进入选项"。它的基本理念为，通过提供优质服务的强制型保险产品来控制逆向选择，让客户青睐这一产品，然后自愿购买，或者在未来升级到更高条款。

低水平的保险素养使得客户难以理解并正确使用保险，这有损于客户价值。解决这一挑战需要教育客户，让他们知道要么采取强制提供方式，同时支付少量补贴费，要么购买一款复杂的产品。

全面的金融教育需要利用各种渠道传递旨在改变消费者行为的信息。例如，MicroEnsure 公司的教育计划主要基于3个方面：（1）提升客户储蓄、保险等方面的金融素养；（2）关于产品待遇及组织工作的说明；（3）对 TSKI 公司员工开展相同内容的教育培训，尤其注重理赔管理，但是这种全面教育的成本高昂。此外，如果没有捐赠人、政府、行业机构的支持，小额保险人不太可能独自部署如此广泛的计划。因此，小额保险公司的一个良好开端是提供有关该产品的详细信息。

（三）降低成本并提高货币价值

可以通过比较所有的保险和非保险待遇与已经支付的保费总额来衡量产品的货币价值。在评估过的各类产品中，获得补贴的产品往往展现出最好的货币价值。这并不令人感到意外。此外，具有许多增值服务的产品在此方面也有很好的表现。

货币价值分析有助于识别产品定价是否过高。定价过高的一个原因是为了弥补低效的过程。例如，评估的4种肯尼亚保险产品中，不管是最廉价的产品，还是最全面的产品，它们的性价比均不高。这两种产品的赔付率均位于80%—120%，这意味着投保人获益很多。但是，如此高的赔付率也表明该产品存在问题，最终可能对保险公司和客户均不利。

许多健康计划都有10%—20%的共同保险安排。一些计划针对昂贵的手术治疗或意外住院采用了成员成本分摊的方式，这可能难以控制道德风险，但却显著增加了那些面临灾难性风险人的脆弱性。如果在将成本分摊机制应用于"高频低损"事件的同时，取消针对"低频高损"事件的成本分摊，或者限制每份保单每个时期的最大自费成本，则可以增加客户价值。

（四）提升体验

对于客户，理赔将保险化作有形的资产，并且为保险公司提供了建立信任和提高客户忠诚度的机会。我们用PACE分析了本节综述的肯尼亚复合保险产品，发现这些需要评估的产品所需的文件列表往往过长。虽然目前人们尚不清楚这些额外的文书工作是否有助于保险公司的控制举措，但是此类文书肯定会损害客户体验。如MicroEnsure公司通过减少核查文件要求、允许使用村长证书和宣誓书来简化这些流程。

随着产品和分销模式越来越复杂，客户服务在小额保险中也扮演着越来越重要的角色。保险公司正在尽力在售前、售中和售后为客户提供支持。随着移动通信的发展，呼叫中心能够帮助客户充分了解产品的基本特性，随时查询保单状态。它还确立了产品的反馈和申诉机制。

四 产品在国家层面的相对价值

（一）使用PACE对竞争对手展开国家层面的分析

在评估小额保险的价值时，非正式机制和社会保障计划提供了基准。对肯尼亚、印度、菲律宾等国采用的15个小额保险计划展开PACE分析的结果表明，小额保险确实有助于补充非正式风险分担实践和社会保障计划。正如下面的肯尼亚和印度的实例所示，使用PACE开展全面的"竞争对手"分析，可以进一步识别如何提高特定小额保险产品相对于备用风险管理解决方案的价值。PACE分析还提供了针对特定市场上类似产品的价值概况。

通过PACE分析比较了肯尼亚的合作保险公司（CIC）、先锋保险公司（Pioneer）、Britak公司的3种混合保险产品，以及Jamii Bora Trust

(JBT）公司和政府推动旨在提供全民健康保障覆盖的国家健康保险基金（National Health Insurance Fund，NHIF）的两种住院患者健康保险产品（见表2—1）。

表2—1　　　　　客户价值的PACE评估（肯尼亚）

	非正式机制	NHIF	CIC	Pioneer	Britak	JBT
产品	2.3	2.6	3.3	4.4	1.9	3.3
可及性	4.3	2.2	2.3	2.7	3.7	3.3
成本	2.2	4.2	3.4	2.4	3.2	3.8
体验	3.3	3.0	2.7	3.1	2.9	4.0

注：评分采用五分制（5分表示客户价值最高）和16个子维度的标准。尽管假设所有4个主要维度几乎同等重要貌似可信，但是16个子维度重要性明显存在差异。

从表2—1可知，几乎所有产品的得分都很低，这可能归因于，混合保险产品很复杂且成熟度不足。从理论上讲，鉴于小额保险的获取成本比较高昂，支持混合保险产品的理由很充分。但是，混合保险产品固有的复杂性常常让客户难以理解，让管理人承担高昂的成本，难以维持高质量的服务，从而导致客户难以负担这一产品。以上这些因素导致混合保险产品的购买率比较低。

本节综述的所有产品在PACE框架核心维度上的得分几乎相同。尽管这些产品的优势和劣势各异，但是它们却以合理的价格提供了良好的保障范围和服务，而这一价格处于低收入家庭声明的支付意愿范围之内。因为所有产品的利润均很丰厚，所以存在对产品价值的担忧，这意味着仍然存在提高待遇或降低保费的空间。

（二）用PACE来平衡客户价值和商业选项

客户价值和业务价值之间存在内在权衡。对PACE的4个方面同等重视可能对客户有意义，但是对于想要在竞争环境中保持其产品独特性的小额保险人，这可能并非最佳选择。对于最优的商业战略，通常没有定论。但是，显而易见的是，将客户反馈纳入战略决策很重要，尤其是在竞争愈发激烈的情况下。PACE或其他客户价值评估工具可能有助于实现这一点。PACE 的分析结果可作为制定规划的元素，同时还要考虑更广泛的经济环境和体制因素。小额保险公司可以定期进行 PACE 分析，以此来改善要素投入、指导产品评价并调整定位。

五　总结思考

虽然客户价值评估是一个错综复杂的问题，但是对于希望在业务上取得成功的从业者，以及希望有效支持小额保险市场发展的其他利益相关方，理解这一问题至关重要。人们可以使用不同的方法来评估客户价值，而 PACE 工具只是其中之一。人们可以通过一个获得了二手信息来源支持并且基于审计的系统，用 PACE 工具来对比小额保险及其备选方案。在某种程度上，它既克服了采用仅能表示"成功或问题"的关键绩效指标的不足，也避免了纵向全面客户调研的昂贵成本。PACE 框架通过分析对消费者非常重要的内容，以整体方式从客户视角看待产品。因此，从业者可将其用于提升产品价值，改进战略管理流程。某些时候，PACE 的结果甚至可能足以让政府、捐赠人和监管者开展政策层面的讨论。

尽管本节展示的实例具有一定启发性，但是客户价值都体现在具体的背景之下，所以并非所有设想均能够跨越国界，进入具有不同客户偏好、社会保障体系、竞争环境、技术与分销渠道可用性的市场。然而，虽然背景因素非常重要，但是仍有一些客户价值驱动因素似乎具有足够的普遍性，可以列入全球小额保险议程，从而进一步提升客户价值。这包括：（1）改进理赔、客服、消费者教育和登记参保流程；（2）（通过改善流程并使用技术）将效率收益转化为更好的客户价值；（3）比较强制型与自愿型产品设计的价值；（4）在考虑市场推广、刺激需求和获客成本的前提下，平衡简单性和保障范围（简单保障与更全面适当的保障）；（5）为小额健康保险和小额农业保险设计 PPP 机制；（6）以非正式机制为基础，确保与小额保险更好的共存；（7）细分市场并根据各个细分市场改进产品定位。

最后，与其他零售业务一样，小额保险业务中的客户价值应当驱动业务可行性。更好的产品意味着，以更及时的方式来实现规模经济，这是小额保险的先决条件。本节综述的一些人寿保险产品表明，人们有可能适当兼顾客户价值和业务可行性。对于哪种经营战略最有效，其实并没有明确的答案。但是，如果不了解客户需要，也没有将市场情报与战略规划过程挂钩的工具，那么制定好的战略便会难上加难。为掌握客户需要，小额保险人需要更多的客户数据。

第三节　健康保险作用的经验证据[①]

大量文献专注于评估健康保险产生的影响，本节总结了这些影响，包括对一些计划的实地考察结果。这些影响可分为两大类：对家庭财务的影响和对医疗服务可及性/质量的影响。遗憾的是，这些文献仍然缺乏有关短期或长期健康结果的信息，所以本节最后将讨论为什么这一问题会困扰保险业及相关领域。

一　对家庭财务脆弱性的影响

总体而言，已发表文献的大部分证据表明，健康保险客户在遭受健康冲击时获得的财务保障要好过非健康保险客户。尽管作用的大小可能因国家而异，但是这些计划自始至终都有助于减少个人和家庭的自付医疗开支（Wagstaff 等，2007）。尽管情况并非完全如此（Werner，2009），但应当说明的是，小额健康保险计划保护了参与者尤其是其中遭受灾难性医疗事件的穷人（Asfaw 和 Jütting，2007）。来自越南的结果表明，参与小额健康保险计划使得客户的年度自付医疗费用得以减少，并且/或改善了医疗保健服务的可及性[②]。这些缘于保险的积极成果也在印度、塞内加尔、乌干达、坦桑尼亚、尼泊尔、印度尼西亚等地区得以复制（Asfaw 和 Jütting，2007；Dror 等，2009；Gertler 等，2009；Musuya 等；Wagstaff

---

[①] 本节内容基于研究简报第 5 号的第 3 部分，节选自系列论文第 6 号。本节作者为 Sheila Leatherman（北卡罗来纳大学教堂山分校 Gillings 全球公共卫生学院），Lisa Jones Christensen（北卡罗来纳大学教堂山分校），Jeanna Holtz（国际劳工组织影响力保险部门）。本节作者的致谢请参见系列论文。

[②] 孟加拉国的小额保险改善了人们获得保险的途径，但是并没有保护人们免受灾难性损失，参见 Werner（2009）。

和 Pradhan，2005）。

尽管健康保险给家庭财务状况带来了普遍的积极影响，但是正如下文有关可及性的内容所述，形形色色的证据表明，并非所有细分人群均能够从健康保险中获益。

二 医疗的可及性与质量

在所有针对健康保险的影响的分析中，一个关键性问题是：一些地区的健康保险基本上没有触达极端贫困人群（例如，按购买力平价计算，生活在贫困线以下或每天生活费不足 2 美元的人群）。最穷困的人群仍然无力支付保险费，但是上述地区的贫困人口可以获得一定水平的补助（Asfawand 和 Jütting，2007；Derriennic 等，2005；Jütting，2004；Wagstaff 和 Pradhan，2005）。对不同国家和方案的调查结果均支持这一结论。

较为积极的一面是，尽管极端贫困人群无法通过健康保险计划获得医疗服务，但是研究表明，穷人（相对不那么穷困的人）的确能够获得更好的医疗服务可及性。许多研究表明，健康保险客户比非健康保险客户更可能去医院看病。一项针对坦桑尼亚农村的研究揭示，与未参加小额健康保险计划的患者相比，小额健康保险客户患者接受治疗的可能性要高出 15%（Msuya 等，2004）。

一项积极的调查结果显示，一旦意识到身体遭受疟疾感染，已投保小额健康保险的患者比未投保的患者更可能在疾病周期的较早阶段就医（Blanchard-Horan，2007）。当面临其他更普遍的健康问题时，已投保患者与未投保患者的就医行为也与此保持一致。例如，关于乌干达的焦点小组分析和对小额健康保险方案的经理人的采访表明，已投保患者不再像未投保前那样，在病情变得严重或危重之前，一而再再而三地延迟就医（Derriennic 等，2005）。

一般而言，小额健康保险参保个人是不太可能对疾病进行自我诊断和自我治疗的。例如，越南的小额健康保险参保计划提高了专业医疗执业者诊断和处方开具的可及性，客户不再像以前一样仅仅使用非处方药物或依赖药剂师提供诊断建议（Wagstaff 和 Pradhan，2005）。自我治疗可能造成各种医疗并发症，如未经治疗或遭误诊导致的疾病加重、自行开具药物导致的并发症和传染病引发的公共健康问题（Derriennic 等，2005）。在许多情况下，延迟就医会导致发病率和死亡率的显著增加（Derriennic 等，2005；Wagstaff 等，2004）。

但是，我们应当注意到，因为许多疾病不需要加以干预便可自愈，所以在早期获得药物治疗并不一定能将成本降至最低水平。此外，尽管增加医疗服务可及性通常是一个积极指标，但是健康保险计划的待遇设计也可能因为一些与医疗需要无关的原因而影响到客户使用医疗服务。例如，当健康保险计划只保障住院保障时，寻求待遇的客户与寻求收益的医疗供应商便会被激励，从而使客户选择昂贵的住院医疗保健服务，而这些医疗保健服务本可在门诊场景中以适当方式提供。同样，若患者在该计划中的医疗费用下降，甚至无须自付任何医疗费用，这便会促使无良医疗供应商提供不必要的药物，甚至执行不必要的医疗流程。

因为健康保险计划可以覆盖预防性护理服务的支出，或者投保客户彼此之间要求以及计划要求开展预防性护理行为，所以一个问题是：参与健康保险计划是否会促进预防性护理行为？这个问题常被忽略。这个问题的内容涉及供水和环境卫生、保健、教育、生活方式等方面的干预措施，所以比检查接种疫苗等零散的预防性保健活动的影响范围更大。就这一话题开展进一步研究将为健康保险行业带来价值。

三 健康与幸福

在衡量医疗系统绩效的影响和健康保险的价值时，健康结果仍然是一个不好把握的目标。许多因素不利于精准地衡量健康结果，其中包括但不限于糟糕的数据可用性、各群体中有意义的衡量标准的定义、学界与从业者开展研究和分析研究的不同能力。即使是在发达国家的卫生系统中，收集有效结果的数据仍然被视作一项处于萌芽状态的工作。不可避免的是，在资源困乏的背景中几乎难觅其踪。此外，因为健康结果与待遇设计方案服务供应质量密切相关，所以衡量健康保险的影响需要采用较大的测试剂量（Dercon 等，2008）。例如，因为健康保险产品无法很好迎合当地需求，或者因为医院或诊所的服务质量低于标准水平，很可能导致这项方案对健康的影响偏弱。

尽管该研究几乎并未对这一主题提供多少帮助，但是由于诸多原因，定义和衡量健康结果应当成为一项常规操作：它将有助于确定花钱的领域，在人类幸福事业中有所作为；它将有助于健康保险保单和流程的程式化评价；它将有助于确定最佳实践，以便扩宽适用范围；它将改善方案的设计和操作的可说明性和透明性。

大多数研究发现，最贫困的人群并没有充分意识到健康保险的益处，因此补贴和/或政府干预仍然可能是惠及最贫困人群的最佳选项（Asfaw 和 Jütting，2007；Jütting，2004）。Preker 等（2002）建议采用如下方式：（1）提高为最贫困的人群支付保费的补贴额度，并谨慎地确定目标；（2）寻求再保险，以此来扩大小风险池的有效规模；（3）制定预防和病例管理技术，从而限制开支波动；（4）提供技术支持，以此来完善本地方案；（5）与正规融资和供应商网络确立联系。

第 三 章

保险教育

第一节　关于风险管理和保险的消费者教育实践[①]

一　引言

消费者教育通常被视作保险活动不可分割的组成部分，它是一项保险客户和从业者的"双赢"的解决方案。消费者教育旨在帮助低收入家庭做出明智的选择，同时也帮助从业者刺激需求。但是，当前尚缺乏相关的学术和商业研究，所以业界很难证明消费者教育取得了其宣称的效果。

鉴于消费者教育计划的数量在不断增加，以及在这一领域能力建设的巨大需求，小额保险网络组织的保险教育工作组认为，编制一份新的实践清单很有用，而且保险从业者也应当认真思考，如何将此类新实践纳入教育计划（见专栏3—1）。本节总结了50多位在早期开展消费者教育计划的从业者给出的反馈。他们的反馈记录在国际劳工组织小额保险创新部门和小额保险网络组织支持的3项研究之中——Doro 等（2010）、Burns 等（2010）、Smith 等（2010）。

专栏3—1　我们想借助消费者教育表达什么

保险消费者教育包含了讲授风险管理策略和保险作用的系统性工作，以便在低收入家庭中推广更好的风险管理做法。消费者教育的目标是，

[①] 本节内容基于研究简报第3号。本节作者为 Iddo Dror（国际家畜研究所）、Aparna Dalal（国际劳工组织影响力保险部门）、Michal Matul（国际劳工组织影响力保险部门）。

为家庭提供知识和技能，赋予其为自己制定最佳财务决策的能力。消费者教育可以由保险公司提供，也可以外包给分销渠道、专业化培训机构等伙伴组织，或者纳入政府部门或行业组织在全国层面开展的合作。

　　这些研究中回顾的从业者经历表明，需要一项长期的综合办法来改良风险管理能力并增加对相关金融工具的使用。在实现这些目标的过程中，仅提供临时的单独教育计划往往不够，因为这难以联系到如何选择适合的保险产品。

　　我们将凸显这一教育的内容和交付的关键设计特征，并且在接下来的两节中提供成功实施过这些设计特征的实例。在最后一节中，我们将回顾消费者可持续性面临的挑战，以及与那些希望将教育融入其商业模式的从业者尤为相关的监控和评估工作。

二　消费者教育的内容

（一）注重风险管理和保险，酌情讲授其他金融概念

　　对于尝试设计教育计划的从业者，最重要的问题是内容的广度：该计划是否应当包含一般的金融教育概念，如资金管理和预算编制？是否应当涵盖广泛的风险管理话题，如风险性质以及保险与储蓄之间的差异？是否应当重点关注产品的具体细节，如保费支付、收益、免赔责任和理赔程序？消费者教育内容的广度取决于诸多因素，包括可用的资源、教育者与该群体相处的时间、该群体之前掌握的知识和经验、从业者受命开展的工作等。一些接受调查的从业者认为，在进入到风险管理和保险的内容之前，应当先从基本的金融教育开始。从类似于预算编制的金融概念开始很重要，因为它使得各家各户能够了解当前资源的使用状况，并且意识到损失的影响。

　　保险从业者能够获得的资源较少，因此，全面金融教育的方式并不总是可行的。在此类情况下，应当重点关注风险管理和保险。这一内容可以设计为让低收入家庭有能力识别家庭风险、处理有关保险概念的疑惑之处、比较不同的风险管理策略（包括保险）、制定优先级和优化风险管理的策略。如果教育内容仅仅注重产品益处，那么仅能算作一种对具

体产品的营销,而无法被归类为消费者教育。

以下是两个将保险和风险管理教育巧妙分层的计划。

"关爱印度"(CARE India)组织与巴贾杰安联(Bajaj Allianz)保险公司合作设计了一个包括如下 4 部分内容的综合教育计划:(1)风险教育;(2)保险教育;(3)产品培训;(4)产品组织工作。"关爱印度"组织认为,所有这些话题都是在社会保障体系中创建保险文化所必需的,所以该组织在设计针对印度泰米尔纳德邦农村贫困和脆弱群体的人身和牲畜保险计划(Insure Lives and Livelihood,ILAL)时,有意将这些内容均包含在内(见专栏3—2)。

专栏3—2　"关爱印度"组织的内容领域[1]

风险教育:
　　风险是什么
　　风险管理机制
　　实践中的风险机制
　　储蓄与保险之间的区别

保险教育:
　　什么是保险
　　保险的原则
　　为什么选择保险
　　什么是寿险和非寿险保险
　　什么是保费和索赔

产品培训:
　　介绍"关爱印度"组织、巴贾杰安联保险公司
　　什么是人身和牲畜保险
　　解释寿险和非寿险产品
　　什么是保费、索赔、排除给付、普惠等

产品组织工作:
　　如何支付保费
　　应当何时收取保费
　　如何申请索赔
　　证明文件要求

---

[1] Burns 和 Dalul(2010),第 7 页。

在肯尼亚，瑞典合作中心（Swedish Cooperative Centre）和小额信贷机遇组织（Microfinance Opportunities）联合开发了一项金融教育计划（共10个模块），聚焦风险管理和保险，但也包含相关的金融教育概念（见专栏3—3）。

专栏3—3 瑞典合作中心与小额信贷机遇组织合作的金融教育计划的内容[①]

1. 完整学习方法的介绍：成年人如何学习、选出领导、参与者的作用、计划学习课程等。
2. 风险：什么是风险？风险如何影响你？哪些风险构成了最大挑战？
3. 风险管理工具：什么是保障？如何识别保障（事前）和应对措施（事后）。
4. 储蓄：如何存下更多钱？你可以把钱存在哪里？存款或贷款的用途？
5. 保险介绍：保险的奥秘、福利协会、汇聚风险，比较福利协会和保险。
6. 保险如何发挥作用：保险条款、成本效益分析、常见问答（FAQs）等。
7. 不同类型的保险产品：健康保险的基本要素、寿险的基本要素、财产保险的基本要素等。
8. 如何提请索赔：索赔申请的相关条款、填写索赔申请表的建议。
9. 如何为你和你的家人找到最佳保险产品？选择最佳保险产品、向保险供应者提问、与家人沟通并共同决策的不同技巧以及制定购买保险的行动计划。
10. 如何/何时/为什么续保：续保是什么、未续保的后果、续保前的考虑事项、续保或不续保你的保单等。

---

① Smith 等（2010）。

（二）联系当前的风险敞口，将教育建立在人们已有知识的基础之上

消费者教育的内容应当始终基于家庭对保险的了解及其对自身风险的认识。当消费者教育的内容是全新的知识时，家庭没有既有的参考框架，很难投入到相应的学习中。因此，消费者教育计划应当在保险与家庭业已使用的风险管理策略（如储蓄和信贷）之间建立明确的联系。

该内容应当非常突出，以便吸引家庭注意并且鼓励家庭记住这一内容。凸显内容的一种简单方法是谈论风险。谈论风险可能过于明显和基础，但是它对消费者教育的成功而言至关重要。行为经济学领域的经验表明，人们往往会低估不良事件发生的概率。[①] 因此，为了使教育更有相关性，提醒人们注意其在社区生活中遇到的常见风险显得很有必要。

在提供关于风险的教育素材后，可以即时讨论家庭目前管理这些风险的具体手段、改进非正式风险缓释策略的具体方式，以及用正式保险补足非正式策略的具体做法。其目标是，将保险与其他正式和非正式的风险缓释策略组合运用，以更好地应对风险。

三　消费者教育的提供

从业者在设计消费者教育计划时，还需要考虑所运用的工具、提供渠道、提供频率等。从业者应当谨记，教育不仅是知识传递，更是促进人们积极主动地应对风险。为了实现这一目标，提供消费者教育需要以学习者为中心——吸引力和可参与度越高越好。从业者应当将消费者教育视作一个长期的过程。只有通过各种渠道提供消费者教育，并且将持续开展的教育活动与宝贵的保险产品可及性结合起来，才能够发挥出消费者教育的最大效力。孤立的单次培训是远远不够的。

（一）综合运用渠道和工具

因为每种渠道和工具均具有特定的用途，所以从业者应当考虑在消费者教育计划提供过程中综合运用各种渠道（如研讨会、广播和电视）和工

[①] Aparna Dalal 和 Jonathan Morduch，2010，《小额保险心理学：小变化能产生惊人影响》，金融可及性促进组织，小额保险论文第5号，国际劳工组织小额保险创新部门。该论文的简报是本书的第六章第六节。

具（如宣传册、挂图和游戏）。大众传媒和艺术表演渠道有助于提高广大受众的认识，而研讨会、课堂培训等有针对性的渠道则可以让更多人参与和互动，增进理解。多元化工具有助于匹配不同的学习风格，使得这一教育活动能够迎合不同的目标细分市场。使用多种渠道也可以强化这些信息。

"关爱印度"组织及其基于社区的合作伙伴常常运用歌曲、戏剧、木偶戏等文化节目来引发家庭的兴趣。地区工作人员借助源自影视且可以识别的曲调来创作有关保险主题的歌曲，由本地自助组织的小组成员面向更多观众进行表演。这些文化节目在激发兴趣方面的效果要好于简单的客户谈话。但是，他们认为，尽管文化节目能够引起广泛感知，但是观众一般不会记住表演的细节，所以需要更多的机会在小组中讨论保险原则和产品特点。

巴西保险联合会（Confederao Nacional das Empresas de Seguros Gerais，CNSeg）通过运用大众传媒（视频和广播肥皂剧）传播教育素材，积极引导社区成员参与其教育计划。这些视频和广播肥皂剧往往只基于一个简单的剧本，凸显了保险为低收入家庭带来价值的信息。这些视频素材源自社区，其中的演员一般是本地供应商和社区成员。巴西保险联合会也会广泛征求社区意见，并在此基础上开发新剧本。该联合会认为，这种参与方式将有助于在社区内建立信任，并且鼓励成员内化信息。

小额保险学会（Micro Insurance Academy，MIA）运用互动游戏来帮助社区识别风险，学习主动管理风险，理解健康保险的价值主张。他们开发了一款名为"一同选择健康计划"（Choosing Healthplans All Together，CHAT）的游戏，旨在帮助贫困社区在考虑医疗待遇时权衡不同选项。这一游戏允许成员共同定义待遇项目，涵盖其最相关的需要。第 1 轮游戏中，每位参与者都会获得一个 CHAT 板，显示不同形式的可保风险以及一些代表可用资金的贴纸。然后，参与者按照其想要投保的风险，将贴纸贴到板上，再绘制出模拟现实生活风险的事件卡，然后讨论其选项的明智性。第 2 轮游戏练习在大约有 15 名参与者的小组中开展。通过讨论，参与者将就社区想要投保的特定风险达成共识。另一个名为"聚宝罐"的游戏则能够帮助社区成员理解保险和风险汇聚的概念。这个游戏包含着代表健康事件的卡片和象征金钱的糖果，模拟出现实生活的健康事件。

这个游戏展示出将信用或储蓄作为风险管理工具的不足之处，以及风险汇聚是如何让社区受益的。小额保险学会将这些工具用作综合保险教育计划的一部分。此外，该计划还可以采用研讨会、宣传册、大众传媒（广播和电影）、街头短剧等形式。

（二）持续开展消费者教育

消费者教育不应当是一次性的活动，而是一项持续不断的促进工作，通过综合运用多种渠道来传递前后一致的信息。临时活动几乎不会产生任何影响。

为什么一次性活动可能并非保险教育的有效提供方式？南非保险协会（South African Insurance Association，SAIA）的实践为我们提供了宝贵经验。作为其金融教育活动的一部分，南非保险行业协会曾经支持了一个项目，即通过社区和劳工组织在农村地区和公共区域举办金融素养研讨会。其目标在于，使农村低收入群体具备基本的金融素养。在项目评估期间，南非保险行业协会发现只有57%的参与者记得参加过这一研讨会。参与者的记忆率较低可能是缘于教育活动是在孤立的研讨会中开展的，而没有通过复习或持续不断的学习来加以巩固。但是，如果会期较短的研讨会在一段时间内铺开，并且通过其他渠道来加以强化，那么研讨会也可以成为一个有效渠道。

（三）教育与产品的衔接

改良风险缓释措施与增加保险可及性是两类相辅相成的活动。一方面，只有在家庭有了运用其新知识和技能来选择适当的风险管理工具选项时，教育计划的潜力才得以充分发挥。另一方面，保险教育可以缩减非正规行业触达家庭的成本，扩大总体风险池的规模，从而带来更多的产品购买量。

消费者教育应当酌情与保险产品衔接。否则，人们几乎不会改变其行为。当教育活动与产品密切相连时，应当包括对产品细节的讨论。这里的问题并不是营销信息是否能够或应当成为更广泛的教育活动的一部分，而是该如何整合信息，以及教育是否有助于人们做出更明智的抉择。

印度工业信贷投资银行与保诚保险的合资公司通过印度东北部的茶园，向茶叶工人提供长期储蓄产品，并同时为他们提供人寿保险。因为大多数目标群体从未听说过保险，所以印度工业信贷投资银行发起了一场宣传教育运动。他们从社区招募培训师举办独立的晚间会议，同时还由社区（非政府）实施电影计划。视频志愿者从服务水平低下的社区挑选出一些青少年，教授并且协助他们摄制有关当前紧迫的社会问题（如健康、卫生、教育和储蓄）的短片。在电影放映过程中，印度工业信贷投资银行的小额保险产品的主要特点和优势得到了进一步阐明。印度工业信贷投资银行发现，他们需要利用与社区广大民众的生活息息相关的社会议题（如酗酒）来触达客户内心，然后再引入诸如财务管理、储蓄、保险等安全话题。晚间会议、放映的电影、销售人员开展的背景工作等，均被整合到一个连贯的进程之中，以此来建立信任，赋予社区做出明智的财务决策的能力。

四 消费者教育的可持续性和商业模式

在保险从业者的议程中，从一开始便应当纳入关于可持续的商业模式的清晰策略。通过多个渠道提供全面的内容需要付出高昂的代价，因此，以可持续的方式来提供全面的消费者教育已经被证明为非常富有挑战性（尤其是在财务上的）。此外，提升社区对保险的理解是一项公共物品，这意味着，许多机构可以从中获益。因此，当竞争对手可能从此项费用中获得同等益处时，一家保险公司若要证明投资一个广泛的计划的合理性便会非常困难。如果情况如此，那么保险协会、政府、捐赠人、非营利组织等是否更适合去提供涵盖广泛的消费者教育？

（一）利用现有机构，尽量汇集资源

一种方法是在全国层面上汇集行业资源，然后由保险协会等独立机构来管理教育计划。《南非金融服务宪章》（*The South African Financial Services Charter*）要求，所有保险公司须从税后利润中支取0.2%用于金融教育。南非保险行业协会借此推动了协作——汇集源自各类保险公司的资源，监督保险业的消费者教育工作。该计划达到了振奋人心的规模。不过，因为保险公司是向最低收入的人群推广通识教育，所以《南非金融服务宪章》对保险公司做出了限制，禁止其以该计划为基础推广自身产品。这些限制使得保险公司无法将教育活动作为一项商机，因此威胁到了该计划的有效性。

当由独立机构或保险行业协会来提供服务时,重要的是要确定该计划的目标,并且以此来确保所有当事方均同意并且保证持续支持该计划。经过4年的耕耘,南非保险行业协会在继续实现教育消费者这一更广泛使命的同时,改变了自身的战略方向,以便鼓励其成员继续贡献各类资源。南非保险行业协会重新评估了该计划的运行方式,这主要由于,一些协会成员担心,该计划的设计方案无法达成其商业目标:对潜在客户开展保险的知识教育,赋予他们做出明智的保险决策的能力,从而促进投保。南非保险行业协会正在寻找方法,将教育活动与单个保险公司的营销努力相结合。大多数南非保险行业协会成员现在认为,汇集资源开展金融教育很有意义。他们可以通过共同努力,而非未经协调的单独行动,以更有效的方式打造一种保险文化。每种设置均提供不同的潜在合作关系格局,以及开办不同消费者教育活动的选项。有必要探讨此类教育活动与社会计划、政府金融教育、学校教育和消费者权益保护计划之间的联系。消费者教育应当由多个利益相关方来提供,他们应当注重其承担的社会责任,利用自身优势,以便提升福祉。当存在强大的行业或政府举措时,保险从业者应当探索与这些举措建立合作关系的路径。在缺乏广泛举措的情况下,保险从业者可以单独启动计划,证明他们能够在鼓励更广泛的消费者教育举措方面取得了成功。

私营部门完全有能力率先开展消费者教育。然而,仅是私人之间合作在大多数小额保险市场上并不常见,这导致了这样一个问题:政府和捐赠人在为创造这种公共产品提供便利方面是否应当并且如何才能发挥更积极的作用。

(二)从起初便将监测和评价活动纳入其中

需要认真监测,仔细评价,才能跟踪教育成本和效益,了解哪种内容和提供策略的组合的成本最低。监测和评价的主要目标是,衡量该计划如何影响家庭的知识、态度、技能和行为(见专栏3—4),及其对家庭和从业者的最终影响。

目前大多数监测和评价活动均为临时开展,仅限于客户满意度调查或产品接受度分析。它们虽然提供了重要信息,但是往往不足以了解消费者教育对潜在客户态度或行为的影响,或由此给客户和从业者带来的社会和经济影响。为了衡量消费者教育对客户行为的影响，评估者应当将教育计划的影响与产品和其他外部因素隔开。

通过基于客户访谈、焦点小组讨论、财务日记分析的定性研究，可以提取有关使用和有效性的重要信息。然而，评估教育计划对客户行为和幸福感的影响则要求从业者应用实验研究法，如随机对照试验。随机对照试验的基本方法是，将研究对象随机分组，对不同组实施不同的干预，通过对照组和处理组的比较来衡量计划的影响。此类研究具有挑战性（不仅是考虑到开展此类严格研究需要的财务开支），但是业界需要证明不同教育方法的有效性，进而说服利益相关方资助消费者教育。

专栏3—4　样本指标

知识

(1) 学习保险知识的目的；

(2) 承保特定风险的知识，以及这些事件给家庭带来的影响；

(3) 理解保险运作原理；

(4) 保险条款知识，如保险费、索赔和待遇；

(5) 理解产品详情，如价格、索赔申请流程和保单免赔条款

态度

(1) 相信保险适合低收入人群；

(2) 信任保险提供者；

(3) 相信规划风险会招致风险；

(4) 在未来1年内购买1份保单的可能性

技能

(1) 能够计算风险事件的成本；

(2) 比较保单甄选保单的能力；及

(3) 计算保费成本和待遇支出的能力；

(4) 理解保费收取流程的能力；

(5) 完成申请流程的能力；

(6) 提起索赔的能力

行为

（1）建立并采用风险管理计划；
（2）在紧急情况下使用债务、储蓄和保险；
（3）及时支付保费的行为；
（4）在过去1年内买过保险；
（5）在过去1年内续保过保单

五 结论

创建一项有效的消费者教育计划要求细致地设计内容、提供方式和利益相关方间的战略合作关系。监测和评价活动具有挑战性，却对制订有效的教育计划至关重要。本节呈现了从从业者获取的初步经验教训，可以复制到新背景中予以测试。消费者教育明显需要更多的创新和研究，才能显示它在提高保险产品价值和覆盖范围时力所能及和力所不及的方面。

本节重要的经验教训如下。第一，注重风险管理和保险，酌情分层次讲授其他金融概念：在资源有限的背景下，一招解决所有金融问题的方法可能行不通。在此类情况下，应当重点关注风险管理和保险的内容。

第二，联系当前风险敞口，将教育建立在人们已有的知识基础之上：消费者教育计划的内容应当始终定位于社区对保险的已有了解，以及社区目前管理风险的方法。使内容切题的最简单方法是，基于当前社区面临的风险来开展对话。

第三，综合运用渠道和工具：因为每个渠道均服务于不同目的，适用于不同的学习风格，有助于强化关键信息，所以综合运用渠道和工具很有作用（如小组化培训和大众传媒）。

第四，持续开展消费者教育：金融教育应当不是一次性活动，而是一项持续不断的工作。它应当通过综合运用多种渠道来传递前后一致的信息。

第五，教育与产品的衔接：将消费者教育与保险产品衔接起来可以激励家庭采取行动，改变自己的风险管理行为。它也为从业者提供了加强营销干预的机会。

第六，利用现有机构，尽量汇集资源：有必要探讨此类教育活动与社会计划、政府金融教育、学校教育和消费者权益保护举措之间的联系。当存在强大的行业或政府举措时（如社会计划、政府金融教育和消费者权益保护举措），应当探索与这些计划建立合作关系的路径。在缺乏更广泛的举措时，私营部门似乎处于为消费者教育铺路的地位。

第七，从起初便将监测和评价活动纳入其中：通过细致监测和认真评价来了解最有效的提供策略，建立基于消费者教育的商业模式，衡量消费者教育对家庭福祉的影响。

第二节 超越口号：宣传保险产品的良好实践[①]

一 引言

保险供应者难以刺激并且维持低收入家庭对其产品的需求。因为低收入家庭通常依赖根植于其本土文化的非正式风险管理机制，所以这些家庭在购买保险时会遇到很大的阻碍。因为低收入群体对保险供应者缺乏信任，并且其金融和保险素养低，所以他们难以理解保险提供的未来待遇的无形价值。

通过宣传活动可以克服其中许多障碍，凸显保险实实在在的收益。本节确定了此类活动的良好实践，为保险供应者及其分销伙伴提供了一套十步宣传计划模型（见图3—1），以此来设计宣传策略，更好地宣传保险产品的价值。

许多从业者将广告宣传等同于标语和标识，事实上，这些仅仅是广泛的宣传活动的一部分。对世界各地不同的保险宣传活动的综述表明，宣传计划中经常缺失关键要素：大多数产品缺乏销售目标；除指定地理区域之外，绝大多数产品没有明确界定目标受众。只有少数计划开展了理解受众购买障碍或评价计划投资回报的研究。采用结构合理、循序渐

---

① 本节内容基于研究简报第19号，节选自系列论文第22号。本节作者 Nancy R. Lee（独立咨询人），José Miguel Solana（国际劳工组织影响力保险部门）。本节作者的致谢请参见系列论文。

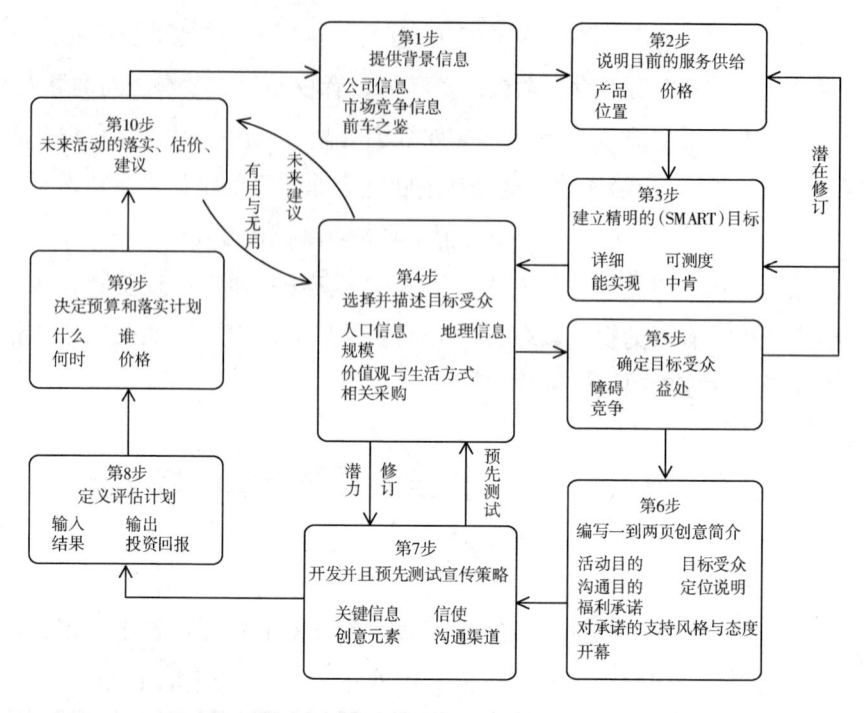

图 3—1　成功宣传活动的十个步骤

进的方法制定并且实施保险产品宣传活动，对于改善保险计划的结果至关重要。

二　改善宣传活动的关键内容

（一）服务供给说明

在宣传计划的制定过程中，这一步骤的重点是，为开发此项促销活动的项目团队提供一个简短的服务供给说明（产品、价格和场所）。本节假设涉及这些因素的决策已经确定，负责宣传活动的员工的工作是开发有说服力的交流系统，凸显服务供给的益处，同时消除潜在客户感到的购买障碍。

1. 产品

从客户角度来看，一款产品不仅仅是指其功能、质量、名称和风格，还包括核心产品、形式产品和附加产品三方面内容。开发通信系统的员工需要说明产品的这三个层次。表 3—1 概述了这些内容。尽管考虑到所有级别均有助于我们编制信息,但是许多人发现最重要的是——核心产品和追求的利益。

表3—1　　　　　　　　　　三大产品层次

核心产品	形式产品	附加产品
目标受众希望从保险产品中获得的待遇	产品功能、选项	附加功能和增值服务
典型选项包括: 心理平静; 财产保障; 责任感; 在死亡时养家; 对所爱的人去世的认可; 及时和平价的医疗保健服务; 减少错误和事故责任; 降低脆弱性; 保障经济活动和生产	对于保险产品,要清楚: 保险金额(付款金额和时间选择); 资格; 免赔责任与限制条件; 持续时间; 收取保费; 续保时间表; 等候期; 逾期支付保费; 触发水平; 家庭和团体保障范围; 就医流程; 涉及的技术; 续保机制和选项	提供附加价值的典型选项包括: 与储蓄账户挂钩; 与汇款和现金转账挂钩; 健康检查和医疗援助; 家庭援助; 农业技术援助; 折扣服务; 入场彩票; 素养培训; 公司的良好声誉; 保证满意度

2. 价格

这一部分的服务供给基于保费水平、交易成本、保费支付选项和中介佣金。客户支付的保费要么是技术保费(它覆盖风险和经营开支),要么是以商业方式商定的保费。该产品的价格通常与特定外展服务水平挂钩,意味着高销量产品价格可能大大低于低销量产品,从而强调了在保险中销量对于实现平价保险的重要性。

3. 场所(可及性)

场所是指客户在何处以何种方式在何时签订保单、续保、修改保单

(如通过充值)、提出索赔、收到赔款、获得客户支持(如通过呼叫中心)等。"何处"选项包括零售地点、特殊活动、移动通信设备、专门的数字信息亭、家庭等。"方式"选项包括纸质申请表、呼叫中心、移动通信设备、在线登记等。"何时"选项是指一天中的某个时间、一周中的某一天、一年中的某个季节、保单激活和付款的等待时间等。

"场所"不仅是指潜在保险申请人获得服务供给的地点,更指某个沟通渠道,是宣传战略的一个主要部分(见图3—1第7步第4点)。

(二)了解并细分市场,确定目标受众

理解目标受众的特殊欲求、障碍、偏好和媒体习惯是成功的关键。将较大群体划分为较小的同质群体,评估每个细分市场,选择优先目标受众。

以顾客为导向的研究方法可有助于从顾客角度来识别产品的优缺点,为宣传活动提供信息(见专栏3—5)。

专栏3—5　某公司的市场研究

2010年,某公司开展了一项研究,为其小额金融机构合作伙伴评估一种健康保险产品的可行性。基于源自客户、小额金融机构、医疗保健服务供应商等的反馈,研究发现,宣传活动中应当应对如下客户购买障碍(见表3—2)。

表3—2　　　　　　　　宣传活动中的客户购买障碍

购买障碍	典型意见
缺乏基本信息	我不知道保险的工作原理
缺乏详细信息	我不明白赔款的具体内容,收取赔款的方式、金额、时间等
竞争	既然我获得了免费的健康服务,那我为什么还需要健康保险
信仰	我认为保险会带来厄运。如果我购买了保险,那么我家里的某个人可能生病或死亡
价格	这种健康保险保费比我见过的寿险保费高多了
安全	如果我用移动支付,那我的个人信息安全状况会如何

此项研究的结果将用于开发产品、价格和场所方面的策略,以及提供有关宣传策略的信息,通过设计关键信息来应对几项主要障碍。

提供的信息应当包括如下内容:(1)说明保单的作用方式;(2)保证迅速获得赔款;(3)强调易于登记投保;(4)支付保费时再次确保资金安全;(5)产品有别于政府提供的医疗保险。

(三)遵循结构化流程来识别信息、媒介、创意元素和沟通渠道

制定宣传策略涉及4个要素:信息、媒介、创意元素和沟通渠道。一份1—2页的创意简报是一项最有效的方式,可确保此项活动的宣传策略确立清晰的传递信息、选择可靠的媒介、创造成功的创意元素以及选择有效的沟通渠道。创意简报帮助宣传活动的发起人和实施人理解保险公司的目标和受众意见。

(1)信息:目标受众应当收到什么样的重要信息?他们需要知道什么?相信什么?然后做什么?

(2)媒介:媒介传递信息,使得目标受众感知到服务供给的发起人和支持者。对于保险产品,媒介往往是分销网络/渠道及其人员。可能还有其他重要的媒介,包括社区中值得信赖的成员、发言人、合作伙伴、吉祥物和支持者,以及支持此项工作的任何其他组织,如学校和医疗保健服务供应商。

(3)创意元素:主要部分包括视觉元素(如图形和字体)、语言内容(如标语、标题和详细的副本)、视觉/声音组件(如音乐、音效和背景环境)。这些可由就职于广告和宣传公司的艺术和创意专业人士、保险代理或其他分销渠道的员工来创作。

(4)沟通渠道:确定最有效果的沟通渠道组合,来触达目标受众,激励其采取措施。可供选择的主要渠道包括大众传媒、公共关系、社交媒体、移动营销、特殊活动、个人销售、口碑、娱乐/大众传媒、戏剧、印刷材料、招牌展示、直邮和特殊宣传项目。沟通渠道的选择受到有关信息、媒介和创意元素决策的影响。例如,如果创意元素需要很详细的副本,那么印刷材料等渠道便很合适。如果创意元

素包括蕴含简单信息的简短口号，那么户外广告牌可能奏效。如果需要声音或动作，这便指向电视或收音机。市场调查结果可为目标人群指明最合适的渠道。

对于如何选择沟通渠道，Lee和Kotler（2012）提出了应当考虑的8个要素。这8个要素如下所列。（1）活动宗旨和目标。例如，在你的宣传计划第4步中设定理想的可量化目标，展示你想要销售或续签的保单的目标数量，或者你预期的保险产品的目标对象的数量。这些预期结果将指导你选择沟通渠道。若目标宏大，那么大众媒介而非仅针对少数人的特殊活动，便更关键。（2）触达的范围和频率。触达"范围"是指你希望在特定时间段内通过宣传活动的各种传播渠道触达目标受众的百分比或人数。触达"频率"衡量的是目标受众中普通人接触到信息的平均次数（Kotler和Armstrong，2001）。（3）你的目标受众的媒体接触习惯。在考虑目标受众的概况（人口统计学、心理学、地理学、行为学等特征）时，要弄明白其媒体使用习惯。本节的目标是选择最可能触达、吸引和影响目标受众的传播渠道。（4）决策时刻。将你的宣传信息和创意元素呈现在目标受众面前的理想时机，是他们即将在你的服务和竞争对手的服务之间做出选择的时刻。这会对置于零售场所和/或由零售员以及互联网搜索提供的信息产生影响，你的服务供给在此情况下会与主要竞争产品服务一同登场。（5）良机/恰当时刻。在你的目标受众最有动力去倾听和理解你的服务供给时，识别并寻找机会。（6）整合市场营销传播。这一特性的最佳实践要求沟通渠道做好协调，确保信息尽可能保持一致并且无处不在。（7）创意元素。创意元素经常通过在户外广告牌上张贴信息来驱动人们选择沟通渠道，但是却无法提供电视媒体所能提供的视觉、声音和动作，也不能提供可以印刷到宣传册上的详细说明。但是，使用多重传播渠道来容纳所有对沟通目标至关重要的信息的做法并不罕见。（8）预算。即便考虑到其他7个要素，资源和资金仍然可能是选择传播渠道时最有影响力的因素。

（四）测试并且测量成本效益

在印刷材料和投放更多资源之前，应当预先测试整个活动或至少测试其中最重要的元素，尤其是对于潜在的信息和创意执行过程。确定评估各项努力和测量投资回报所需要的投入、产出和结果指标。活动预算应当包含涉及评价的成本，包括调查和追踪机制，以便找出哪些媒体渠道抓住了受众的注意力。

（五）当心，宣传只是市场营销策略的一个元素

尽管宣传显然是市场营销组合的一个重要部分，但是成功的市场营销策略更多地源自更好的服务供给（产品、价格和场所）。如果对目标受众的需求了解不足，致使服务供给设计欠佳，那么任何宣传活动均不会取得成功。

三　结论

保险业很有必要去改善实践、测试方法和学习同行。针对世界各地一系列不同的保险计划宣传工作的综述表明，人们在制定保险宣传计划时通常会遗漏一项或多项战略要素。因为大多数保险公司缺乏预先设定的销售目标。除地理区域之外，许多保险公司没有明确限定该计划的目标受众。仅有少数乏善可陈的研究可以用于理解受众的购买障碍。将投资回报机制纳入评估实践的也寥寥无几。这显然需要一种有组织的循序渐进的方法来开发和实施保险产品的宣传活动。

提升宣传工作水平的一些关键策略包括：（1）做好市场细分工作，确定一位相对同质又足够大的目标受众市场，从而达成销售目标；（2）使用以客户为导向的研究方法，如 PACE 分析，从客户角度来确定产品服务的优劣，为市场营销策略制定提供信息；（3）建立一个详细、可衡量、能实现、中肯和有时限的预期销售目标；（4）遵循结构化的战略规划流程，以此来帮助你设计宣传活动、传达相关待遇、克服受众购买障碍以及证明相对于竞争对手的真实价值；（5）提供 1—2 页的创意简介，以此来为那些将开发并实施这些宣传战略的员工提供指引；（6）不仅要将宣传的焦点放在首次销售上，而且还要放在续保上；（7）跟踪成本并衡量有效性，否则，你永远不会知道自己制定的战略是否正确，而你的宣传活动也可能因此变得很昂贵；（8）预先测试你的宣传计划与你的目标受众，以此来做出必要的修改，从而确保你的活动投资可以带来高回报率。

尽管宣传活动在市场营销组合策略中是不可或缺的，但是一场活动的成功举办的核心基石往往是源于优秀的服务供给（产品、价格和场所），而非异彩纷呈的宣传活动。如果对目标市场的需要了解不足，致使服务供给设计欠佳，那么任何宣传活动均无法取得成功。我们需要做的是：描述保险产品及其功能和销售渠道、确立目标、选择目标受众；首要是理解目标市场对保险的总体看法，尤其是对这款产品的看法。

第三节　保险教育之视听大众传媒宣传活动[①]

一　引言

面对面会议和小组研讨会是首选的传统保险教育工具。但是，随着保险业的发展以及风险载体和分销渠道的多样化，业界日渐需要教育更广泛的受众。因此，许多保险公司开始在其教育活动中加入大众传媒活动（如漫画书、广播和视频节目），以更低的成本来触达更多人。

本节考察了包括音频和视频内容在内的大众传媒宣传活动。视听大众传媒在发展中国家低收入群体的生活中的影响根深蒂固，是一种便携式的传播媒介。大多数发展中国家的国民将视听媒体视作一种娱乐手段和牢靠的信息源。

视听大众传媒宣传活动的一个主要优势在于，它们可以触达那些不主动寻求接受金融教育的人。它们非常适合大部分不认识字、更喜欢言语交流的受众。另一个优势是，前期的制作成本可以分摊给更广泛的受众。与以教室为基础的活动相比，视听大众传播的听众或观众的数量越多，其最终的单位成本也越低。

[①] 本节内容基于研究简报第 18 号，节选自系列论文第 21 号。本节作者为 Sarah Bel（国际劳工组织影响力保险部门）、Mariana Pinzón Caicedo（国际劳工组织影响力保险部门）。本节作者的致谢请参见系列论文。

二 每一阶段的经验教训

本节概括了开发实施大众传媒宣传活动的每个阶段所含的关键步骤和经验教训：计划、设计、管理、监控和评价。这些经验教训摘自相关文献和针对9例大众传媒宣传活动的综述。

（一）计划

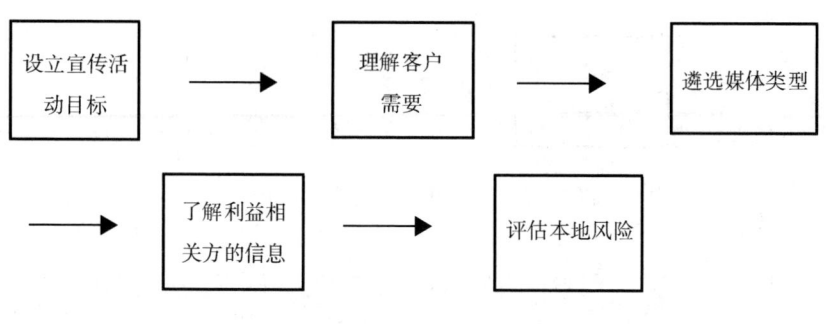

图3—2 "计划"阶段的主要步骤

图3—2展示了"计划"阶段的主要步骤。（1）设立宣传活动的终极目标。大多数宣传活动旨在让潜在客户理解保险的概念和产品，鼓励客户采纳更好的风险管理实践，如使用保险产品。应当以SMART法则来设计宣传活动的各项目标，即详细（Specific）、可测度（Measurable）、能实现（Attainable）、中肯（Relevant）和及时（Timely）。这将有助于评估阶段效果。（2）在设计内容之前，从业者应当清楚地了解目标受众的特征、需要和愿望。（3）从业者选择媒体渠道时应当考虑标准，不仅是有触达方式和成本。这些标准应当包括：目标群体的偏好和行为、互动性、源自他人的经历和专业学者的信息、媒体在目标受众中的渗透。（4）让社区参与整个宣传活动。（5）与活动中的其他利益相关方接洽。一个多元技能团队包括生产者、保险公司、教育者和行为改变专家可以开展一项成功的活动，保持一致的目标，但是也存在对活动至关重要的其他利益相关方，他们需要在规划阶段保持接洽。（6）评估本地风险与资源。在制作教材之前，务必要确定该活动可能面临的风险。

潜在风险可能包括基础媒体设施不足、保险价值链准备不充分、社会的负面认知和不利的政治环境。

（二）设计

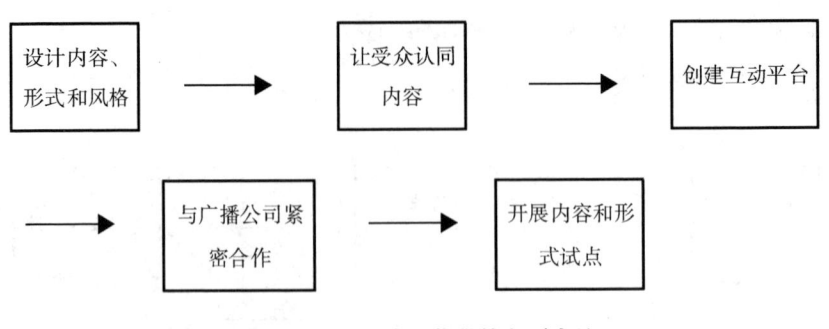

图 3—3　"设计"阶段的主要步骤

图 3—3 展示了"设计"阶段的主要步骤。(1) 活动内容应当基于受众的既有知识。在规划阶段，受众可能主要通过储蓄和紧急贷款来管控风险，而对保险知之甚少。计划者应当认识到，这一阶段的宣传活动需要填补信息鸿沟，在听众采用的风险管理战略和保险概念之间建立联系。宣传活动的内容应当涵盖 5 个主题，即风险、金融工具、保险产品类型、保险理念、金融客户的权利和义务。宣传活动的目的在于，让听众逐渐认识他们可以采用的所有风险管理工具。(2) 让宣传活动具有互动性。互动性是一种通过让受众感到自己是活动的重要部分，从而在观众和节目之间建立衔接的方式。赋予宣传活动互动性的最常见做法是创建一个空间，让受众可以短暂访问并且展示其经历或提出问题。(3) 将宣传活动内容本地化，以便通过语言、口音、表达方式、姓名、地点、情况等与受众建立联系。德国国际合作机构（Gesellschaft für Internationale Zusammenarbeit，GIZ）和巴西保险联合会都是先选择来自社区的演员，请他们演出日常生活场景，创建出让目标群体能够识别的可信内容。另一个有助于观众对角色产生认同的策略是使用名人，可以利用原型和榜样角色。

（三）管理

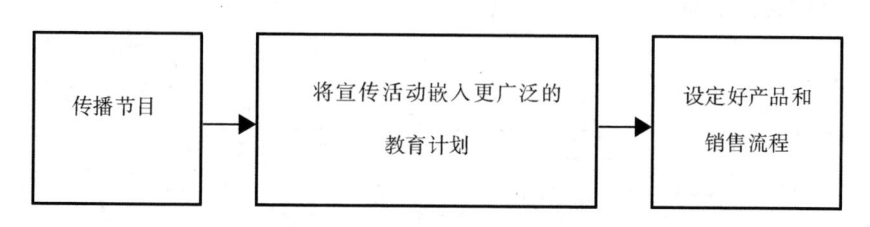

```
传播节目 → 将宣传活动嵌入更广泛的教育计划 → 设定好产品和销售流程
```

图3—4　"管理"阶段的主要步骤

图3—4展示了"管理"阶段的主要步骤。(1) 在借助无线电传播信息前，应当要让目标受众提前知道教育节目的播出时间。应当在干预之前和整个干预期间推广此项宣传活动。(2) 将教育宣传活动设计为一个整体项目，信息可以借助其他媒体（如传单、海报、宣传页和网站）本强化。应当同时而非连续向观众呈现这些教育宣传活动，从而发挥出教育宣传活动的最大作用。

（四）监控和评估

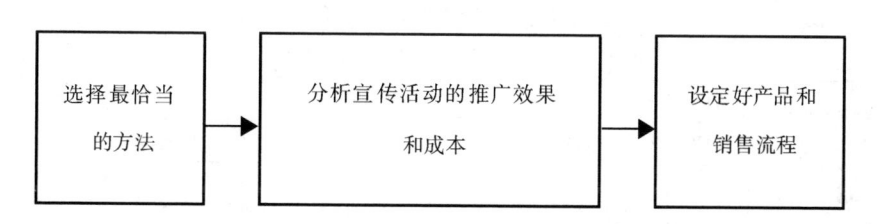

```
选择最恰当的方法 → 分析宣传活动的推广效果和成本 → 设定好产品和销售流程
```

图3—5　"监控和评估"阶段的主要步骤

图3—5展示了"监控和评估"阶段的主要步骤。(1) 务必要仔细监控并评价宣传活动，以此来评估其影响并确定哪些方面是有效的。必须在宣传活动的设计阶段为监控和评价建立一套框架，在节目播出之前确定监控和评价团队。(2) 选择是否根据产出或成果开展监控。基础监控涉及前者，包括确保所有节目剧集都能够按照约定的时间顺序播出。应当将监控活动与节目规划阶段确定的SMART目标——详细（Specific）、可测度（Measurable）、能实现（Attainable）、中肯（Relevant）和及时

(Timely）联系起来。表3—3报告了某组织如何通过综合学习目标和一套复杂的指标来监控某个节目的成果。

表3—3　　　　　　　　追踪某节目产生影响的指标

用于追踪知识、态度、技能和行为变化的指标	
知识	意识到个人面临的风险
	保险产品知识
	保费的知识
	赔付的知识
	免赔额的知识
	责任免除的知识
	金融消费者权益的知识
	每款保险产品保障范围的知识
态度	主观与客观的风险厌恶测量
	对使用和购买风险管理产品能力的认识
	对回应冲击能力的认识
技能	识别风险的自我评估能力
	选择正确风险管理策略或保险产品能力的自我评估
	对保单理解能力的自我评估
行为	拥有保险产品
	购买保险产品的欲望
	存钱
	为应对紧急情况而分配储蓄

该宣传活动的互动部分可以为监控提供宝贵信息。要记录好通过热线或短信发送的问题和评论，以便进一步分析。与之同理，社区参与程度也可以提供宝贵见解。国际畜牧研究所（International Livestock Research Institute，ILRI）发现，因为保险业务员在拜访社区时收到许多关于产品的问题，所以其广播宣传活动在提高人们认识上卓有成效。互动电台节目期间的来电数量和电台节目播出后保险公司接听的来电数量也表明了这一积极影响。

本综述考察的所有案例均表明，人们对保险的认识和理解均得到明显提升。在某些案例中，这些宣传活动对保险业产生了积极影响，提升了人们的参保意愿。但是，在某些案例中，信任水平却没有得到提升，而针对保险公司的负面情绪依旧存在。

至于行为改变、购买和续保，我们通过大多数案例了解到，促进目标受众理解宣传活动信息并不会立刻提升销量。需要注意的是，改变购买行为远比提升意识或知识困难。相关文献表明，将潜在客户从产生购买意识转变到实际购买产品需要花费相当长的一段时间，在此期间可能还需要使其反复接触宣传活动。

三　谁应当提供保险教育并且确保产品的长期可行性？

因为大众传媒宣传活动代价高昂，但是其影响只能通过长期且重复的宣传动后方可显现，所以有必要讨论谁能够长期持续开展此项教育工作。三大类型的保险公司或商业模式能够有助于确保大众传媒保险的可行性。

单独的保险公司、交付渠道和培训组织均可以独立开展该项目。Nuestro Barrio 项目[1]在几个月内便触达大众，显著降低了人均成本。成功的电视节目需要前期制作成本，授权费或广告费则可产生收益。当节目获得更大的发行量和受众时，收益会增加，人均受众的制作成本则会下降。但是，我们不应当将 Nuestro Barrio 模式与传统商业电视节目相提并论。当发行收入没有达到可盈利电视节目的基准时，初始成本仍然需要补贴来弥补。

保险行业协会肯定能够在向低收入家庭推广保险文化，并在增加保险业对该市场具体需要的敏感度上发挥积极作用。例如，Estou Seguro 项目揭示，不仅低收入人群需要信息，保险供应者也需要信息。

在没有强大且积极的保险行业协会时，为了持续开展保险教育宣传活动，可能需要捐赠人和其他非营利组织（如私人基金会）参与其中，

---

[1] Estou Seguro 项目是美国北卡罗来纳州社会再投资协会（Community Reinvestment Association of North Carolina，ICRA-UNC）发布的第一个西班牙语肥皂剧，该剧通过一个针对美国的拉美裔移民的英语网络发布。

如国际畜牧研究所、德国国际合作机构和非洲的机遇国际组织（Opportunity International）。但是，保险教育只有作为更广泛的金融教育计划的组成部分开展时，才最可能持续下去。

四　结论

大众传媒宣传活动可以提升其受众的意识和知识。它们可用低于传统方式的成本、高于传统方式的规模和效益来实现这一目的。尽管如此，这可能并不足以让受众真正购买保险。

最重要的是，理解目标受众并且让他们参与其中。这为更好地设计并实施对受众的体验和需求有意义的宣传活动奠定了基础。

第四节　帮助农户理解指数保险[①]

一　引言

农业仍然是一个重要的收入来源：全球 1/3 的经济活动人口以此为生，且绝大多数是小型或微型农户，84% 的农场面积小于 2 公顷（Lowder 等，2014）。农业对世界经济的重要性不言而喻，可问题是，小佃农（尤其是发展中国家的小佃农）在风险面前很脆弱，农作物歉收、牲畜死亡和生产力低下的发生率也居高不下。

指数保险是一种创新型金融服务，可以帮助小佃农管理部分与气象有关的风险。这种服务同样具有两面性。一方面，这类金融服务的日益普及为农户和供应商带去了创造巨大效益的机会。另一方面，特别是对于不熟悉保险概念、文化水平较低的客户，这一风险管理工具的复杂性会导致他们无法理解产品，所以结果或许弊大于利。

基于从指数保险、金融教育项目、行为经济学等领域吸取的经验教训与深刻见解，由国际劳工组织影响力保险部门协调、美国国际开发署（United States Agency for International Development，USAID）支持的促进农

[①] 本节内容基于研究简报第 39 号，节选自系列论文第 45 号。本节作者为 Camyla Fonseca（国际劳工组织影响力保险部门）。本节作者的致谢请参见系列论文。

业保险全球行动网络一直致力于为指数保险教育制定指引,以此来支持农业指数保险教育的开展。

二 指数保险教育的目标和参与者

(一)指数保险教育的目标

指数保险教育涉及两大相关核心目标的系统性宣传工作:(1)提高农户主和社区对潜在风险的意识,对指数保险保障这些风险的具体方式设定正确的期望值;(2)培养农户主的知识、技能和信心,使得其能够明智地决定保护自己和家人的具体方式,并且采取积极负责的措施来处理其风险敞口和保险保障。

因此,指数保险教育的目的不仅在于提高农户的风险感知和知识,还在于提高农户制定合理决策的能力,以便在长期中降低脆弱性,提升幸福感。

(二)谁应当为指数保险教育活动投资?

每种环境均为各利益相关方提供了不同的激励措施,以此来促使其投资于农户主关于指数保险的意识和知识。根据方案的类型和本地具体情况,每位活动参与者的参与程度将存在巨大差异。

当一项公共指数保险方案就位后,保险公司刚开始的参与程度可能最低,而参与该课程的公共活动者可能有更多动机向教育投资,以此来确保此项活动取得成功。保险供应者可能更愿意投资于私营保险方案,以建立理性的需求,同时确保长期的可持续性;而在其他情况中,与该课程衔接的研究机构可能拥有所有权,实施大多数教育干预举措,从而确保农户受到保护。无论由哪个机构牵头,都肯定需要与了解小农需求并且能够切实支持干预措施的设计和实施工作的第三方金融教育机构或民间社会组织(如非政府组织、合作社和农户组织)建立合作关系。

大多数人在任何情况下均把政府视作金融教育的首要责任人。尽管在构思、协调、监督财政能力等国家战略,以及为各种活动者划分责任方面,政府的确是领导者,但是它并不总有办法来推动经济活动,尤其是关于指数保险等话题的活动。

在多数背景中,发动保险供应者更多地参与到农户教育是有好处的。

首先，保险供应者对能够以健康方式使用其产品的农户很感兴趣。此外，供应者可能已经与农户进行了大规模互动，并且能在参保登记之前、销售与索赔期间等农户的"受教时刻"率先触达农户。此外，供应者可以通过将干预措施整合到目前的业务之中，以低成本高效益的方式开展干预活动。

供应者也有意提升产品销量，但是这可能导致利益冲突。尽管如此，受教时刻依旧非常重要，应当善加利用。为了负责任地利用受教时刻，供应者应当小心谨慎，切不可咄咄逼人，让农户违背自己的真实意愿。如前所述，一项解决方案是，与把农户的利益放在心上的公正机构开展合作，如民间社会组织或金融教育从业者。另一项解决方案可能是，在平衡供应者存在偏见的领域，加强监管者开展的消费者权益保护举措。

监管机构可以在建立信任方面发挥重要作用，例如，通过采取恰当的消费者权益保护措施来确保供应者公平、及时地支付赔款、便捷的申诉机制、非侵略性的销售技巧等。尽管这些措施并没有包括在消费者教育中，但是它们对消费者树立起保险信心至关重要。

最后，在保险行业协会已成长壮大的国家中，监管者也可以代表其成员实施一些指数保险教育干预举措。他们在代表该行业开展保险意识运动和保险信任活动方面处于有利的地位，可以在国家层面上与更广泛的教育举措建立联系。

三　指数保险教育指引

我们在整个指南中强调注重受教时刻、从做中学、寓教于乐和互动教学的必要性。这对于帮助农户获得保险知识、克服知识型鸿沟具有重要意义。

第一，从提高农户对指数保险的认识并建立信任着手。提高认识并建立信任的低成本高效益办法是通过大众传播渠道。大众传媒更可能触达那些不愿积极寻求保险教育的群体和文盲。此外，人们通常认为电视和广播较为值得信赖并且能够令人愉悦。通过手机、短信、语音信息、娱乐视频等方式传播内容也可以成为一种触达广泛受众的低成本高效益方式。

第二，通过高度干预措施，建立农户对指数保险的知识。认识和信任并不够。农户还需要接受更复杂的保险教育，以此来帮助自己识别风险，理解保险和指数保险的概念，比较不同风险管理策略，选取最优策略，从而管理风险。讨论的主题可以包括：指数类别、指数构建、触发水平、保障的险种和作物、待遇和补偿计算方式。农户应当意识到，补偿是基于一个指数，而非个别损失；与实际遭受的损失相比，他们获得的补偿额度可能过高或过低。高触达方式（如研讨会）通常更适合传输此类复杂信息，允许采用模拟技术帮助巩固知识记忆。

第三，推广负责任的销售。优质信息对农户制定保险相关的决策非常重要。但是，在某些情况下，公司和分销渠道的员工对指数保险概念所知甚少或表述不明。提升负责任的销售的干预举措应当集中于编制风险管理和有关指数保险的材料，以便填补员工的知识空白。

第四，确定合作的国家/地区举措。投资指数保险教育的利益相关方切不可孤军奋战。他们可以在国家或地区层面谋划既有举措，以此来识别出建立合作关系的机遇。通过与社会计划、政府金融教育举措、学术课程等建立联系，可确保保险业提供有关风险管理和保险的知识内容。

第五，将教育与市场上有价值的产品建立联系。更好的保险认识和保险知识并不一定会转化为行为变化。为了激发风险规避行为，利益相关方应当考虑到妨碍客户购买指数保险的不同约束条件。其中一项策略是，在销售窗口期之前或期间开展干预措施，努力将农户的购买决策与其实际的购买行动之间的延迟降至最低水平。

第六，从起初便制定好监控与评估策略。因为收集到的数据有助于进一步改善干预举措，所以实施良好的监控系统并不会花费太多成本，但是却可能带来高额回报。例如，对成本和开支、行动及时性、参与者的满意水平、购买率等进行监控是易于实施的基本行动。评估及其所涉工作量通常高过监控。

第七，开展干预举措的试点。试点测试是一项重要步骤，有助于在实施全面干预举措之前识别出潜在的问题和无法预见的挑战，进而提供快速且廉价的更改机会。它提供了一个验证目标受众对材料做何反应的机会，并且确认内容及交付方式的适宜性。

第五节　保险行业协会在保险消费者教育中的作用[①]

一　引言

保险行业协会代表了特定国家或地区的保险业，可以包括国内和国际的大大小小的保险公司和再保险公司。保险行业协会代表其成员履行多项职能。他为有利的监管环境游说，在保险业内部建立信任和信心，支持保险专业人才发挥研究和开发能力，传播专业知识。

保险行业协会作为行业的代表处于较为有利的位置，非常适合于投身到保险消费者教育（见专栏3—6）中。在过去十年中，一些保险行业协会的扩张已超越其传统核心职能，延伸至开发保险消费者教育计划。通过开展保险消费者教育，保险行业协会不仅改善了消费者权益保护，而且还为提升行业声誉做出了贡献。

专栏3—6　保险消费者教育[②]

保险消费者教育是涉及两大核心目标的系统性宣传工作：（1）提高个体对直接面临的潜在风险的认识，并且增加保险可以最好地保障这些风险的手段；（2）培养个体的知识、能力和信心，使得其能够明智地决定保护自己和家人的具体方式，并且采取积极负责的措施来处理其风险敞口和保险保障。

保险消费者教育可由保险公司提供，也可外包给专业化培训机构的分销渠道等合作组织，或者作为行业主体对接的政府部门在全国开展的合作努力的一部分。

[①] 本节内容基于研究简报第27号，节选自系列论文第31号。本节作者为Camyla Fonseca、Aparna Dalal（国际劳工组织影响力保险部门）。本节作者的致谢请参见系列论文。

[②] 经济合作与发展组织（2008）。

本节详细说明了保险行业协会在设计有效的保险消费者教育课程时应当遵循的 4 个阶段，给出了针对每个阶段的建议。

二　主要步骤

（一）阶段 1：准备和规划

有效的保险消费者教育课程需要周密的规划、细致的内容和实施设计，并在各利益相关方之间达成战略合作关系。

（1）确立一个在内部负责保险消费者教育课程的单位，以此来确保相关活动的连续性。

（2）确定一项可持续的融资策略，从而确保保险消费者教育课程具有长期可行性。

（3）识别出与国家/区域举措和利益相关方建立合作关系的机会。

（4）在整个计划过程中要将所有利益相关方和目标受众放在心上，以确保这些计划与各方均保持关系。提供消费者教育的潜在合作伙伴随背景而改变。在开展任何保险消费者教育课程之前，保险行业协会需要知悉一国现有的保险消费者计划，以便识别合作机会、避免重复努力、利用相对优势、实现最大成果等。和谐融洽对改善保险消费者教育活动的效果很重要。它可以采取的形式包括：①与社会计划、政府金融教育举措、学术课程、其他行业课程、消费者保护举措等建立联系，确保保险行业协会专注于其拥有宝贵经验的领域，如风险管理和涉及保险的内容；②当有了政府举措之后，保险行业协会可加以干预，提供通常在正规金融教育课程中很有限但涉及保险专业的知识；③如果已经确立了强大的行业举措，那么保险行业协会可以设法综合各项努力，扩展现有课程；④如果尚未确立行业举措，保险行业协会可以发挥催化剂作用，汇聚不同的活动者，进而共同努力引入金融教育。

（二）阶段 2：内容

（1）理解目标受众的需要，让受众参与计划的不同阶段。

（2）若资金较少，则专注于保险和风险管理内容。因为保险行业协会在提供涉及此类主题的教育服务上处于有利位置。

（3）需要注意的是，保险消费者教育课程的时间选择和顺序排列均很重要。因为教育往往使在目标受众中产生期望，重要的是，目标受众能够找到符合自身愿望的产品，所以保险行业协会务必要将保险消费者教育与市面上的保险产品挂钩。

（4）将教育与市面上的产品建立联系。金融教育行为变化理论表明，提高消费者对保险条款和产品的意识和知识是促使其改变态度、提高技能并最终改变行为的第一步（见图3—6）。

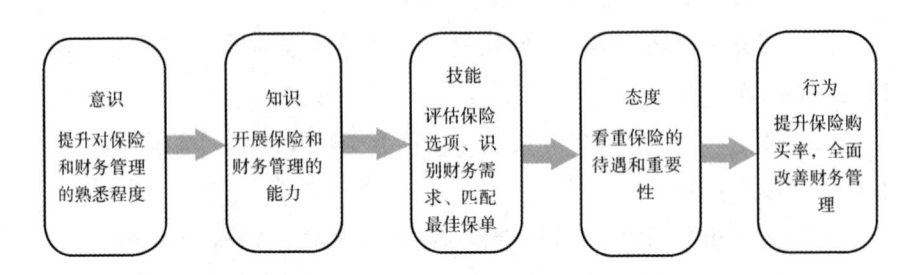

意识 提升对保险和财务管理的熟悉程度 → **知识** 开展保险和财务管理的能力 → **技能** 评估保险选项、识别财务需求、匹配最佳保单 → **态度** 看重保险的待遇和重要性 → **行为** 提升保险购买率，全面改善财务管理

图3—6　随时间变化的行为阶段

资料来源：保险消费者教育—K项目/小额信贷机遇组织。

（三）阶段3：沟通

（1）一般来说，渠道和工具的组合运用确实可以强化保险消费者教育干预举措的效果。

（2）持续干预举措的效果要好过一次性干预举措。

（四）阶段4：监控和评价

（1）监控和评价活动尽管具有挑战性，而且有时耗资巨大，但是对开发高效的教育课程至关重要。我们应当从推行举措的最初阶段便确立监控和评价策略。请注意，在设计监控系统并选择关键绩效指标（Key Performance Indicators，KPI）时，保险行业协会应当要考虑到初始目标和各类利益相关方，以便收集与所有相关活动者有关的信息。例如，尽管保险公司可能对购买率数据更感兴趣，但是保险行业协会可能更关注目标受众的满意度。

开展评估的成本及其所涉工作量通常高于监控。短期评估方法提供了一项举措的即刻反馈：①满意度调查可以确定目标受众是否将保险消费者教育课程视作相关课程；②焦点小组和个别访谈可以让学员形成重要的定性认识；③事前测试和事后测试可以评估参与者从保险消费者教育课程中获得的知识，其中，事前测试可以评估目标受众在开展干预措施前对风险管理的理解，而事后测试则评估目标受众在课程中学到的信息和概念。

（2）因为试点可以检测出可能的挑战，从而确保保险消费者教育举措将在更大范围内发挥更好的作用，所以它是不能逾越的一步。

三　结论

保险行业协会需要先确定所处背景的弱点和威胁，然后将可能的解决方法纳入其设计的干预方案之中。本节将投资保险消费者教育时应当考虑到的优势、劣势、机会和威胁总结如表3—4所示。

表3—4　由保险行业协会牵头的保险消费者教育举措的 SWOT 分析

优势	劣势
涉及保险话题和保险市场的丰富知识； 处于有利位置，可以引领行业主导的保险消费者教育； 与国家层面的关键机构保持紧密关系	难以让会员公司在保险消费者教育与产品可及性之间、产品培训和公司品牌之间建立联系； 采取综合举措需要财务资源； 缺乏实施保险消费者教育课程的经验； 缺乏监控和评估保险消费者教育举措的经验
机会	威胁
发掘保险市场潜力，以可能的方式影响保险购买率和持续性； 与其他有意开发或已经投入到金融教育课程的利益相关方创建协同增效效应； 提升保险公司的公众形象； 通过提升消费者意识，为全国消费者权益保护工作做贡献	在缺乏强制捐款的情况下，无法证明不良影响可能导致捐赠人或成员不愿意继续从事保险消费者教育； 限制性国家法规可能有碍于这些举措的设计； 提高认识可能不会引发行为变化； 即便接受了保险消费者教育，个人仍然可能不愿购买保险

第 四 章

保险推广

第一节 保险购买率低的成因及其应对措施[①]

一 引言

风险面前的脆弱性是贫困人群生活中的一个永恒话题,也是持续贫困的一个成因。保险提供了缓释风险的方案,但是其需求之低令人失望。

保险的低需求是个非常复杂的问题。为了扩大规模,从业者应当先理解影响家庭购买保险决策的各项因素,然后再改善策略,克服障碍。许多因素会影响家庭购买保险的决策,这些"需求的决定因素"包括个人特征、对保险的理解、对产品的信任、保险公司和销售代理、产品的价值定位和感知力、支付能力、可用的其他风险应对机制、行为约束等。

二 关于保险需求的十个谬论

在本节,我们使用从研究中发现的证据,揭示关于保险需求的常见谬论。

(一) 因为人们不理解,所以不购买保险

业界往往将需求低下归因于人们对保险概念和产品缺乏了解。人们

[①] 本节内容基于研究简报第17号,节选自系列论文第20号。本节作者为Michal Matul(国际劳工组织影响力保险部门)、Aparna Dalal(国际劳工组织影响力保险部门)、Ombeline De Bock(比利时Namur大学发展经济研究中心)、Wouter Gelade(比利时Namur大学发展经济研究中心)。本节作者的致谢请参见系列论文。

普遍认为，低收入家庭不懂保险；由于这一原因，他们不会购买保险或续保。理解保险受到意识、知识和技能的影响。例如，Platteau 和 Ugarte（2013）通过检查客户是否认为"自己应当在未发生索赔的情况下获得赔偿"，以及他们是否知道自己合同作用的原理，来衡量他们对保险的理解程度。理解水平较低的客户不大可能续保；事实上，当理解程度低于一定水平时，几乎无人续保。不过，因为更好的保险意识和保险知识并不总会转化为更大的需求，所以理解欠佳只是人们不购买保险的部分原因。

有趣的是，消费者教育似乎确实激发了人们对指数保险的需求，但是却对健康保险并无影响，从而突出了不同保险类型在购买决策上存在的差异。例如，对于健康保险，该产品的待遇范围和医疗保健服务质量可能是更重要的需求触发器。

（二）人们买不起保险

流动性约束是决定需求的最大因素之一。这不是因为人们一直没钱，而是他们在打算投保时没钱。

当资金唾手可得（如收获之后）时，保险从业者可以通过制定保费支付计划来缓和流动性约束。Chen 等（2012）评价了中国生猪保险计划中延期支付保费的影响。他们提供信用凭证，在将保费付款推迟至保险期结束（与出售生猪和解除流动性限制的时间吻合）的同时，允许农户购买保险。延期支付保费提高了 11 个百分点的保险购买率，而那些没有收到信用凭证的农户的保险购买率仅为 5%。

（三）经过一场冲击，人们更会购买保险

经历过去的冲击并不总会影响一个人对风险的感知。Galarza 和 Carter（2010）发现，当农户接连遭受数次损失后，其更倾向于相信坏运气不会在下一个耕作期再次发生。

令业界感到惊讶的是，人们在听到别人的不幸后对保险需求产生的影响可能要大过自己遭受冲击。他们通常跟风同辈的选择。有证据表明，当同辈人传播有关保险的信息时，人们购买保险的可能性便会增加。Cai 等（2015）研究发现，参加有关保险的村民大会的人购买保险的可能性要比那些接受登门拜访的人高出 12 个百分点；与会村民每增加 1 人，参保需求便会得到大幅提升。

（四）因为人们不信任保险业，所以他们不购买保险

信任是最重要的需求因素之一，它的重要性超越了保险业的声誉。从业者需要采取多维度方法来实现：（1）建立起人们对产品的信任；（2）建立起人们对保险公司和涉及产品交付的其他机构的信任，尤其是要聘用受信任的代理人和传播媒介；（3）利用社区中业已存在的信任。

（五）人们会在保费便宜时购买保险

低保费不会保证高需求。客户的成本不光是保费。客户面临大量交易成本，这会间接提高保险成本。这些成本涉及保险的购买或续保、索赔请求、领取待遇等的机会与实际成本。Thornton 等（2010）提供了有关交易成本重要性的证据。尼加拉瓜提供的健康保险参保手续一般需要客户耽误一个工作日，而保险供应者允许直接在投保人市场摊位投保时，投保率便高出大约 30 个百分点。

（六）人们在被说服后会购买保险

比意图更重要的是根据意愿采取行动的能力。对行动的阻碍对目标受众的保险需求产生了极大影响。有时候，人们会受到不恰当的影响，一些看似无关紧要的障碍也会阻止人们投保。这些障碍可能因情形而异。例如，保险公司要求客户在不知道保险公司具体位置的情况下，将报名表提交到保险公司的办公室。

保险公司解决了这些购买障碍，便可以以有效的方式将目标受众的投保意愿转化为具体行动；但是，如果他们忽视了这些障碍，便可能导致客户不投保。而将续保作为默认选项（而非要求客户重新走一遍投保流程）会减轻行为约束并促进续保。Cai 等（2015）开展了一项研究显示，当默认选项为续保而非不续保时，续保率会更高。然而，因为自动续保很容易导致客户对该计划失去信任，所以此类默认选项需要与客户提前做好沟通。

（七）人们会购买精算公平的保险

产品给客户带来的价值大于该产品的成本。例如，在健康保险中，客户很难将获得的相关医疗保健服务与该产品分开。事实上，医疗保健服务的能力和可及性被视作一项产品特性。劣质的健康中心通常被认为

是健康保险需求面临的最重要的一项障碍（Criel 和 Waelkens，2003；Basaza 等，2008；De Allegri 等，2006）。

客户价值主张质量的重要性在续保场景中更显著。Dong 等（2009）发现，对健康中心质量的感知是人们决定是否续保的一项重要因素。Platteau 和 Ugarte（2013）的报告认为，对价值的（负面）认识是影响印度 Swayam Shikshan Prayog（SSP）计划的续保的三大因素之一。SSP 计划注意到，获得打折的咨询服务和药品（作为一项增值服务）的客户进行续保的可能性会增加 3 倍。享受了增值服务的客户的续保率为 45%，既未使用保险产品，也未享受增值服务的客户的续保率为 15%，而同时享受这两项待遇的客户的续保率为 69%。

（八）人们不看重免费的东西，尤其不看重免费的保险

行为经济学表明，价格为零具有引起人们关注的独特能力。将保险作为其他金融服务的附加服务"免费"提供给客户能够有效提升参保率。有证据表明，将储蓄和保险捆绑起来可以提升保险深度，并激发储蓄。每月存款结余不低于 60 美元的储户可享受最高达 180 美元的免费寿险。在推出此项产品 5 个月后，该银行的存款增加了 19%。余额低于 60 美元的储户的存款额度增加了 207%。与此同时，从储户访谈中获得的日常性认识表明，许多客户由于获得了免费保险，而改变了自己的储蓄行为。

（九）保险只要与其他金融服务捆绑起来，便会大卖

如果供应者看到了保险产品与其他金融产品之间的互补性解决方案，那么将两款产品捆绑销售便能够提升人们对两款产品的需求。但是，这一结果是喜忧参半的。Crayen 等（2010）的研究表明，在南非，汇款是正式保险的替代品，若个人收到汇款，那么他/她加入葬礼保险的可能性便会降低 7%。Stein 和 Tobacman（2011）发现，人们更喜欢纯粹的保险或纯粹的储蓄产品，而非两者的组合产品。

保险是从人们具有各种风险应对机制可及性的环境中发展起来的。信贷、储蓄、非正式风险共担协议、自我保险也（部分）提供了风险防范措施，因此它们会被视作保险的替代品。较之于其他风险管理选项，为了正确定位保险产品，理解保险增加价值的方式至关重要。

（十）年届中年和厌恶风险的男人更会购买保险

性别、年龄、厌恶风险等个人特征未对保险需求产生显著影响。例如，若厌恶风险的个人关心保险公司的违约风险，他们会将保险视作一项有风险的工具。不同产品的结果会因环境而混在一起，这表明，生活方式、态度、行为等特征比保险公司在细分市场和产品定位中考虑的社会经济变量更重要。

三 需求策略

本节强调了保险供应者可用于应对需求的各种决定因素以及提升产品的总体需求的战略（见表4—1）。

表4—1　　　　　　　　应对需求因素的策略

决定因素	市场营销选项	策略
理解保险	宣传	将教育信息嵌入宣传活动； 激励销售队伍宣传信息； 利用政府开办的金融素养课程； 开展提升金融素养活动（讲习班、大众传媒、咨询等）
价值主张 （及其认识）	产品、价格、 场所和营销	全面实现客户需求和偏好，评估产品和流程的价值主张（如使用PACE工具）
流动性约束	价格	提供价格折扣； 降低交易成本； 提供保费支付选项（提高频率、改变时间选择和使用手机）； 通过信贷和储蓄提供优质保费融资
信任	产品宣传地点	说明产品； 使用信任的媒介； 庆祝理赔； 包含增值服务； 提升付款频率； 加强沟通（如使用短信提醒）

续表

决定因素	市场营销选项	策略
行为约束	产品宣传地点	使用默认选项（选择加入与选择退出）； 凸显产品； 利用宣传活动来瓦解过度自信； 将信息锚定损失； 消除参保登记障碍
其他应对机制的可及性	产品、价格、场所和营销	将保险与信贷、储蓄、非正式共享网络、汇款捆绑起来； 识别出保险的附加价值

设计良好的营销战略离不开市场和消费者的深刻见解。首先要开展市场调研，以便理解客户需要，评估在给定背景下影响需求的各种决定因素。一旦产品得到实施，便应当挖掘客户信息和客户意见反馈、专门研究数据等，以此来继续了解客户。①

市场营销方式的组织性和整体性还需要提升。本节强调各种决定因素与战略之间的联系。例如，一项得到改良的客户价值主张会建立信任，将保险与储蓄捆绑起来将缓解流动性约束，让保险更具体化。但是，无计划的营销方式会增加保险供应者面临的风险。例如，默认选项可以很好地解决行为约束，但是若未经过恰当的沟通，它便会破坏信任，并且从长期角度来看，还可能造成适得其反的效果。

因为这些因素的影响在整个产品生命周期中存在差异，所以应当对首次销售和续保采用不同战略（见表4—2）。例如，克服保险知识的挑战对于续保的重要性要高过首次销售。另外，涉及续保时，流动性约束和信任的重要性要低于首次销售。

---

① http：//www.cgap.org/blog/what-do-clients-really-want-insurance.

表 4—2　　　　　　决定因素对首次销售和续保的影响

决定因素	可用证据	对首次销售的影响	对续保的影响
理解保险	★★★	★	★★★
价值主张（及其认识）	★	★★★	★★★★
流动性约束	★★★	★★★★	★★
信任	★★★	★★★★	★★
行为约束	★	★★★	★★★★
其他应对机制的可及性	★	★★	★★

注：★、★★、★★★、★★★★表示证据的强度依次提高。

有些战略比其他战略更昂贵。营销预算是机密信息，所以本节无法获得有关成本的数据。根据与从业者的沟通，表4—3估计了本节讨论的相对战略成本。市场具有价格敏感性，但是若没有补贴，折扣便不具有长期可持续性。缺乏理解是影响续保的一个重要因素，但是金融培训干预举措耗资巨大。

表 4—3　　　　　　　　需求战略的成本和效益

决定因素	对首次销售的影响	对续保的影响	成本	效益
理解保险	★	★★★★	★★★★	★★★
价值主张（及其认识）	★★★★	★★★★★	★★	★★★★★
财富和流动性约束	★★★★★	★★★	★★★★	★★★
信任	★★★★★	★★★	★★	★★★★★
行为约束	★★★★	★★★★★	★	★★★★★
其他应对机制的可及性	★★★	★★★	★★★★	★

注：★、★★、★★★、★★★★、★★★★★表示证据的强度依次提高。

当依价值主张行事时，信任和行为约束便显得至关重要。以下战略有望以低成本高效益的方式对需求产生影响：（1）通过对待遇/价格结构、参保登记和索赔程序做出低成本的调整，来改善客户价值主张；（2）持续不断地向客户解释产品；（3）在客户的社区内宣传理赔；（4）加入有助于产品有形化的增值服务，如针对住院健康保险产品的健康预防讲座；（5）使用短信提醒和其他机制与客户保持联系；（6）尽管客户需要了解这些选项，但仍然要为参保登记使用默认选项，尤其是在续保期间；（7）在宣传期间聘用可信任的媒介；（8）利用宣传活动来瓦解客户的过度自信，从而使客户明白自己对该产品的需要；（9）使用锚定损失的消息来推广产品。

最后，不存在绝招。推荐的方法是，从业者基于对市场的理解，审慎选择正确的战略组合。

四 结论

低下的保险需求是一个复杂的问题，决定个人是否购买保险的因素有很多。虽然证据并不确凿，但是从这次综述中可以吸取几项经验教训。信任、流动性约束、客户价值主张的质量和行为约束是需求的最重要决定因素，缓和这些挑战对购买率的影响最大。关于续保的证据（尽管不多，但却）表明，加强对保险的理解、改善客户价值主张和克服行为约束能够显著促进续保，从而降低客户获取成本。风险规避、年龄、性别等个人特征似乎对需求没有太强的影响。

一些行动显示出以低成本高效益方式刺激需求的潜力，在"三 需求策略"中给予了说明，然而，仅实施这些策略还不够。务必要持续评估这些策略的成本和效益，以便提升保险供应者对市场的理解，并且不断调整其市场营销策略，从而保持客户的高需求。

在理解保险需求上仍然存在不足。有必要开展更多工作，以此来识别出克服行为约束并建立信任的方法。这两个驱动因素都非常重要，并且有必要针对相关市场营销战略的有效性开展更多研究。此外，还有必要开展更多研究，以便利用好正规做法与非正规做法之间的互补作用。例如，借助预先存在的非正式团体来提供保险。最后，还应当对低续保率问题给予更多关注，因为这一重大议题迄今为止基本上被忽视。

第二节 规模：宏观思维[①]

一 追求规模的理由

许多小额保险计划的保费低、固定成本和边际成本（如分销、管理和理赔成本）高，令其难以为继。要提升其盈利能力需要增加保单量，当日常管理开支和固定成本分摊到数量更多的保单上，便会促成规模经济。与此同时，规模也促进了风险汇聚，从而改良定价模型。因此，通过销售和维持庞大的业务量可以实现规模效益，对小额保险的可持续供给至关重要。

但是，中介和产品设计的挑战使小额保险计划难以实现并维持规模。保险是信用产品[②]，往往抽象且复杂，它依赖于这样一种理念：保费付款将在未来不确定的风险事件中让被保险人受益。为了克服这种限制，传统保险对基于建议的模式进行了大量投资，其中一种模式是，保险公司通过代理人向消费者说明并出售产品。虽然小额保险的保费较低，但因为代理人费用昂贵，所以这一模式在小额保险领域便成了问题。如果没有代理人，则保险计划就需要通过其他分销网络来触达客户。这通常会涉及与保险公司之外的主体开展合作，如小额金融机构、零售商、移动网络运营商以及类似主体。合作关系可能带来成本并引发风险。若要获取成功，便需仔细管理合作关系。这一市场常常是许多保险公司的新目标市场，所以产品设计是一个难点。低收入群体对保险业也不太熟悉，所以需要更多的互动。因为新技术在降低成本的同时，还可以与消费者展开针对性的互动，所以新技术通常被用于服务低收入市场。开发如此众多的新领域成本十分昂贵，还要面临很多风险，所以实现规模效益是一项挑战。

---

① 本节内容基于研究简报第 25 号，节选自系列论文第 30 号。本节作者为 Mia Thom（金融监管与普惠中心）、Jeremy Gray（金融监管与普惠中心）、Zani Müller（金融监管与普惠中心）、Jeremy Leach（Bankable Frontiers Associates）。本节作者的致谢请参见系列论文。

② 信用产品是一种消费者在购买后无法察觉的商品或服务，这让消费者难以评估其实用性或价值。

二 已实现规模效益的保险计划的趋势

第一,在全球已经实现规模效益的小额保险计划中,亚洲占比达到53%。这一结果大部分是由印度与中国所驱动,尤其是在医疗领域,这两国占有了政府补贴项目的绝大部分。非补贴计划主要销售的是寿险产品。第二,寿险和健康保险保单是各项实现规模效益的保险计划中最常见的小额保险产品。这与低收入社区面临的主要风险具有一致性。小额农业保险计划鲜有实现规模效益的。第三,66%的小额保险产品通过某种第三方客户聚合器进行分销。许多通过多渠道分销产品的小额保险计划也使用直接渠道,通常为签约代理人或外拨电话中心。第四,半数计划没有获得补贴,这表明以市场为基础的方案可以实现规模效益。第五,在95个已经实现规模效益的小额保险计划中,大部分计划(72%)要求至少购买一款自愿型产品,仅有28%的计划要求客户直接购买强制型产品。

三 驱动规模的因素

本节考察的案例在分销方式、销售的产品、环境、政治、经济等方面差异巨大(见图4—1)。有些因素会直接增加购买率,而另一些因素则会发挥其必要的支持作用,但是却不足以实现规模效益。

驱动因素是保险的计划或环境特征,会直接影响保险购买率。内部驱动因素在计划的控制范围之内,而外部驱动因素则包括市场、政治、环境等,会直接影响保险购买率,但它们是不受保险计划控制的因素。

赋能因素并不会直接提高购买率,但是会产生可持续的规模效益。赋能因素间接驱动保险购买率。它是该计划或其环境的一个特征,是促进计划实现规模效益的必要因素,但是其本身却并不会刺激个人购买保险。与驱动因素相同的是,赋能因素既可以是计划的内部因素,亦可是其外部因素。

大多数实现规模效益的小额保险计划发展非常迅速,它通过强制销售、伙伴关系或直接代理,设法维系对大型目标群体的可及性。政府补

内部：保险公司的控制范围内	强制销售；伙伴关系；代理人
外部：超越保险公司的控制	政府势在必行；潜在需求

规模的驱动因素

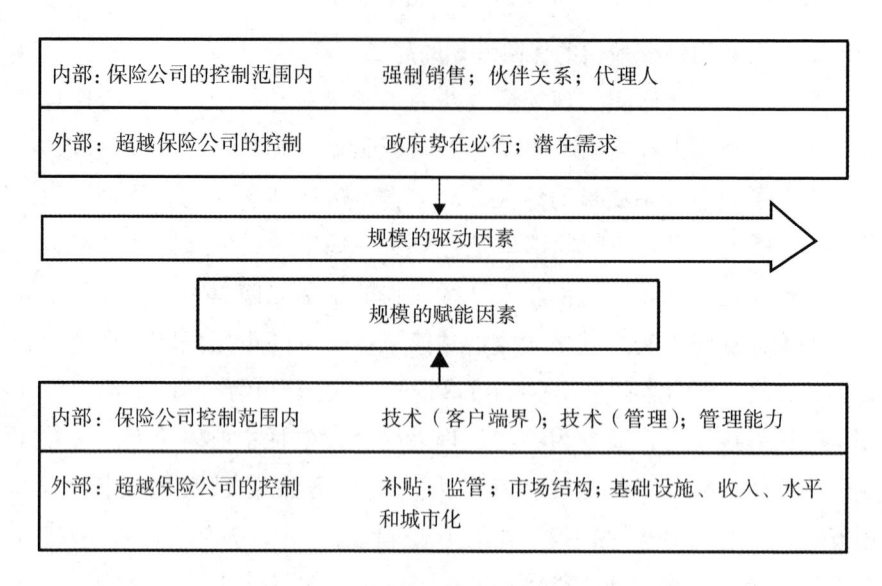

规模的赋能因素

内部：保险公司控制范围内	技术（客户端界）；技术（管理）；管理能力
外部：超越保险公司的控制	补贴；监管；市场结构；基础设施、收入、水平和城市化

图 4—1　规模的驱动与赋能因素

贴和潜在需求也显著提升了小额保险的购买率，但是这些因素均被视作超出小额保险计划控制的外部驱动因素。据研究发现，技术、管理能力、监管和基础设施是重要的驱动力量。尽管这些力量并未直接提高产品的购买率，但是它们对支持可持续规模至关重要。

四　规模的各个阶段

图 4—2 以图解形式阐明了在 3 个阶段提升保险购买率的驱动因素。这些阶段呈现了小额保险计划的规模演变过程。图 4—2 显示了在小额保险计划进入下一阶段之前时的驱动因素一般是如何就位的。也可能存在其他驱动因素，但是在此阶段对计划的规模并无过大影响。

第 1 阶段涉及强制销售，保险公司在此阶段通过中介渠道开展合作，向客户提供自动或强制型保险产品。保险公司能够通过中介伙伴的基础设施来分销，大幅减少了保险公司的初始投资。这一阶段也为保险公司赢得了理解低收入市场以及客户了解保险产品的时间。

这一市场阶段很快便会饱和，而小额保险计划需要进入第 2 阶段才能成长。第 2 阶段的特点是伙伴关系，保险公司向现有客户或其他既有群体出售自愿型保险。在此阶段，保险公司专注于建构自身品牌和伙伴关系。

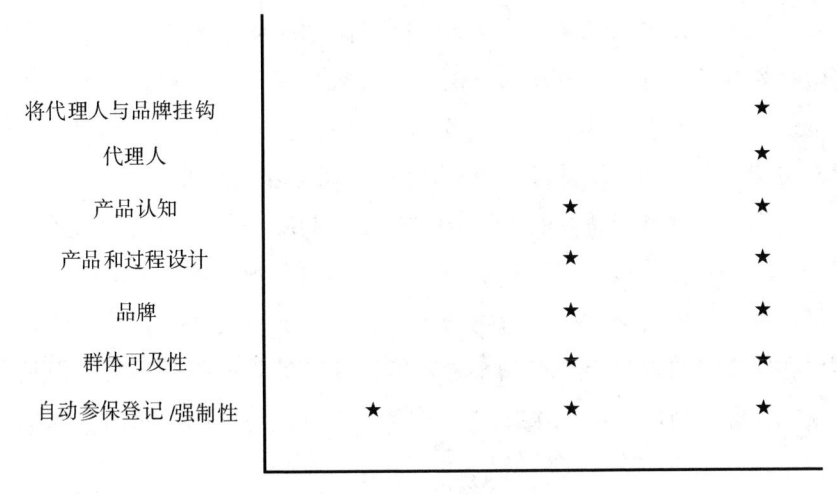

	阶段1：强制	阶段2：伙伴关系	阶段3：单独
将代理人与品牌挂钩			★
代理人			★
产品认知		★	★
产品和过程设计		★	★
品牌		★	★
群体可及性		★	★
自动参保登记/强制性	★	★	★

图4—2　分阶段的规模驱动因素

注：由于外部驱动因素的作用，可以跳过一些阶段。

到了第3阶段（即最后阶段），保险公司需要积极采取行动，通过代理人瞄准个人销售。小额保险计划有可能实现超过一般速度的增长，并且减少对合作伙伴的依赖。这一阶段要求保险公司能够设计出吸引客户的产品和办事流程，包括恰当的代理模式。为了让一项小额保险计划成功过渡至第3阶段，保险公司会采用在前两个阶段开发的建构模块。然后，保险公司可以基于现有技术、流程、基础设施和品牌，来管理借助代理人售出的个人自愿型保单。

尽管小额保险计划并不一定经历所有阶段，但是若发展的阶段顺序发生紊乱，或跳过某一阶段，便更难以实现规模效益。

五　从业者在小额保险中实现规模效益的具体做法

如下经验教训源自成功实现规模效益的小额保险计划。第一，保险公司应当根据其目标群体来调整规模策略。大多数规模策略基于强制销售、伙伴关系和代理关系，瞄准被强制投保的群体、自愿型团体和个人。将规模战略与目标群体相结合，可以提升效率和购买率。

第二，合作关系是规模的基石，所以激励相容很重要。大多数小额保险计划均是通过某种合作关系的形式实现规模效益。理想的合作伙伴会提供值得信任的品牌、资源和技术，以此来高效地触达目标市场。理解并协调合作伙伴的利益对保持长期的合作关系至关重要。

第三，强制型产品可以迅速实现规模，可用于进一步提供其他产品。强制型产品（如信贷人寿保险）可以聚集大量客户，此后，这一客户群便可以为保险公司提供了解市场的机会，并且随着时间的推移，向现有客户和新客户销售自愿型产品。尽管信贷寿险的价值声誉不高，但是它往往代表客户与保险的首次接触，可能会成为更高价值产品的重要推介平台。

第四，政府可以在实现健康保险和农业保险的规模上发挥重要作用。已实现规模效益的小额保险计划中，有35%获得了国家以某种方式提供的支持。若失去政府的支持，大多数小额保险计价将难以实现规模效益。

第五，大规模的管理、信息和沟通必须借助适当的技术。准确管理大量保单并为其定价，需要高效技术。对于庞大的保单量，人工系统更耗时，更易出错，代价更高。当通过合作伙伴销售多种多样的产品时，技术便显得尤为重要。客户体验会严重影响到保单的购买和留存。频繁的沟通可以让客户了解各方面的信息，提升保险存在感，进而提高续保率。因此，一开始应当着手建立应对巨大客户量的系统，以此来提升工作效率。

第六，量身定制可以满足客户需要的产品和办事流程，会提高客户的认可度与留存率。客户调查和投诉监控可以让客户在体验后提出实用的建议，从而支持各项改进工作。

第七，代理非常昂贵，但是如果分销网络利用得当，带来的收益会非常可观。保险公司在雇用代理人销售产品时将看到，小额保险计划的销量和留存率均出现大幅提升。代理人能够提升信息可及性、保险公司形象和客户信任，因此，可以提升自愿型产品的购买率。代理人一般会从中获得销售奖励。通过在分销合作伙伴的经营场所设立代理，或允许代理人通过销售其他产品来补足收益,可以降低分销网络涉及的各项成本。

六 结论

实现规模效益十分困难,但是它对小额保险的可持续供给至关重要。本研究确定了规模的驱动因素,为从业者的小额保险方案设计提供了大量值得思考的经验教训。这些驱动因素相互交织,通过多个阶段来实现规模效益。从一个阶段进入下一个阶段,需要确立基本的模块构建。尽管一项小额保险举措并不一定经历所有阶段,但若阶段顺序紊乱,或跳过某一阶段,便可能更难实现规模效益。

第三节 保险销售队伍的发展[①]

一 引言

销售保险不容易,让低收入群体相信保险的价值有难度,尤其是当销售员没有保险经验,或在销售保险之外还肩负多重责任之时。当销售员错误地解释或销售保险时,客户可能并不明白自己所买为何物,进而会对保单怀有不准确的预期,从而不仅会对保险公司和分销渠道,还会对整个保险概念心存不满,并且给上述三者带来声誉风险。但是,当以正确方式达成交易时,客户则会强烈意识到风险防范的益处,理解理赔时间和方式,进而续保。

要实现高效的保险销售,培训、激励机制以及对销售队伍的监控是必不可少的。为了实现规模效益,应当有受过正规培训并且得到恰当激励的销售队伍;低成本高效益的销售方法可使得保险计划具有可行性。

本研究基于对 13 个组织的 18 位小额保险从业者的访谈结果,这些组织覆盖了许多国家、产品和销售方法。这些访谈聚焦自愿型产品,其中

---

① 本节内容基于研究简报第 14 号,节选自系列论文第 16 号。本节作者为 Serena Guarnaschelli(Dalberg 全球发展咨询公司)、Gill Cassar(Dalberg 全球发展咨询公司),Aparna Dalal(国际劳工组织影响力保险部门)。本节作者的致谢请参见系列论文。

包括个人、家庭和团体产品。

二 重要主题分析

本节综述了销售队伍发展的 4 个步骤——招聘、培训、激励和监控，总结成功经验和失败教训，以便保险供应者提高销售队伍的业绩。

（一）招聘

组织根据规章制度、保险计划的结构、工作规定等，确定不同招聘标准的优先次序。

招聘获得社区信任的销售员很有意义，尤其是对于以社区为基础的保险计划。一些组织依赖社区领导来提名候选人，并认为主动参与和致力于社区公共事务可以降低员工流失率。

在招聘仅受过基础教育的候选人时，或当组织难以根据以往经历来评判候选人时，将培训和招聘相结合会非常有效。培训师可根据候选人日常任务模拟练习的表现对其评价，并据此录用员工。

有必要找到一种低价格高效益的方法来识别和雇用员工。首先，确定针对特定计划有效的销售员的特点，然后编制筛选程序，以此来确定合适的候选人。其次，组织也可以考虑使用心理测试法来评估候选人的个性特征和相关的能力倾向。使用此类测试可将选拔过程标准化，并且随着计划规模不断扩大，使得复制选拔过程变得更容易也更廉价。

（二）培训

对于受过基础教育但没怎么接触过销售或保险的销售员，体验式培训是一个有效的方法。它包括角色扮演法和游戏法，通过给销售员创造一个安全空间来帮助其理解概念、练习销售、获得针对性反馈并建立信心。例如，保险公司可以通过打折等方式，鼓励学员亲自体验产品。让学员可以在培训期间互相推销产品，从而为学员提供实际的销售过程的经验。

富有经验的销售员或经理人可在初始培训结束后，为新销售员提供在职培训。监控系统可通过培训来汇总销售员的具体需要，还可以召开定期会议，让销售员分享各自经历，并且可以邀请高级销售员来讲解销售方法。

（三）激励

组织应当设置同时具备财务激励和非财务激励举措的平衡激励结构。如表4—4所示，每种激励机制均有其优缺点，其中一部分会导致负面行为。只与销售量挂钩的财务激励模式可能会导致销售员进行错误销售。也就是说，在没有征得客户完全同意，或者客户并未清楚理解产品条款的情况下强行销售保险产品。

表4—4　　　　　　　　　　激励范围

激励	指标	优缺点
销售佣金	销量	最常见的激励类型 优点：提升销售，易于衡量和设计 缺点：如果太小则会失灵，而如果没有兼顾其他激励机制或予以仔细监控，可能导致错误销售
	每组销量	优点：促进团队工作和团建 缺点：付出与回报可能不匹配
续保佣金	续保率、持续性	与销售质量挂钩 优点：鼓励恰当销售 缺点：长期保单延迟奖励
以质量为基础佣金	定量：续保、交易速度、错误 定性：客户满意度调查、客户对产品的理解度、主管评估	根据员工促进产品理解和恰当销售的绩效评估来奖励。定性或定量 优点：促进员工良好行为 缺点：增加测量成本和难度，具有主观性，需要采集客户反馈
职业发展机会	指标如上所列、经理人投入	优点：提高员工留存率 缺点：通常受制于较少的机会
奖励认识	指标如上所列、团队/客户提名	优点：提高员工留存率、非财务聚焦点、成本可能很低 缺点：可能没有财务激励机制有效，需要花费时间来建立和实施
支持更高的目标	对驱动力/动机的监督/同级评估	优点：强化社会目标/更高的目标，提高员工留存率 缺点：主观

因此，激励机制需要经过认真设计和监测。选择怎样的激励机制取决于组织类型、计划成熟度、销售队伍概况、监控员工行为和衡量客户满意度的能力。发现问题并及时纠正改进，才能确保激励机制发挥积极作用。

激励机制应当优化销售的量与质。高质量销售能够提升续保的可能性，进而保护客户权益免遭长期风险侵害，并且强化该保险计划的可持续性。针对销售质量奖励员工也会提升续保的可能性。对于销售质量的评估，则可以采用定量（如续保、交易速度、错误类型和出错率）或者定性（如客户满意度调查、检查客户对产品理解度的审计和主管评估）的方法。

非财务激励机制能够用来认可销售员，用财务机制奖励业绩突出的销售员。雇用社区销售人员的组织可以通过强调保险的社会效益来激励员工。印度工业信贷投资银行保诚保险公司依靠其销售员与社区间的社会纽带（如雇用当地员工在茶园销售保险），来促进销售业绩。该公司还通过向销售人员进行金融普惠培训和强调扶贫的重要性，赋予他们社会使命感。

基于团队的财务激励机制可以有效促进团队合作，并且鼓励销售员之间进行合作。例如，有的组织向所管理的销售团队承诺，如果销售团队达到预定基准目标，那么该销售团队就可以平分这些财务奖励。

（四）监控

监控对保险至关重要，原因不胜枚举。鉴于客户有限的保险经验以及对保险的低需求，销售员不得不主动推动销售。监控能够确保销售的恰当性，并且能够核实客户是否真正理解这款产品。此外，监控能帮助组织尽快适应创新节奏，从而支持创新。这一点很重要，因为许多保险计划仍然处于发展之中。

对于将销售队伍完全外包的保险公司，有必要实施强有力的监控措施，同时为销售员制订明确的目标。

由监控获得的反馈将促使组织有针对性地诊断问题，并且为员工配备其成功所需的工具［专栏4—1 概述了研究与技术革新组织（Groupe de Recherche et d'Echanges Technologiques，GRET）的实践］。通过监控获得的反馈有助于保险公司与时俱进，精确瞄准特定的个人和群体的培训需要。

明确的绩效目标设定会把销售员的期望置于首位。系统化监控有助于评估销售员的绩效，尤其是对外包员工。

专栏 4—1 GRET 组织的监测和培训一体化举措

2000 年，法国的非政府组织——研究与技术革新组织 GRET 在柬埔寨启动了 SKY 健康保险计划。SKY 目前掌握着由 80 名基于社区的销售员售出的 73000 份保单。

GRET 组织建立起了一套全面的系统，采用 IT 技术、调查和热线来监控财务和销售队伍的业绩。GRET 组织还将反馈整合到销售员的持续培训计划之中。GRET 组织以系统方式监控财务业绩、销售业绩、成员知识、销售队伍知识等。此外，GRET 组织会逐月计算新销量、中途丢单率和总收入。经理人按季度审查销售员业绩，并基于个别销售员的需要与外勤业务员合作，制定下一季度的培训计划。

GRET 组织每年都会安排销售员在岗考试，以评估其在产品、待遇、理赔程序等方面的知识。此外，外勤协调员还会用一套问卷调查来对销售员进行实地抽查，以此来评估其是否遵守程序。

三 总结与思考

本节为保险供应者提供了一些技巧，以便在销售队伍发展的四个步骤中使用。接受正规培训并且获得激励的销售员，可以确保客户在销售过程中有积极的体验，更好地理解保险的作用原理，从而提高低收入群体的保险需求。低成本高效益的销售方法可以促使保险计划实现规模效益和可持续发展。

本研究提供了来自不同销售队伍模式的保险从业者的成功案例。我们需要从成本和规模两个角度来进一步评价这些案例。（1）成本效益：保险公司如何才能使其销售队伍呈现尽可能高的效率和生产力？哪些实践的成本最低？（2）可扩展性：超越项目试点阶段，哪些销售队伍的发展实践具有规模效益？

第四节　保险分销渠道分析[①]

一　引言

因为利润率低，所以保险公司需要找到可以触达大量客户的低成本渠道。这些渠道还要能够向保险素人销售产品服务。本节综合介绍了我们和60多个小额保险分销伙伴的合作经验，概述了保险公司在每条渠道中的优势和劣势。本节回答保险公司选择并建设分销渠道时的一些基础性问题。

分销渠道能够为我们做什么？明确每条分销渠道的优劣势是做出选择的重要前提。表4—5概括了每条分销渠道最常见的优缺点。

表4—5　　　　　　　　常见分析渠道的优缺点

	金融机构	社区	零售商	移动网络运营商	雇员	直销
客户理解——这一渠道是否能够提高客户的理解度并给出建议？	★★	★★★	★	★	★★★	★★★
产品多元化——这条渠道能否公开提供一系列产品？	★★★	★★★	★	★	★★★	★★★
规模——这条渠道是否可以获取大量潜在客户？	★★★	★★	★★★	★★★	★★	★
品牌和信任——这条渠道是否具有一个品牌？这条渠道能否获得社区信任？	★★	★★★	★★★	★★★	★★★	★★
优先次序——保险在这条渠道中是否重要？这条渠道是否愿意优先考虑保险？	★	★★★	★	★★	★★	★★★

[①] 本节内容基于研究简报第28号，节选自系列论文第33号。本节作者为Alice Merry（国际劳工组织影响力保险部门）、Pranav Prashad（国际劳工组织影响力保险部门）、Tobias Hoffarth（国际劳工组织影响力保险部门）。本节作者的致谢请参见系列论文。

续表

	金融机构	社区	零售商	移动网络运营商	雇员	直销
成本——这条渠道是否为保险公司提供了低成本的分销途径？	★★	★★	★★★	★★★	★★★	★
合作关系风险——这条渠道是否提供了一项长期合作关系？	★	★★	★★	★	★★★	★★★

注：★、★★、★★★表示的重要性依次提高。

二 八条建议

基于对60多家小额保险分销合作伙伴的了解，本节就如何选择和管理分销合作伙伴给保险公司提供8条建议。

第一，思维超越参保登记。分销渠道的作用不仅限于销售产品，许多渠道都能够为整个保险价值链提供非常到位的支持。表4—6对各渠道所具有一系列功能进行了比较分析。

表4—6　　　　　　　常见渠道的功能

	金融机构	合作企业	零售商	移动网络运营商	雇主	直接销售
宣传	★	★	★	★	★	★
参保登记	★	★	★	★	★	★
收取保费	★		★	★	★	★
教育	★	★			★	★
提供增值服务		★		★		★
索赔汇报	★	★			★	★
索赔评估		★			★	
支付赔款	★		★	★	★	★

注：★表示该渠道（列）较明显的具有该功能（行）。

第二，组合与搭配。可以利用优势、基础设施、专业知识等，以创造性的方式将分销渠道组合起来。例如，金融机构能够利用既有的客户群和支付平台，但是其员工在开展业务时却往往不会优先考虑保险。在某些情况下，保险公司的应对策略是，在金融机构分支机构中设立自己的销售代理人。混合模式正日渐兴起，比如将零售和金融机构元素合而为一的银行代办处。

　　第三，解决经销商问题。仅提供佣金往往是不够的，最成功的保险公司知道，其保险产品需要为经销商解决一个重要问题，经销商才有动机让保险产品取得成功。保险可以成为一种促进现有客户忠诚度或者活跃度的奖励，帮助经销商将部分风险转移给保险公司，或为经销商提供竞争优势。这些协同增效作用是建立长期合作关系的强大基础。

　　第四，关注代理人的生产力。分销依赖于销售代理的努力，而销售代理的生产力对于发掘渠道的潜力至关重要。事实上，如代理人不能迅速实现生产，他们便无法获得回报，进而对该计划失去兴趣，甚至会致使整个计划失败。激励机制、交叉销售机会和培训有助于提高代理人的生产力。激励机制应当以创新的方式去设计——可以奖励整体收入增长和续保，以及对单笔销售给予佣金。

　　第五，提供客户价值。分销渠道通常是受到重视和信赖的组织，他们重视维护自己的声誉。除非保险公司提供客户价值，否则经销商会将分销保险视作自己的声誉风险。此外，为客户提供价值是建立长期合作关系的基础。

　　第六，步步为营。成功的分销策略会根据目标市场的成熟度，对产品和分销渠道做出排序：强制型→团体→个人。

　　第七，考虑保险中介。与分销渠道建立的合作关系很可能留下一些空白，而保险中介则是填补这些空白的一种方式。保险经纪人以中间人的身份在保险公司和分销商之间做出协调安排，提供多种服务，比如市场研究、销售队伍培训、产品开发、行政服务、再保险采购、销售供应等。

　　第八，考虑提供一款免费产品。一些分销渠道非常愿意为其客户支付保费，并为客户提供免费保险，以便提升客户的忠诚度，进而获得竞争优势。他们也可能提供"免费增值"产品，允许客户购买额外保险。

免费产品和免费增值产品在移动网络运营商中一直很受欢迎。他们允许客户首次体验保险，若此次体验好，便可能成为构建保险需求文化的一个有效方式。

第五节　消除获取保险的障碍[①]

一　引言

保险可及性是由低收入群体能够获得可用的保险产品的容易程度来衡量的。通常情况下，当客户遭遇过多阻碍而无法参保登记、支付保费或续保时，或当他们难以理解产品待遇和流程时，便会暂缓购买决策。过多的文件要求、不够清晰的形式和流程、流动性约束、缺乏发问机会、缺乏实际可及性等，都是客户获取保险产品的重要障碍。

通过改善业务流程来提升保险可及性，可以显著影响客户满意度、购买率和留存率，进而改善保险公司的最终损益。高效的参保登记流程和其他前端解决方案也能够改善可及性并激发需求，使得客户和供应者双双受益。

保险计划的经验表明，改善可及性的方法多种多样。基于对10项小额保险计划的综述，本节明确了小额保险的可及性障碍，并且提供了克服这些障碍的策略。本节专注于关键业务流程，尤其是参保登记、保费收取和续保环节，每个环节均对改善低收入群体的保险可及性非常重要。除改善参保流程之外，还有3项对改善保险可及性至关重要的因素，即客户至上、技术和信任。

二　关键环节

（一）参保登记

参保登记是最重要的客户接触过程。成功的参保登记依赖于简单快

[①] 本节内容基于研究简报第23号，节选自系列论文第27号。本节作者为Eric Cimon（独立咨询人）、Beatrice Harnasch（独立咨询人）、Peter Gross（MicroEnsure）、Camyla Fonseca（国际劳工组织影响力保险部门）。本节作者的致谢请参见系列论文。

捷的程序、便捷的位置、时间的选择、一个值得客户信赖的接触面（如通过同辈人）等。无须与客户开展频繁往来联系的流程最可能提升保险可及性。其中，技术一直是主要的推动力。

参保登记的解决方案：（1）凭借条形码和通用分组无线业务系统，为客户提供简单迅速的服务，如网上申请、电话中心和无纸化参保登记；（2）提供明确且便捷的登记地点和时间选择，如现场登记；（3）确保客户（如同辈人和社区领导）在报名和持续开展面对面交流时拥有值得信赖的接触面；（4）将以技术为基础的自我登记与频繁的干预措施相结合。

（二）保费收取

低收入家庭面临流动性约束，所以保费收取过程需要经过精心思考和设计。有效的收费系统可以建立信任，而那些失败的系统（如错误记录付款）则可以在一夜之间摧毁信任。因为客户和保险公司之间的财务和数据传输需要基础设施，所以保费收取是一项主要的成本因素。

保费收取的解决方案：（1）引入无非现金支付方案来解决现金流约束，如通过农牧产品支付；（2）使用移动支付应用程序，为无银行账户的群体提供收取保费的便利条件；（3）通过将支付方式嵌入到服务合同或就业待遇中，将支付方式与现有网络或组织绑定，如自动工资扣缴、话费扣缴等；（4）利用与客户日常生活挂钩的组织，如社区中心、农业零售商、合作社和宗教组织；（5）支持通过新型信息技术支付保费。

（三）续保

提高续保率应当专注于两大方面：提升客户整体满意度和简化续保流程。想要让续保流程发挥作用，应当满足多个条件，包括：（1）足够满意，想要续保；（2）了解产品，且有能力使用；（3）意识到保单截止日期和续保的需要；（4）在特定时段内有能力并且愿意花钱续保；（5）知道如何续保；（6）根据其意愿续保。

续保的解决方案：（1）帮助客户知晓如何使用保险产品（如借助训练有素的代理人、欢迎会和家访），提供持续指导以及其他支持服务；（2）通过高效的理赔流程，提供相关待遇和增值服务项目，为客户提供价值，如为农户提供农业生产技术以及电话医生服务、低成本医疗建议、体检等医疗服务；(3) 通过及时回应客户来提升客户体验；(4) 通过电话提供简单的重新参保登记服务以简化续保流程，或者减少保费支付频率来提高留存率；(5) 通过引入奖励、礼物、现金折扣、奖品、其他待遇等来鼓励客户续保。

三 关键的成功因素

三大类因素对改善整个价值链上的保险可及性至关重要。这些因素包括：(1) 客户至上，持续努力地了解客户需要，并将其转化为更好的产品和参保流程；(2) 技术，使用技术为客户提供低成本高效益的便捷保险服务；(3) 信任，客户需要相信保险公司将履行其义务。便捷的业务流程和清晰的沟通在建立信任中发挥着关键作用（见表4—7）。

表4—7　　　　　　促进可及性的关键成功因素

成功因素	为客户可及性提供便利的切实措施
客户至上	了解客户需要，并将其纳入产品和流程设计方案； 宣传以客户为中心的组织文化，找到客户需要与财务灵活性之间的联系； 为客户提供客制化解决方案（如简单的宣传页、常见问答、通过门户网站和手机应用开展的客户自我教育）
技术	利用科技为客户提供低成本高效益的便捷保险； 基于客户偏好和能力来设计与客户的接口界面，选择最适用的技术，在价值链的每个环节引入恰当的解决方案； 引入无缝办事流程，通过将适用的技术与低技术元素相结合，让客户体验一套简单的办事流程； 优化客户面对的门户网站、在线应用程序、智能卡、移动支付交易方式等； 确保在技术和人际互动之间保持平衡，以此来提高效率并建构信任； 为客户和代理提供培训，帮助其使用基于技术的界面
信任	创建基础，通过简单的办事流程来建立信任，增加信誉和信心； 通过利用可信任的合作伙伴和现有社区网络来建立信任

第 五 章

保险理赔

第一节 真谛时刻：理赔管理[①]

一 引言

因为保险公司的声誉和财务稳定性取决于其有效且透明的理赔能力，所以理赔管理是所有类型的保险公司面对的一项关键挑战和机遇。理赔效率是小额保险供应者面对的一项特殊挑战，他们必须以低于主流保险公司的利润率（基于较低的保费）来提供与之类似的服务。大型小额保险计划可能服务于成千上万名客户，而这些客户往往难以通过传统方式触达。正如寻找能够有效处理大量赔案的理赔管理解决方案一样，确定客户和受益人是一项挑战。治理欺诈应当兼顾低成本和高效益。高效的数据管理系统对利用理赔数据来改善产品服务至关重要。习惯于管理主流保险业务的保险公司可能并不具备满足小额保险需求的能力，尤其是涉及投资利润率下降的新技术之时。

在客户收到保险标的损失赔款之前，保险对客户而言通常是一种无形的产品。因此，理赔经历可以显著影响客户对保险的理解度和满意度。一个积极的理赔经历可能会带来长期客户，从而推动保险计划取得成功。相对应地，消极的理赔经历会导致不信任和保单终止。因此，保险公司会努力提供良好的客户服务并留住客户，而理赔管理便是其中一个部分。

[①] 本节内容基于研究简报第 24 号，节选自系列论文第 28 号。本节作者为 Kelly Rendek（独立咨询人）、Jeanna Holtz、Camyla Fonseca（国际劳工组织影响力保险部门）。本节作者的致谢请参见系列论文。

低收入家庭可支付开支的资源较少,所以理赔速度对他们很重要。若客户无法快速收到赔款,他们便可能出售资产,有时还需要从放债人借入资金,从而陷入贫困。因此,许多小额保险产品的客户价值(以及对保险原则本身的信任)往往会由于不同的理赔方式而强化或削弱。

本节探讨小额保险的理赔管理实践,以便设计关于理赔流程和系统的战略,从而实现最大效率和客户价值。英国工商企业风险管理与保险行业协会[1]于2009年出版了一套全面的保险理赔最佳案例集,现将部分内容在专栏5—1中列出。小额保险应当遵循类似的最佳实践原则,并在适用上考虑小额保险计划的独特性。本节考虑理赔管理中遇到的影响小额保险实践的因素——组织理念、客户需要、产品设计、分销价值链等,这些因素在小额保险中的表现与在主流保险中不同。

专栏5—1　保险理赔的良好实践[2]

(1) 文化与理念。优秀的客户服务文化和以客户为中心的理赔管理理念在最佳实践中被彰显,并被翔实地记录下来。

(2) 沟通。与被保险人和所有其他利益相关方开展高效且透明的沟通。

(3) 人员。数量充足、范围合适的熟练合格且经验丰富的人员,注重开发、培训和监督。

(4) 基础设施。足以应对赔案的数量、价值、性质和复杂度的信息技术和其他非人力的资源,以及与所有利益相关方开展的沟通。

(5) 理赔流程。为支持并改善索赔处理而设计并实施的以客户为中心的流程。

(6) 数据管理。符合法律规定,用于安全管理并分析所有相关数据的结构化协议。

(7) 业务操作。采用前后一致、灵活和公平的方式进行透明、准确、

---

[1] 英国工商企业风险管理与保险协会有限公司是位于英国的保险和风险管理领域的专业协会。它提供针对全球保险行业各种问题的培训和指引说明,包括借助 www.airmico.uk 来宣传最佳保险实践。

[2] 英国工商企业风险管理与保险协会有限公司(2009)。

及时、安全和合规的理赔。

（8）监控与审查。定期审查理赔绩效、能力和流程的安排，其中包括客户满意度评估。

本节基于12家开展创新理赔管理实践的小额保险供应者开展的结构化调查，采用图5—1提出的分析框架，进行详细的电话访谈和案头研究。

二 方法论

（一）分析框架

我们总结了小额保险从业者改善其理赔管理实践的8项指导原则。实现这些原则可以通过一个框架（含4个部分）的分析过程：理赔流程、客户沟通、工作流程操作、数据管理和监控（见图5—1）。

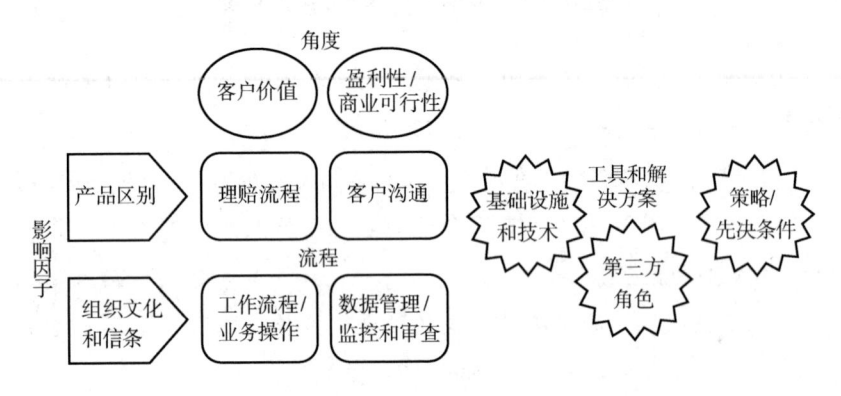

图5—1 分析框架

（二）产品和流程设计

此项研究考察理赔管理的基本驱动因素，以便识别有助于小额保险有效开展理赔管理的具体战略和流程。尽管更常见的做法是，依照产品类型评估小额保险计划（如寿险或健康保险），但是本研究的分析框架仅将产品种类视作若干影响因素之一。从某种程度上看，小额保险从业者可以从不经意中获取的经验和创新实践中获益。

尽管保障死亡、疾病、财产损失等类似风险的保险产品往往具有相似的待遇条款与特征，但是潜在的产品设计变量可能属于一个从简单到复杂的连续统一体。如图5—2所示，在不考虑所承保风险的情况下，一款具体产品将是包含这些变量的独特组合。例如，丧葬保险产品可能不提供以现金为基础的固定待遇，或者基于还款来提供与贷款付款计划挂钩的待遇，反之亦然。正是这些特性的组合决定了理赔流程的复杂程度。每款产品的设计元素均可能对理赔过程产生影响，有时甚至会造成彼此冲突的结果。

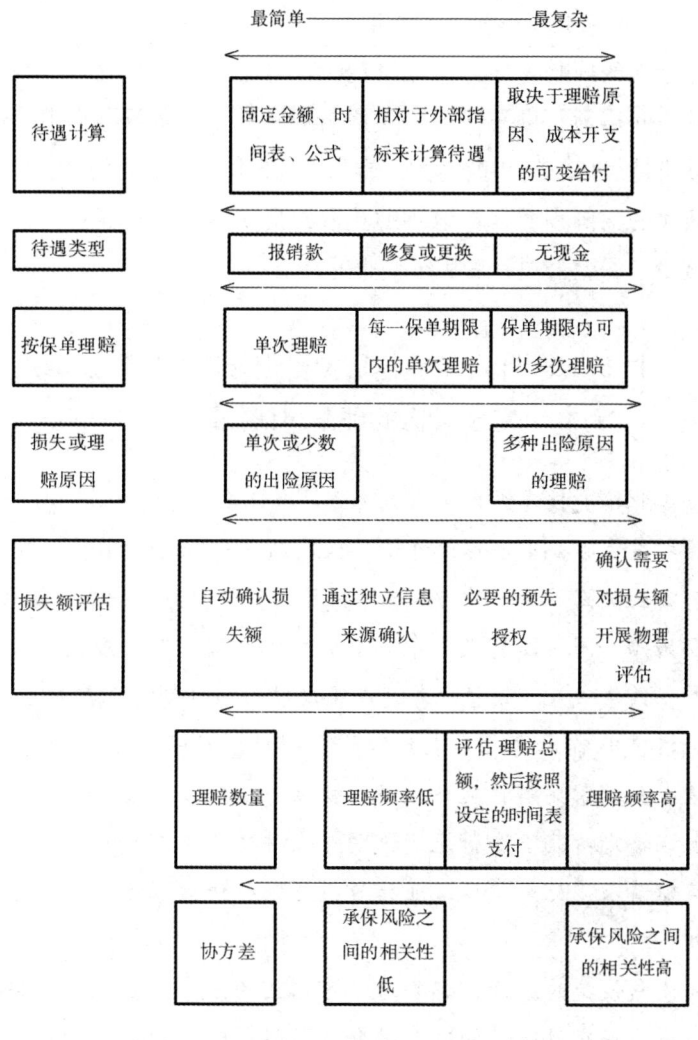

	最简单 ——————————— 最复杂
待遇计算	固定金额、时间表、公式 ／ 相对于外部指标来计算待遇 ／ 取决于理赔原因、成本开支的可变给付
待遇类型	报销款 ／ 修复或更换 ／ 无现金
按保单理赔	单次理赔 ／ 每一保单期限内的单次理赔 ／ 保单期限内可以多次理赔
损失或理赔原因	单次或少数的出险原因 ／ 多种出险原因的理赔
损失额评估	自动确认损失额 ／ 通过独立信息来源确认 ／ 必要的预先授权 ／ 确认需要对损失额开展物理评估
理赔数量	理赔频率低 ／ 评估理赔总额，然后按照设定的时间表支付 ／ 理赔频率高
协方差	承保风险之间的相关性低 ／ 承保风险之间的相关性高

图5—2 产品设计变量

同样，计划设计可以考虑将所有不同的合作伙伴和关系纳入小额保险计划，包括分销渠道、本地组织或志愿者、第三方服务供应商、政府主体和外部资助者。计划组织结构将对理赔过程所需的步骤和工作流程产生深远影响。同样，这些可能性属于一个连续统（continuum），范围从基本的合作关系（代理模式）到涵盖服务供应者和融资活动的完整模式。

三 理赔管理的指导原则

（一）利用既有社会资本和分销渠道

基于社区的理赔管理方法可以利用已有社会网络的影响，直接或通过本地代表间接地帮助小额保险供应者触达客户。如果管理得当，那么本地理赔支持可以缩短理赔时间。专栏5—2中印度工业信贷投资银行保诚保险公司的案例表明，本地协助获取并提交索赔文件提高了工作的精准度，减少了保险公司开展后续调查的环节。

专栏5—2　印度工业信贷投资银行保诚保险公司：基于社区的理赔申请援助

印度工业信贷投资银行保诚保险公司（ICICI Prudential）与印度茶叶公司罗素印度有限公司合作设计了一款产品——Amnol Nivesh，以此来为阿萨姆邦茶园员工提供一种与基金单位挂钩且附带寿险待遇的储蓄产品。

阿萨姆邦茶园内设有服务中心，从当地茶工组织中雇用受过教育的年轻人担任销售代表。销售代表可以深度参与该计划，尤其是参保登记，并且在社区中非常出名。如果被保险人去世，其家属会通知销售代表。销售代表会向该家庭解释理赔流程，协助他们收集必要的文件，填写表格，并且在特定情况下支付死亡证明等文件费用。销售代表通过邮寄方式，将索赔请求提交至印度工业信贷投资银行保诚保险公司离他们最近的分支机构。

一个索赔便捷的流程，需要通过可信任的中介向受益人提供本地紧急援助，来提高交付赔款的准确性和及时性。它将受益人索赔请求的成本降至最低，比如支付邮资的成本，或在工作期间抽时间亲自向分支机构提请索赔的成本。

基于社区的方法还可以增强理赔过程的透明性——其他保单持有人，甚至社区内的非投保成员也有可能知道何时收到赔款。因为实际付款或待遇最能体现保险价值，所以提高理赔过程的透明性，可以增强整个社会对保险计划的价值的了解和认识。同时，这反过来会对保险计划的需求和可行性产生积极影响。

此外，还可通过雇用当地兼职员工作为社区代表，而非在总部招聘全职理赔员工，然后委派其赶往出险现场将理赔开支降至最低水平。使用社区代表代替职业损失评估员将会降低理赔成本，提高效益，减少损失评估所需时间。

（二）理赔通知和提交流程简单，客户、中介和理赔经理均可以轻易理解

漫长的周转时间通常由提交索赔过程中遭遇的各项挑战所致，而非提交索赔后的理赔时间所致。因此，精简理赔通知手续和提交流程，可以促使索赔更迅速地进入保险公司的处理系统。良好的产品设计应当具备简单易懂的待遇条款，并且要为中介和理赔经理提供培训服务，从而可加快理赔进程。

使用标准索赔表格，其中包含问题答案的固定选项（例如，"是或不是"的问题，或标准选项代码），不仅可以缩短完成表格并提交索赔所需的时间，而且还可以提高数据输入和理赔速度及准确度。

（三）索赔文件要求合理

索赔文件证明要求应当足以管控欺诈行为，但是不应当有过分要求。获取文件证明和提请索赔的时间和成本（特别是当涉及差旅或请事假的情形时）往往会超过预期收益。因此，简化针对客户的索赔文件要求可以提高提交赔案的准确度，将需要后续跟进或开展额外评估的索赔数量降至最低。这反过来也提高了效率，控制了索赔评估的成本。

此外，可以将控制欺诈的措施纳入产品设计，而非在理赔之后实施检查和控制。在登记时采集充足的数据，并且确保这些数据在理赔时可

用，从而为理赔提供便利。其他以技术为支撑的解决方案（如生物识别卡）也为改善理赔带来了便利。最终，扩展理赔验证方法将客户的单证负担降至最低水平。

（四）注意周转时间

鉴于低收入群体在遭受损失后的一段时间内往往只有较少的储蓄或其他财务资源，因此，资金或保险赔付需要迅速可得，这往往被视作低收入市场的一个显著特征。尽管非现金待遇也有其复杂性和需要权衡的因素，但是为了缓解这一财务负担，许多小额保险计划会提供非现金或实物待遇。相对于保险公司内部的理赔处理时间，客户更看重的是从发生损失到获得赔付金的总时限。监控从损失当日起到赔款之日止的理赔处理时间，有助于改善客户对理赔过程的满意度。

客户对结算时间的满意度不仅取决于实际花费时间，还取决于客户的期望值。任何保险产品均需要满足或超越由这一标准产生的期望值。因此，小额保险人需要对当地的情况和期望的赔付带给客户的财务影响进行评估，收集有关客户满意度的反馈，将其作为改善理赔实践的一种方式。

（五）实施高效的内部程序，简化工作流程

内部程序是指保险公司收到通知后理赔并支付赔款的程序。工作流程分析评估的是步骤之间的连接，而不是单个步骤。除考虑效率、准确度、速度等因素之外，内部程序和工作流程旨在确保理赔事务的可追溯性和可问责性，尤其要考虑符合客户权益保护法规的规定。

工作流程分析较少涉及具体技术，主要关注办事流程的整体适宜性。例如，理赔数据可能需要经受办事过程中不同人员的审查：接受客户索赔申请的代理人、将资料录入系统的理赔主管、评估索赔有效性并确定应付赔款的理赔评估员、批准此项索赔的经理等。流程的复杂性会随着审查次数的增加而提升，理赔时间也会因此延长。如果手工传输数据，或在此过程中多次录入不同系统，那么出错的概率会增加，周转时间也会再次受到影响。分析工作流程和使用流程图有助于确定标准化措施能够改善哪些领域的操作（见图5—3）。

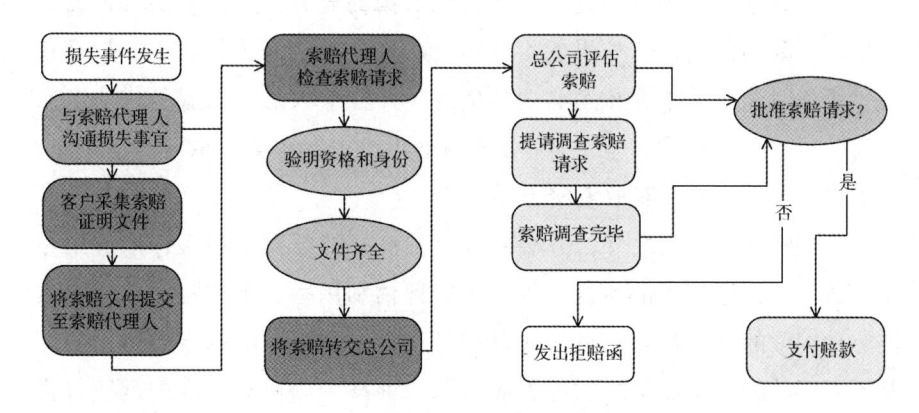

图 5—3 索赔流程

随着计划的发展和索赔额度的增加，应当更新办事流程。对于大量生成复杂索赔请求的产品，标准办事流程、索赔编码和索赔决策层级是重要的考虑因素。索赔决策流程图或评估协议也是简化过程和提高结果一致性的有效工具。此外，低风险自动化索赔也是一个选项。

（六）损失事件让客户处于艰难时期

不确定的待遇时间选择和金额可能比处理时间本身更令人焦虑。在此背景下，透明度显得至关重要。这意味着，理赔活动应当以开放的方式开展，以便包含客户在内的利益相关方能够相信这些程序的公平性和诚实性。可通过本地分支机构、呼叫中心、在线理赔应用程序（包括投诉和纠纷的解决机制）等，将重要的客户沟通纳入其中，以此来提高理赔过程的透明度。

确保以便捷的形式提供待遇也很重要。在许多情况下，要对路途远、无银行账户、技术限制等后勤方面的挑战做出安排，以此来确保受益人在合理时间内获得待遇。保险供应者需要在满足客户需求和既有限制条件之间实现恰当的平衡。赔付选项包括向受益人签发支票、向受益人银行账户电子转账、手机转账、通过第三方以现金或实物方式支付等。

（七）保持对数据和办事过程的控制

管理的一个关键环节是采集理赔数据。对于小额保险供应者，最直接的要求是，确保在提请索赔的过程中能够采集到充足的数据来开展评估和支付赔款。这不仅要确保参保登记数据的充分性，而且还要保障其在索赔期间的易用性。如果保险公司以非现金方式来提供待遇，那么在提供服务时便要采集或核实必要的信息，并且采取适合从服务供应者向保险公司传输的形式。与之类似，若待遇设计方案包含年度或寿命限制，那么保险公司还需要获取索赔历史记录。

除理赔所需数据之外，务必要考虑到良好的数据采集工作能够给整个小额保险计划带来的价值。为了准确评估利用率、单位赔付成本等索赔驱动因素的潜在趋势，进而改善产品设计方案，详细的索赔历史数据是不可或缺的。小额保险供应者应当以一种易于分析和汇报关键绩效指标的方式来收集赔案数据，然后将此类数据数字化，如赔付率、数据挖掘等。

为提高效率并管理增长，同样重要的是，评估理赔时间等过程数据，以及与理赔管理相关的其他工作流程的生产力指标。客观专家提供的外部协助对评价和改善理赔过程很重要。

良好的信息技术系统可以改善数据采集和分析工作。设计精良的系统可用于采集并整合参保登记和理赔数据，同时有助于将其更好地应用于分析整体计划。如果涉及第三方合作伙伴，那么这些益处将会倍增。但是，新技术的开发与实施工作会因一路上面临的挑战而变得非常复杂。鉴于有限的资源，小额保险供应者在投资之前应当全面且仔细地分析其成本和效益。

（八）兼顾业务和客户的看法，统筹当下与未来

案例研究阐明了客户价值与业务可行性之间的各种权衡，例如，周转时间与透明度的权衡，欺诈控制措施与简化单证规定的权衡，维持本地成本与提升服务可及性的权衡。在权衡各项因素时，保险公司通常要考虑到技术解决方案，以更灵活的方式和使用更多的技术虽然能改进结果，但是技术投资却很昂贵。事实上，不存在可以兼顾商业视角和客户价值视角的单一或完美的解决方案。小额保险供应者要充分考虑计划设计、现行法规等因素，以期达到最佳效果。

因为成本和收益不是静态指标，所以衡量此类结果的时间框架非常重要。今天投资流程的改善工作可能在未来获得丰厚的回报。但是，即

便投资最终还是要转化为可行的业务，在选择一种改善方法之前，务必要确定期望值，并且落实评估选项和运营成本。

第二节　小额健康保险理赔分析的价值[①]

一　引言

赔付是保险的真谛时刻（Rendek 等，2014）。赔付物化了保险，让客户感受到了价值，客户可以减少自付费用，降低对出售生产性资产等繁重融资策略的依赖度（Dalal 等，2014）。同样，赔付也会对小额健康保险计划的可行性产生直接影响。赔付的累积成本应当由保费、准备金、资本或补贴来支付。当它们随着时间的推移而超过预期水平时，便会对小额健康保险供应者的生存能力形成挑战[②]。

收集并分析赔付数据可促进小额健康保险供应者，通过分析客户的健康状况以及他们使用健康服务的方式（如就医行为），来提升客户价值和业务可行性。小额健康保险供应者可以利用此类信息来设计并实施各项措施，以此来改善医疗系统的可及性，鼓励客户以更有效的方式享受服务。它还帮助小额健康保险供应者优化待遇，以此来支付客户的医疗开支，但是其仍然保持在可持续经营的范围之内。同样，理解赔付模式有助于改善医疗保健服务的一致性和品质，减少成本和欺诈。此外，分析随时间累积的赔付数据，有助于保险公司更全面深入地理解目标市场，支持恰当的风险定价，管理潜在的客户逆向选择和医疗保健服务供应商的道德风险。

目前，大部分小额健康保险供应者都应当加强对疾病和赔付模式的理解。国际劳工组织影响力保险部门认为，理赔分析——尤其是针对基

[①] 本节内容基于研究简报第 32 号，节选自系列论文第 38 号。本节作者为 Jeanna Holtz（Abt 联合公司），Tobias Hoffarth（德国国际合作机构），Sapna Desai（伦敦卫生与热带医学院）。本节作者的致谢请参见系列论文。本节内容主要基于南亚国家的经验。

[②] 出于本节之目的，小额健康保险供应者被广义地定义为包括保险公司、其他承担金融风险的主体、小额健康保险的分销组织（该组织本身并不承担金融风险）等。小额健康保险的分销组织包括基于社区的组织、小额金融机构、合作社和行业协会。

本疾病模式的分析——仍然很少，这一现象非常普遍。[1]

在此项对保险从业者的研究中，我们聚焦南亚的3个小额健康保险计划，以此来：（1）说明并且比较赔付模式和住院原因；（2）论证分析赔付状况如何提升客户价值和小额健康保险供应者的绩效。根据出现的模式，我们讨论索赔数据如何为小额健康保险供应者提供如下信息：兼顾客户价值与供应商生存力的措施、改善健康系统的途径、在管理医疗保健服务供应商时应当聚焦的领域。本节也为从业者推荐了几种方法，以便用好赔付分析。

本节结构如下：第二节描述应用的方法，第三节介绍3位小额健康保险供应者，第四节给出结论和讨论，最后两节是含建议和总结。

二 方法论

本研究比较了3家南亚小额健康保险供应者，其中，VimoSEWA和Uplift Mutuals位于印度，而Naya Jeevan则位于巴基斯坦。本研究主要根据如下3项标准选择上述3家供应者：（1）定期收集包含疾病信息在内的赔案数据；（2）有意做为此项研究的合作伙伴；（3）提供保障住院治疗的小额健康保险产品。

针对每家供应者提供的索赔数据子集开展为期2—3年的分析。鉴于小额健康保险的结构和数据管理系统的变化，本研究定义并且采集了一组常见的数据元素。每家供应者共享理赔数据，其中要么包括所有的可用数据，要么包括一个来自特定地区或特定产品的完整样本。因为数据因供应者而异，所以开展的分析旨在举例，而非全面性说明。

收集并分析索赔数据的流程如图5—4所示。

---

[1] 在2008—2013年的6年里，影响力保险部门（前身为影响力保险部门）与20位合作伙伴共享涉及索赔和其他小额健康保险计划方面的数据和流程，其中包括产品开发、定价、销售和绩效监控的内容。尽管观察到了一些监控和测量疾病及索赔模式的计划，但是影响力保险部门认为，没有一项计划充分利用这些调查结果来改善产品与业务操作。

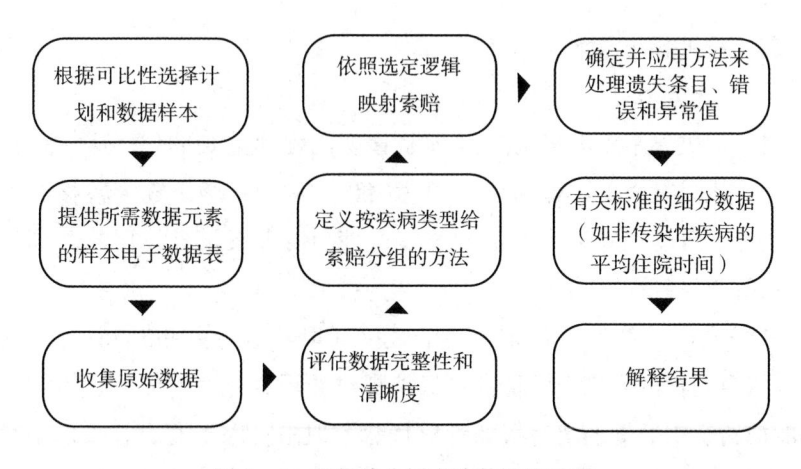

图 5—4 收集并分析索赔数据的流程

必要的数据元素含参保登记人数和按年统计的索赔情况,其中包括索赔人的年龄、性别、入院日期和出院日期。此外,供应者还应当提供关键绩效指标,如赔付率、续保比率和拒赔比率。为方便起见,这3家供应者都提交了既有格式的赔付数据,之后数据分析人员用一致的标准整理了每个数据集。

然后,每家供应者提供的索赔数据被归入普通疾病类别,以此来提升供应者之间的可比性。使用参保登记成员和年度索赔人数据来计算索赔频率(在特定期间段提出索赔的成员占比),将这些数字分别表示客户在特定时期内提请索赔的概率。

在理想条件下,索赔比率应当以每位成员确切的承保日数为分母,以这些成员在该段时间内提请索赔的日数为分子来计算,但是这些数据并不适用于这3项计划。本分析旨在通过一个包含3家供应者的例证来说明,索赔分析为何以及如何对小额健康保险计划的管理和可持续性至关重要。在深入分析一项计划时,按产品、性别、年龄、地点、设施类型、其他人口统计变量划分的赔付比率、服务使用变量等也将成为管理审查的重要统计数据。

三 技术解决方案

（一）使用技术

技术解决方案可以成为有效理赔管理流程的重要部分，这一点在触达客户上挑战更大的小额保险中尤为突出。例如，用于资金转移的手机应用程序、自动气象站等技术的发展，将会对方案设计、理赔时间、交付福利等产生巨大影响。

良好的 IT 系统能够带来更高的效率（以及最终更低的成本）、更准确且/或自动化的客户端验证、更好地提供非现金待遇的能力、组织内数据和/或跨组织数据的实时可及性等优势。但是，由于资源有限，小额保险供应者在对技术投资进行审慎决策时，应当清楚地理解工作流程的需要，并且分析不同解决方案的成本和收益。

一个出发点是，考虑之前概述的理赔管理过程的步骤，以及在执行小额保险计划的背景下可能存在的限制。可以实现自动化的流程包括提交索赔请求、评估索赔和支付理赔款，但开发一个满足所有需要的单一解决方案会面临重重挑战。专注于最有改善潜力的领域可能更易突破，如客户价值、盈利能力，或两者兼而有之。如前所述，良好的工作流程分析将有助于确定优先次序。但是，应当意识到，在某个背景下有效的解决方案可能在另一个背景下失效，而且针对产品和计划的设计方案的所有因素均应当包含在分析之中。

在围绕工作流程设计某项系统之前，最好先手工开发一个流程，确保充分了解必要的程序。这意味着，这一流程在开始时较慢，效率也较低，但是由于保单数量很少，所以在试点项目中，手动管理系统任务通常会更容易。若一开始便购买或构建 IT 系统，那么变更流程会更困难。

将前端参保登记信息与后端理赔管理系统集成，可以提高理赔精确度、减少欺诈和加速处理。从客户价值和业务发展角度识别出优先次序，有助于明确系统如何发展。

（二）制定和实施新技术中的挑战

技术解决方案对扩大小额保险规模很有帮助，可以有效改善理赔服务，但在开发和实施过程中会遇到很多挑战。经过研究的案例也不例外，业界可以从其制定和实施新技术的经历中吸取经验教训。

一个关键问题是，确保技术解决方案实际上是为了满足该计划和过程的需要，而非去创造新过程或新程序。如前所述，必须先考虑合意的工作流程，然后相应地选择或打造系统。从起初便设计新的系统会耗时耗财。现成的解决方案最初看起来更有吸引力，但是通常会包含成本高昂且难以维护的客制化内容。必须预先评估与既有硬件和软件之间的兼容性，以及前端到后端流程之间的衔接，因为这些问题在后期不容易修复。

电力供应和/或网络服务是一个互联互通的问题，此问题涉及案例研究中用到的许多系统。一个值得考虑的关键因素是，将拟制的系统置于应用环节中加以测试，以便评估是否存在必要的基础设施以及是否具有可操作性。还需要评估技术失效的概率和相对频率，并且制定恰当的业务流程。

培训要求和用户接受度也是案例研究中的关键问题，尤其是在农村地区，或者对于本地区代表不熟悉的创新举措。应当从一开始便考虑变更管理的要求，并且合理分配资源，包括对项目管理的外部支持和监督。IT 计划耗时耗财，而且从起初便需要恰当的项目管理。

(三) 决定向技术投资

与其他投资决策一样，在讨论是否向技术投资以便改善小额保险计划的理赔过程时，需要考虑很多因素。根据理赔的性质和数量，从严格的财务角度来讲，技术解决方案的成本有可能超过其潜在收益。在大量理赔中，效率对确保合理的理赔时间至关重要，所以改进系统可以产生深远的影响。对于易遭受欺诈索赔请求的产品，欺诈控制自动化机制是一种更划算的漏损管理方式。相反，对于索赔量低、待遇简单、损失证明简单的计划，自动化水平较低的程序便足够了。

另外一项需要重点考虑的是运行该计划区域中现有的基础设施。使用电力、通信技术、互联网连通性等条件，可能会大大降低潜在的系统开发效用。最佳的战略是，确定推动和限制因素（可以轻易改变和难以改变的因素都有哪些），然后寻找同时解决这两项问题的方案。

理赔系统的开发成本及效益分析应当反映出小额保险计划和本组织

增长战略的总体背景。小额保险的利润率很低，系统投资等资本性开支不太可能完全来自保费。规模较大的保险公司能够在整体组织层面上做出基于长期战略目标的决策，进而从现有的资本和盈余中为成本融资。非营利组织等较小的小额保险公司的资金有限，可能会通过寻找捐赠人或合作伙伴的方式来支持技术投资。因此，成本/效益分析不仅需要考察技术投资的直接收益，还要考察对未来业务增长、效率和客户价值的影响。其中一项重要的考虑因素是，对小额保险计划的整体影响，包括除索赔之外的服务和管理职能中的环节。在理赔之外的其他领域中的潜在改善，可能为支持理赔职能的技术投资提供额外的动力。

（四）数据收集和分析

理赔管理过程中的一个关键部分是收集赔案数据。对于小额保险人，最直接的要求是，确保在赔案被提请的过程中能够采集到充足的数据来开展评估和支付赔款。这不仅要确保登记的参保数据是充分的，而且还要保障其在理赔期间的易用性。如果保险公司以非现金方式来提供待遇，那么，需要以适合于从服务供应商向保险公司传输信息的形式，在提供服务时采集并且核实这一信息。与之类似，如果待遇未受到年度或寿命限制的影响，那么，保险公司就需要获取之前的理赔记录。这对小额健康保险尤为重要，还可能有必要跟踪客户续保。但是，一旦满足理赔的直接数据要求便要考虑良好的数据采集工作给整个小额保险计划带来的价值。

四 挖掘理赔数据分析潜力的建议

对于如何更好地挖掘理赔数据分析的潜力，提出如下建议。（1）为了收集、监控和解释赔案数据，应当定义、分配和沟通好各环节的职责。（2）识别关键的数据元素和数据收集与分析过程。数据的收集与分析过程应当以数据的可用性和理解固有的权衡因素为指导。（3）为每个保单、被保险人、医疗保健服务供应商、索赔请求设定唯一的识别号或代码。为诊断类别、医疗保健服务供应商类型、索赔状态设定标准说明和代码。（4）使用软件，为数据存储、备份、监控和共享提供便利。它不必很昂贵或太复杂——除采用分析索赔数据的客户定制化软件之外，小额健康保险供应者也已经成功采用了 Excel 电子表格等软件。(5) 为医疗保健服务供应商、内部员工和其他利益相关方提供培训服务并采取监控措施，以期明白如何采集并向小额健康保险供应者提交索赔数据。(6) 确定随时间变化的关键驱动因素和索赔模式。这将有助于保险公司掌握医疗成本上涨等趋势，因为这种趋势会积极影响产品设计和客户价值。(7) 从客户角度来监控周转时间和拒赔率。漫长的周转时间和居高不下的拒赔率反映出侵蚀客户价值和增加保险计划的直接成本（如额外的员工处理工作）和间接成本（如客户脱离率）的瓶颈和不良流程。(8) 识别不同客户和医疗保健服务供应商在治疗、使用服务和收费上的差异。这将有助于识别欺诈、道德风险和其他可能有必要干预的异常状况。(9) 使用理赔数据优化产品设计方案，计算出更准确的保费。(10) 分析并传播数据，以期改善医疗系统，改良预防措施。

第六章

保险公司的外部关系

第一节 超越销售：保险分销新领域[①]

一 引言

在低保费环境中，通过低成本的分销来实现规模效益是保险公司面临的一大挑战。传统保险分销方式通常依赖小额金融机构，而本章重点分析的是替代这一传统方式的分销方式。在过去十年中，保险供应者及其分销合作伙伴一直在开展国际实验，以新方式为客户开发和推广产品。本节总结了多个领域中出现的问题，以及在各种不同分销模式中出现的趋势。

二 重新思考分销

（一）在保险分销中定义备选方案

分销不是只管销售。合格的备选分销模式不存在固定不变的定义，因为刻画这些模式的是它们的多样性、创新性、演化性等属性。本节中，备选分销的定义是，利用传统上不属于保险领域的机构建立起合作关系的自愿保险模式。

下面几种模式均具有如下特征。（1）通过聚合实现规模：通过关注

---

① 本节内容基于研究简报第7号，节选自系列论文第8号。本节作者为Anja Smith（金融监管与普惠中心）、Herman Smit（金融监管与普惠中心）、Doubell Chamberlain（金融监管与普惠中心）。本节作者的致谢请参见系列论文。

大型非保险的客户（如零售商、手机公司和公用事业公司）的关注点，实现规模效应。(2) 基础设施：备选分布模式通常依赖基础设施，而基础设施所能达到的规模要大于保险公司自身的能力。这一基础设施可以是物理设施（如百货大楼），也可以是虚拟设施（如手机网络）。(3) 公共交易平台：从这一销售渠道获取的保费可能比一般的收费平台多得多，如将保险费列入公用事业账单上。(4) 独立的自愿型产品：这些模式会基于"加入"或"退出"的选项来分销自愿型保险产品。保险经客户明确表示选择后购买，而非自动添加到其他产品或服务中。(5) 可信任的品牌：大多数模式依靠与消费者非常信任的品牌建立分销合作关系（见专栏6—1）。

专栏6—1 分销不是只管销售

分销是指风险的承保人与最终客户之间发生的所有互动。这包括创建保单、收取保费、管理保单，以及所有市场营销、销售、理赔活动。这一过程涉及几个主体，包括保险公司、外包管理人、第三方支付供应商、客户信息集合器、分销合伙人等。

（二）被动与主动的销售模式

备选的分销模式可以采用被动或主动的销售模式。纯粹的被动销售是指，潜在客户没有获得有关产品的任何提示或言语沟通。例如，将保险产品放到零售商的货架上，然后，客户在没有获得任何来自零售商工作人员提示的情况下，将此类产品连同杂货一同买下。与之相对，纯粹的主动销售是指，保险公司（或分销合伙人）的代表主动告知客户一款特定产品的益处，从而促使顾客购买。简单来说，被动销售一般是由客户发起的，主动销售一般是由中介发起的。使用特定销售方法的决策往往会受制于有关监管的考虑因素。

（三）什么是均衡分销

在评估特定分销模式的性能时，需要兼顾商业和客户两个方面。对于产品生命周期的每一阶段中的成功分销，表6—1列出了企业与客户的观点。该表表明，在分销流程最重要的阶段，企业观点与客户观点之间缺乏一致性。对于企业，获得客户和收取保费是最重要的，但对客户而言，最重要的却是价值链上的理赔环节。在短期内，企业在销售和保费收取阶段的投资和创新上的激励最大，而对变革和优化理赔部分的激励最小。然而，从长远来看，业务合伙人需要一个高效便捷的服务系统来提高客户忠诚度。

表6—1　　　　　　　产品生命周期各阶段的特点

	商业角度	客户（或监管）角度
产品特征	实际定价； 管理难度	满足需求； 简易度
销售	业务最重要的阶段； 实现购买率； 客户维系和持续	明智的购买决策； 理解价值主张和成本； 理解如何成功地由产品来实现价值 （服务和索赔）
收取保费	低成本； 融入保险公司的管理系统	容易度/便捷性； 灵活性； 降低交易成本
服务和管理	实时信息和跟踪绩效； 低成本	轻松的可及性； 容易度/便捷性； 降低交易成本
理赔	仅支付正当的赔款； 低成本高效益的索赔评估和管理； 风险监控和管理	对客户最重要的阶段； 成功提出索赔的能力； 轻松的可及性； 降低交易成本； 简易性（无须过多文件）； 快速周转

资料来源：本章作者。

三　满足这些模式

在本节回顾的14个案例中出现了4类分销模式。分销模式是根据分销合作伙伴的主要商业模式予以分类的，并根据它们与客户互动的相似性进行分组。

（一）基于现金的零售商

基于现金的零售商，如超市和服装零售商，大多通过被动的销售模式，提供独立且简化的保单。基于现金的零售商员工一般不会主动干预或"推动"商品销售。

（二）基于信用的零售商

基于信用的零售商，如家具和电子商品店，主要提供与信贷相关且与还款期限衔接的自发性保单。零售商一般会在店里组建一个专门的销售团队来提供建议，制定还款协议，提供保险。保险会以主动方式销售，并且往往涉及信贷协议（信贷人寿保单）或赊销货物（延长担保期限）。

（三）公用事业及电信公司

公用事业和电信公司为其庞大的既有客户群提供涉及客户和服务供应商（如电力、燃气和电信账单）之间主要关系的保单。在大多数情况下，分销合作伙伴拥有大量关于客户的信息，可用于设计合适的定价策略和营销活动。保单通常涵盖客户在死亡、疾病、失业或残障情况下对供应商的合同义务。

（四）第三方支付服务

第三方支付服务商往往只提供简单的寿险和个人人身意外伤害险。较之于不需要人际互动（或保单文书）的类似系统，当第三方支付系统是由个人操作时，保险供应者更能够提供更复杂的保险产品。

四 新兴主题

这 14 种模式中涌现出了一些新主题，在此我们重点介绍一些比较突出的主题。

（一）分销创新的客户中心度不够

在这 14 种保险商业模式中，我们观察到，大多数创新做法集中在给保险公司提供即时价值或收入的分销过程上。客户一旦能够成功地提出索赔，便可凸显客户价值。尽管有些模式在设计自身产品时用到了详细的客户信息，但是所有的模式在理赔时仍然需要烦冗的文件，而这些文件通常不会在销售保险产品的同一便利场所办理，由此导致长达数天的理赔时间。

(二) 这些模式需要提供更多贴近客户的服务

为了提供客户价值，分销渠道及其背后的合作伙伴可能希望聚焦成为"一站式"商店，在一个地点便能销售保单、收取保费和处理索赔。但是，并非所有分销类别均适合此类全面的客户互动。最便捷的方式是在客户附近设立特定类型的中央服务点，并且其分销渠道也对接了电子化的保单管理系统。鉴于表6—2考虑的不同分销渠道的优缺点，最有能力做到这一点的是基于信贷的零售商。虽然基于现金的零售商经过成长也能够胜任这一角色，但是金融服务文化的缺失令这一成长过程困难重重。公用事业单位和电信公司想要发展成"一站式"商店也有很大难度，因为他们与客户的互动方式往往只是通过邮件或电话。当然，供应商可以更好地利用呼叫中心和短信服务与客户沟通，以此来改善其整体服务质量。因为第三方支付网络经常与技能薄弱的非正式供应商打交道，所以他们在提供更多服务时也可能遭遇困难。

表6—2　　　　　　　　　　分销渠道的优劣势

	优势	劣势
基于现金的零售商（如超市和服装零售商）	赋予现有客户群便捷廉价的可及性； 零售商可以很好地理解顾客的需要； 主动提供更高价值的产品来维护和强化品牌	基于现金收取保费方式的初期保单失效率可能较高； 不以提供金融服务为导向
基于信用的零售商（如家具、大型家用电器商店）	以账户为基础来收取保费具有较强的持久性； 销售点可以兼顾服务柜台和理赔柜台； 可以采用现有客户信息（通过信用卡还款）来通知产品设计方案和分销方式； 熟悉金融服务的供给	与信用挂钩的保险销售，即便出于自愿的情况下，也通常会给客户带来低价值； 销售保险产品（除信用风险的保险产品之外）可能与核心业务无关； 保险期限与信用还款期限挂钩

续表

	优势	劣势
公用事业和电信公司（如电力、燃气、固话公司）	现有客户信息有助于产品设计和定向销售保险； 与客户存在账目关系，以此来实现高效收款	通过这些渠道提供的个人意外伤害险产品的索赔率低，表明客户价值主张低； 经纪人/管理人、分销渠道和第三方运营商广泛参与，会提高管理成本
第三方支付服务商	具有广泛的正式和非正式触达范围的大型分销网络； 为使用电子货币支付保费提供便利	被动销售导致市场占有率低； 通过话费收取保费的成本高昂； 在销售点缺乏可信任的品牌； 保险公司几乎无法控制非正式的第三方支付服务机构

资料来源：本节作者。

（三）不断发展的成功的合作关系

备选分销模式依靠的是与传统上并不开展保险业务的机构建立合作关系。这些合作关系有不同的形式，其中包括合作方分享由合作关系产生的利润，或将合作方视作收取固定比例佣金的中介。当分销伙伴开始意识到在其现有产品范围内增加保险产品的益处时，分销伙伴和保险公司之间的关系将因时而变。这意味着，分销伙伴将有意在产品开发中发挥更大作用。最成功的模式是，分销伙伴将保险供给作为一种重要的客户留存策略，将保险与分销商的核心业务直接挂钩。

（四）进一步提高分销效率

展望未来，要想提高保险效率，需要更注重降低分销成本。这最终需要各方协调努力，开始限制价值链上的主体（如经纪人）数量。同时，这一限制很可能影响保险公司选择与分销渠道建立合作关系的方式，导致保险公司及其分销合作伙伴不得不认真考虑佣金水平和利润分享安排。

（五）合作伙伴承担客户价值的义务

分销合作伙伴日渐介入产品生命周期的各个阶段，其中包括产品开发。在大多数情况下，这符合客户利益，因为分销合作伙伴会通过确保为客户提供良好价值保护自身品牌声誉。但是，也有一些情况表明，分销合作伙伴并没有如此强烈的兴趣来保护自身品牌，他们之所以更密切地介入保险流程，可能只是为了实现收入最大化。因此，保险公司需要甄选合作对象，确保合作主体注重客户利益。

五 结语

当前的保险创新浪潮具有如下特点：保险公司与非传统分销渠道展开合作，将保险产品交付其未享受保险服务或保险服务欠佳的客户群。分销创新主要发生在产品生命周期的产品开发、销售和收取保费阶段，忽视了产品生命周期的服务、管理、索赔等阶段。

鉴于大量主体经常参与建立这些合作关系，因此分销过程变得更复杂了。传统意义上，保险由直接与保险公司打交道的代理人或经纪人分销。在此情况下，本节综述的实例包括一位促进保险公司与分销伙伴、第三方管理人之间关系的经纪人，在某些情况下，还会包含支付平台。所有这些主体均会以特定方式从其提供的服务中获得报酬。在特定情况下，参与其中的主体过多会导致分销成本上涨。若分销渠道的客户控制权很大，并且能够商定更高的佣金水平，那么这一问题便会变本加厉。

最后，需要注意的是，客户掌握最终决定权。如果保险公司不能在客户亟须的时间和场合提供价值，那么保险渠道的成功便变得岌岌可危。如果保险公司及其分销合作伙伴不能在理赔和服务（分属更大的分销过程）中实现创新，那么最初通过备选分销渠道获得保险新客户的成功做法将难以为继。

第二节　管理小额保险伙伴关系[1]

一 引言

良好的伙伴关系是小额保险计划取得成功的关键因素之一。因为保

---

[1] 本节内容基于研究简报第 13 号，节选自系列论文第 15 号。本节作者为 Kelly Rendek（独立咨询人）。本节作者的致谢请参见系列论文。

险公司不愿在小额保险领域采用直销模式，所以他们需要与能够充当分销渠道的组织形成合作伙伴关系。鉴于成本压力以及小额保险需要实现的规模效益，这些伙伴关系对于该计划能否成功至关重要。随着政府和捐赠人的主动参与，小额保险领域中的多重利益相关方伙伴关系的数量也在随之增加。因为合作伙伴具有不同的（有时相互抵牾的）优先顺序和迥异的组织文化，所以这些伙伴关系尤难管理。

本节分析小额保险伙伴关系，并且根据不同类型组织的经验来确定关键主题。本节提供的框架分为新伙伴关系和既有伙伴关系，并且就监控和改善这些伙伴关系提出建议和策略。

本节定义的伙伴关系包含各组织之间为实施小额保险计划所构建的任何长期合作和正式的合法伙伴关系。尽管也提到了其他利益相关方，但是本节主要关注保险公司和分销渠道间的伙伴关系。在某些情况下，会涉及除分销合作伙伴之外的、与多角色利益相关方合作中的一些经验教训。

二 伙伴关系生命周期

如图 6—1 所示，伙伴关系生命周期的概念为我们提供了一个引导小额保险从业者管理伙伴关系的框架。既有的伙伴关系可能在此周期中处于不同位置，但是理解这一周期可有助于更高效地管理和评估伙伴关系，以及在未来建设新的伙伴关系。

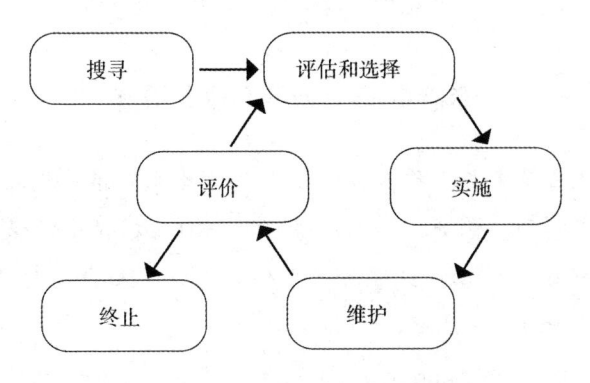

图 6—1 伙伴关系生命周期

（一）搜寻

伙伴关系周期始于搜寻适合能够填补小额保险计划需要或能力缺口的伙伴。初始分析应当确定是否需要合作伙伴。如果需要，应当明确伙伴关系的宗旨、对合作伙伴的要求、对伙伴关系的预期目标等。这些分析为确定并评估潜在的合作伙伴奠定了基础。

良好的伙伴关系应当支持合作伙伴组织的战略目标。此外，鉴于小额保险固有的低保费，它应当通过扩大客户价值或助力可行性来提升该计划的潜力。

（二）评估和选择

应当根据伙伴关系的目标和合作伙伴的期望来评估每位潜在合作伙伴的具体能力和需要。几乎所有的受访组织均把一致的利益和目标确定为成功伙伴关系的关键部分。需要在不同的组织层级（业务层级和管理层级）上协调各项目标，以确保有效实施。

关键是要考虑小额保险计划将给其合作伙伴带来的益处，以及这些益处是否足以吸引并维持合作伙伴的积极性。此项研究的一个关键点是，除提供佣金之外，小额保险伙伴关系还必须为分销渠道提供其他益处，以便取得长久的成功。小额保单的佣金一般很少，所以仅凭佣金不足以确保分销合作伙伴的积极性。小额保险计划需要对每个合作伙伴的核心业务和目标主动做出充分贡献，以便确保合作关系具有长期的可持续性（专栏6—2描述了一个来自南非耆卫保险公司的实例）。

专栏6—2　为核心业务增值

即便小额保险未与合作伙伴的核心业务建立直接关联，它依旧需要为其核心业务增值。例如，如同健康保险一样，提供小额保险可以为合作伙伴吸引新成员或客户，帮助提高合作伙伴的客户满意度和忠诚度，增加其他服务的购买率。

耆卫保险公司与Shoprite（一家廉价零售商）在南非的伙伴关系基于一个前提：Shoprite不仅会通过销售佣金从增加的收入中受益，而且还会从建立系列产品服务（包括保险等金融服务）供应者的口碑中受益。尽管需要销售佣金来抵销直接成本,但是该商店的战略目标是扩大产品供应,以此来增加店铺的客流量。

还有一种方法是,在选择合作伙伴的过程中使用评估问卷。

此类评估工具可用于自我评估(在组织内部的不同领域中和整个组织上),以及引导合作伙伴之间的讨论。可使用第三方来为这一进程提供便利。这可以为合作伙伴的动机和能力提供更客观且一致的分析结果,促进实现更多的合作。①

(三)实施

实施阶段涉及就伙伴关系条款取得一致,为启动项目制定必要的协议。专栏 6—3 概括了这一阶段的两个部分,包括设计伙伴关系和激励结构,创建初步的联营计划。这一阶段还可能包括初步谅解备忘录。一旦确定,项目会继续进行,那么合作伙伴便需要完成所有剩余阶段的工作,其中包括界定角色和职责、解决运营问题和建立适当沟通。

专栏 6—3 实施过程

部分Ⅰ:(可能包含初步的谅解备忘录)

1. 决定伙伴关系结构;2. 为所有合作伙伴制定恰当的激励机制;3. 创建初步的联营计划。

部分Ⅱ:

4. 明确界定角色和职责;5. 完成商业计划;6. 开发集成系统和汇报规定;7. 完成正式合同/法律协定。

实施工作应当包括为小额保险计划编制一份联合商业计划。商业计划将包含诸多组件,主要包括产品销售和增长、收支平衡预测、市场营销计划和费用。这份商业计划应当概括每位合作伙伴的系统开发或市场

---

① 可在本部门的网站获取这份伙伴关系评估问卷表,http://www.microinsurancefacility.org/sites/default/files/content/thematic_ page/tools/Partnership_ Assessment_ Questionnaire.pdf。

营销费用的贡献度。小额保险商业计划应当包括让计划变得可持续的时间框架和期望。为了管理所有合作伙伴的期望，小额保险计划供应商应当与合作伙伴共同制定这份商业计划。要注意，避免设置不切实际的财务目标，以防在运营后造成负面影响。

有效实施小额保险伙伴关系包括在合作伙伴之间举行协作对话，从而推动信任、谅解和承诺，通常以通过订立合约将伙伴关系正规化作为结束。起草合约是一个技术或法律过程，可能不利于在操作人员之间展开讨论。因此，在拟定合同时，合作伙伴应当讨论组织的各层级和功能，确保组织内所有利益相关方理解并同意各项政策。

小额保险伙伴关系通常以书面协议形式予以实施，以正式确定伙伴关系条款作为结束。如果之前已签订谅解备忘录，那么现在可以用法律协议取而代之。

正式书面协议非常重要，因为协议起草的过程会迫使所有当事方明确伙伴关系的目标、角色、职责和预期结果。此外，正式协议为管理伙伴关系确立了路线图。但是，书面协议本身并不会自动促成成功的伙伴关系。更重要的是，合作伙伴之间展现出的信任和承诺，以及在实施伙伴关系协议的过程中达成的对话和成果。在某些情况下，非正式的协议或较粗线条的协议会提供更大的灵活性和创新性，但前提是合作伙伴做出充分承诺。

（四）维护

维护阶段成功的关键因素包括合作开发产品、定期有效沟通和及时的冲突解决方案。

缓慢的财务进展会给伙伴关系带来挑战。围绕学习目标来构建伙伴关系，至少在初始阶段有更大的概率来实现合作。即便财务上的进展要逐渐实现，在此类学习型伙伴关系中，持续承担义务要取决于已有的学习成果。初始目标应当专注于理解知识项目取得成功的因素，而非仅仅了解销售或索赔等统计数据。应当为试点项目设立具体的学习目标，记录结果和成绩，从而可以为合作伙伴和其他利益相关方提供证据，证明该项目正持续向前推进。如果认真管理，那么学习型伙伴关系会在项目的适应过程中展现出更多灵活性。这并不一定会避免问题，但是能够促成各方采用更多的协作方式来解决问题。

此项研究的经验教训是，多利益相关方的伙伴关系需要强大的中央角色来管理该项目，化解潜在的冲突。在许多情况下，双边谅解备忘录或协议是在多边合作伙伴的安排下订立的；为了实现充分合作，可能需要单独制定一份总体谅解备忘录。

（五）评价

对于小额保险伙伴关系的评价，应当是围绕小额保险计划成果和伙伴关系本身的双重评价。应当对比于伙伴关系的初始目标，因为初始目标已经得到了明确和一致的通过。

除非受外部事件强迫，如法规变更等，否则在试点阶段不必频繁地开展正式评价活动。在初期开展非正式的评价，以此来确保建立恰当的沟通过程并解决业务挑战，否则伙伴关系管理工作便会出现问题。但是，即便是最好的关系也可从定期正式评价中受益，许多受访组织均建议开展年度评价。专栏6—4列出了几种最常见的评价触发条件。

专栏6—4　何时评价

（1）在一致同意的审查时间框架内，如每年。

（2）由于突发外部事件，如监管变化。

（3）一个合作伙伴采取单方面行动。

（4）如果经验与商业计划或预期目标间存在显著差异，如销量低或索赔量高。

（六）终止

无论因何种理由，终止小额保险伙伴关系均需要谨慎行事。所有合作伙伴均要考虑客户的观点，采取措施尽量减少或避免客户和其他利益相关方之间造成误会。特别是，现有保单很可能在伙伴关系终止后继续有效，所以有必要保留管理保费收取和理赔的系统和资源。使客户无法充分掌握有关保障范围或服务选项的信息，可能损害各位合作伙伴的声誉，以及该地区的小额保险发展。

应当在伙伴关系书面协议中拟定关于终止伙伴关系的权利、通知期限、义务、责任、程序等条款，以便当事各方明白需要采取的具体措施。一旦决定终止伙伴关系或计划，那么确保向客户提供持续服务的关键就在于保持良好沟通。

还要认真考虑外部沟通。小额保险试点项目有时会备受关注，因此提前终止试点可能会向公众（包括政策制定者）传达有关小额保险的负面或混乱的信息。

三 结论

（一）潜在的交易破坏因素

尽管确立小额保险伙伴关系的方式千差万别，但是在本研究中讨论的方式还是为不同阶段的伙伴关系提供了指引。此外，这些案例研究还表明，成功之道并非一成不变，但是需要避开层出不穷、花样繁多的陷阱。

如下因素可能破坏合作伙伴关系。（1）某位合作伙伴单方面变卦，致使产品不可持续。（2）小额保险产品损害了某位合作伙伴的核心业务或声誉，而不是增加其价值。有经验表明，在没有充分注重客户决策过程的情况下引入强制型产品，可能致使分销伙伴失去现有客户。（3）产品设计、价格、损失额使得计划难以持续。尽管可能采用学习的态度来度过初始阶段，但是若产品在较长时段内没有可持续性，那么伙伴关系便很可能会终止。若没有充足的资金或其他财务支持来继续这一伙伴关系，那么在初始阶段的巨大损失也会导致该小额保险计划难以为继。（4）尽管做了大量市场营销工作，但是购买率仍旧没有起色。小额保险计划确实面临分销挑战，所以尽管小额保险计划已致力于寻求创新型分销渠道，但是有时可能确定无法及时找到奏效的分销渠道。（5）长期存在的经营或沟通问题。对于一条分销渠道，最大的声誉风险便是保险公司没有支付或没有及时支付赔款。反过来看，销售过程或向保险公司支付保费期间出现的问题也会给伙伴关系带来负面影响。此类问题需要通过改善沟通和加强培训来得到迅速处理，以避免遭受财务损失。

(二) 关键的成功因素

我们的案例研究分析了伙伴关系各阶段取得成功的关键因素。总体而言，结合案例研究参与者给出的意见，我们认为，最成功的小额保险伙伴关系在于：(1) 合作各方的利益和目标保持高度一致，而且小额保险计划对各合作伙伴的核心业务均有贡献；(2) 将初始阶段当作一个学习环境来对待，长期致力于可持续性发展；(3) 在合作过程中设定实际的目标和期望值；(4) 在拟订和执行计划的所有领域开展一定程度的合作；(5) 尤其在涉及解决问题的策略和变革等方面保持灵活性。

第三节　为小额金融机构提供更好的保险[①]

一　引言

在保险的供给渠道中，最受欢迎和最有效的仍然是，为低收入家庭和小微企业提供储蓄和信贷服务的金融机构。这些广义上的小额金融机构为保险公司提供了一条渠道，可以成功触达一群明显对金融服务有意的客户。他们普遍满足保险有效分销所需要的4个基本标准（Smith 等，2011）：(1) 可以触达大量低收入群体；(2) 本地或社区层面拥有一定的基础设施；(3) 与目标市场开展过财务交易以及有效的现金管控；(4) 获得目标市场的信任。

从小额金融机构的角度来看，在产品组合中加入保险可以实现其社会和商业价值。在商业方面，小额金融机构的信贷组合易受制于与借款人相同的风险。如果客户死亡或失能，进而无法偿还贷款或不得不取出所有储蓄，那么小额金融机构的绩效便会受到影响。通过提高客户的风险管理能力，保险可以提高客户的还款和储蓄能力，为小额金融机构的核心业务做出贡献。保险还可以帮助小额金融机构吸收更多新客户以及维持既有客户。例如，保险可以助推小额金融机构维持与客户之间的借

[①] 本节内容基于研究简报第15号，节选自系列论文第18号。本节作者为 Craig Churchill（国际劳工组织影响力保险部门）、Aparna Dalal（国际劳工组织影响力保险部门）、Josh Ling（国际劳工组织影响力保险部门）。本节作者的致谢请参见系列论文。

贷关系。小额金融机构亦可以将保险视为提升自身盈利能力的一种方式。例如，可将保险视为一项交叉销售机会，以及基于佣金的收入来源，而不仅仅是其信贷或储蓄业务的附加产品。

本节的主要服务对象是提供保险服务的小额金融机构。本节根据同行经验，为他们提供一些关于如何改善服务的深刻见解。同时，鼓励还未参与保险业务的小额金融机构重新考虑其产品范围。

二 十项建议

本节概述了十项建议，以便小额金融机构改善其保险产品供应。

（一）理解市场需求和偏好

产品设计的出发点应当是目标市场的需要和偏好。尽管这一说法鲜有异议，但是在实际操作中，小额金融机构和保险公司通常仍然是围绕自身需要来设计产品的，并没有充分考虑目标受众的需要。小额金融机构的角色应当是代表自身利益的同时，充分考虑客户利益。

为了评估客户（及其自身）面临的风险，金融机构可以从查找造成违约的主要原因开始。事实上，大多数小额金融机构的信息管理系统中已经存在大量用于开发和发展保险业务的数据。从事这项业务的机构常常会发现，逾期付款和贷款损失往往是由可保风险导致的。

例如，印度农村金融机构 Kshetriya Gramin 的金融服务在分析女性借款人还款逾期的原因时，意识到需要将其信贷人寿保险的保障范围扩展至包含其配偶。丈夫去世后，女性便没有能力偿还贷款，这不仅是因为她们失去了一项重要的收入来源，更重要的是，由于当地文化的原因，她们不允许外出工作。

（二）优先考虑储蓄

如果小额金融机构提供储蓄、信贷和保险服务，那么他们帮助穷人管控风险的能力便会极大加强。与储蓄挂钩的保险比与信贷挂钩的保险能够提供更长久的保障，也能够吸引更广泛的潜在目标群体。因此，它很可能产生更大的影响。储蓄账户也可以成为一种低成本高效益的保费收取方式，构成有价值的风险管理组件。

此外，因为这两种产品均要求客户信任金融机构，所以提供储蓄产品可以为保险销售奠定坚实的基础。

（三）让强制保障有价值

如表 6—3 所示，强制型产品和自愿型产品均各有千秋，所以二者的组合或许值得考虑。

表 6—3　　　　　　　　强制型保险与自愿型保险的比较

强制型	自愿型
强制型保险需要建立一套简单的跟踪和管理系统。跟踪所有客户的保险业务要比将被保险人与非被保险人区分开来更容易。 它降低了逆向选择风险。因为所有客户均应当参保，所以高风险保单持有人的比例并不高。 它帮助保险供应者触达大量保单持有人，这既可以实现规模经济，也提高了实际损失额紧紧跟随预期损失额的可能性。 对于客户，强制型保险更实惠	自愿型保险要求客户和员工应当了解产品。这就要求在产品开发过程投入充足资金，从而确保条款清晰，易于与消费者沟通。 它促使机构评估市场对产品的需求。 自愿型保险为客户提供了更好的选择，不会强迫客户购买自己不中意的产品

相对于针对个人的自愿型保险，覆盖小额金融机构的所有借款人或存款人的强制型保险的售价要低得多。小额金融机构也更容易管理，从而使得其能够发展后勤部门的专业知识并采集数据。但是小额金融机构需要确保其客户理解保障范围并认同其益处。一些小额金融机构在引入客户喜爱的强制型保险后，发现借款人中的客户存留率提高了，一些机构甚至因此又吸引到新的借款人。

信贷人寿保险可通过以下方式实现更大的客户价值：（1）在提供贷款销账服务之余，还有额外待遇；（2）将保障范围延长至贷款期限之外；（3）保障更多人；（4）保障更多风险。

此类变化增加了贫困劳动者体验保险待遇的机会，并且有助于创建一种保险文化。许多人认为，作为额外待遇的信贷人寿保险仅是信贷人寿保险的起点，而不是其基本形式。

(四) 主动开发产品选项

小额金融机构应当开发与其机构战略和核心业务一致的保险产品。主动开发产品可以从强制型产品着手，然后随着小额金融机构建立起内部能力，转向强制增强型产品和自愿型产品。尽管强制险是逻辑的起点，但是一些强制型产品的问题在于，如果这些机构无意将此作为目标，便不会真正产生示范作用。

一个可选的做法是，小额金融机构提供"强制加强版"产品。在这款产品的演变过程中，其基本保障具有强制性，但是它也具备自愿附加项或附加条款，以便购买。例如，与信贷挂钩的保险可以提供住院现金待遇，或者在支付额外费用后为投保人的配偶及其他家庭成员提供保障。将自愿型组件纳入其中的做法为客户提供了一些选项，促使现场员工在提供保险教育和销售服务的过程中发挥更积极的作用。员工具备自愿选项的专业知识，可为向当前和未来的客户提供自愿选择的便利条件。

在扩大产品销量之前，务必要对产品开展试点测试，以此来验证产品的设计方案，简化操作流程。有一个小额资金支持计划成功地实现了，为照料者验证并改善设计方案、管理流程、宣传材料等。在开始之前，该计划为试点设计了一份协议，定义了试点的开展方式、需要跟踪的流程、需要测量的绩效指标等内容。具体而言，这份协议概括了试点的关键特性，如持续时间、范围、预期活动、试点测试团队的作用与职责、汇报要求、关键绩效指标、预期目标、成功或失败条件（如开展、暂停、永久停止试点检测所依据的条件或结果）。

(五) 改善理赔

理赔是保险业务的重要环节，它提供了展示价值的好机会。保险取决于客户和保险公司之间的信任，如果理赔管理不善，那么客户便不会再信任保险。因此，无论作为风险承担者，还是客户与保险公司之间的接触面，小额金融机构都要提倡并促进形成一个以实现客户最大价值的方式进行的高效审慎的理赔过程。因为这是客户见证产品最大价值的机会，所以小额金融机构通常要在理赔中发挥出积极作用。典型的参与包括协助客户填写表格并提交必要文件。一些小额金融机构因其口碑岌岌可危，通常需要通过与保险公司协商，授予其核实、批准、支付赔款等权限，从而承担更多责任。专栏6—5概括的创新举措阐明了小额金融机构改良理赔流程并且以客户为中心的具体做法。

专栏6—5　改进理赔的创新举措

（1）为客户支付索赔预付款。小额金融机构可在理赔时向客户预付部分赔款，帮助客户解决燃眉之急。例如，玻利维亚的Prodem FFP公司在客户提请索赔后24小时内会预付1/4的寿险赔偿金（365美元），用于支付丧葬费。保险公司在收到死亡证明书后15天内结清余款（1100美元）。

（2）下放索赔批准权限。另一个选项是保险公司将小额金融机构批准部分赔款的授权下放。这一安排允许小额金融机构批准金额较小的索赔请求，而保险公司则批准金额较大的索赔请求，这是因为后者可能更复杂，并且具有更大的财务风险。例如，投保人购买了MFW的住院现金型产品后，小额金融机构可以批准至多6晚的住院治疗索赔请求。如果客户住院超过6晚，那么此项索赔请求就需要经过保险公司审查后方能获批。

（3）下放理赔付款权限。一些小额金融机构和保险公司设计了浮动机制，保险公司凭此向小额金融机构支付预付款。在每个汇报期末尾，实际索赔请求会与浮动机制相比较，然后通过净项转账来平账。

（4）内部理赔。一些较大的小额金融机构已建立起内部理赔中心。

（5）担保基金。当采用合作伙伴——代理模式时，一方面，小额金融机构特别关注其声誉和客户满意度，所以便希望将拒赔率降至最低，另一方面，无论索赔请求得到批准还是遭到拒绝，保险公司都要专注于准确地应用预先设定的理赔付款标准来裁定索赔请求。为了管控这种视角差异，一些小额金融机构设立了担保基金，如果小额金融机构认为索赔请求有效，或认为这些索赔请求付款符合其利益，那么这些机构便会为遭到保险公司拒绝的索赔请求付款。

（6）服务标准协议。当小额金融机构与保险公司或第三方管理人就理赔事宜展开合作时，应当就服务标准达成一致，以便提升及时性、准确性或者绩效。服务标准协议应当概括理赔的最长天数，例如，保险公司可以同意在收到正确文件后10天内付清所有赔款，否则便要支付罚金。

（7）商定文件要求。理赔的文件要求需要符合低收入市场的情况。MicroEnsure公司和TSKI公司曾发现，保险公司的文件要求是寿险受益人的负担，因此，他们随后降低了文件要求，例如，允许以村长证明书或宣誓书来代替死亡证明书。

（六）应用整体风险管控

为了扩大保险的潜在影响，有必要全面审视客户的风险管理需要，然后设计一套能够予以恰当回应的金融和非金融服务。风险管理框架包括预防风险，未雨绸缪，然后在风险发生时予以应对。保险只是这一更广泛的风险管理框架的一个方面。

（七）发挥示范作用

小额金融机构应当创建一种文化，让低收入家庭自然而然地将保险视作其风险管理策略的一部分。

为了实现这一目标，小额金融机构需要确保穷人能够看到保险真的有用。其中包括提供一些简单易懂的产品、清晰的索赔流程、将拒赔率降至最低、利用推荐的营销材料并举行索赔仪式。

（八）成功的结构

小额金融机构拥有一系列制度性选项来提供保险，其中包括各种混合模式，这些选项会随着时间的推移改变其模式。当小额金融机构逐步培养起对保险的理解并建立内部能力后，合作伙伴——代理模式通常能够发挥积极的作用。为了向客户提供更多待遇，小额金融机构有时会给保险公司的合作伙伴提供额外待遇。经纪人有助于小额金融机构考虑更复杂的产品。表6—4概述了小额金融机构可用的各种制度性选项的优缺点。

表 6—4　　　　　　　　　　　制度模式

	自我保险	合作伙伴——代理模式	与中介合作	创建保险公司
特点	基本风险；大型客户群	启动保险业务；打造内部专业技能；复杂的产品	计划的初期阶段；不愿发展内部专业技能的小额金融机构；复杂的产品	大型小额金融机构或网络；监管合规性；低资本要求的国家或者地区
优势	灵活性和强控制；低成本高效益；最大收益的潜力	合作伙伴带来了缩小风险敞口的保险专业技能	服务和支持；经纪人理解保险公司的想法；与保险公司保持联系	与不同合作伙伴合作的灵活性；保留利润；可以提供更复杂的产品
挑战	最具风险的选项；资本要求；监管限制和合法性存疑；能力约束；复杂的产品；协变风险	如果合作伙伴不履行，便将面临声誉风险；划分收入	价值链中需要迎合另一个环节	涉及风险；资本要求；保险专业技能

（九）打造保险能力

无论小额金融机构是自我保险，还是与保险公司或经纪公司合作，小额金融机构均应当提升自身实力，发挥多种保险功能，包括市场营销、销售、索赔管理、业绩监控等。尽管小额金融机构经常将消费者教育置于优先地位，但是他们或许应当更注重员工教育。如果一线员工不相信保险是一种宝贵的风险管控工具，那么他们将很难说服客户购买保险，甚至连推广强制险的待遇都存在困难。

对于小额金融机构的员工，最重要的销售动机是，看到保险与其核心业务之间的密切联系。如果薪酬与偿贷绑定，而且保险能够通过保护客户权益免遭相关风险来促进更好地偿贷，那么员工便能够清楚理解客户从保险中受益的具体方式。与之类似，如果出纳员因为设立新账户和提高账户余额而受到奖励，那么他们便有更大的动力来销售保险。

（十）监控绩效

小额金融机构应当监控其保险产品的绩效，评估产品会如何影响自身及客户的核心业务。机构需要知道该产品能否以收抵支，而这只有当成本在不同经营活动中得到合理分配时才能实现。除跟踪生存能力之外，小额金融机构应当认真监控保险业绩指标的原因还有很多，包括如下几个方面。(1) 为了监控客户价值。客户价值存在许多维度，微小的改变便可能促使客户对保险的看法发生重大变化。小额金融机构应当从客户角度研究其产品和流程变更的效果。(2) 为了评估产品的盈利能力。保险通过佣金、收费、利润分摊等方式，帮助小额金融机构实现多元化的收入来源。多元的产品组合提供了交叉销售机会，将获取客户的成本分摊到多款产品上，从而提高产品的盈利能力；或者，至少有人认为，保险可以做出此类积极贡献。为了核实情况是否属实，有必要监控相关的收入和开支。(3) 为了评估客户留存率。保险可以帮助小额金融机构留存现有客户，同时又能吸引新客户。通过离职谈话和客户满意度调查，小额金融机构可以验证此类情况是否属实。(4) 为了与保险公司建立杠杆。详细了解产品绩效赋予了小额金融机构在产品绩效良好时与保险公司商定更好条款的能力。在此情况下，信息的确就是力量。

三　结论

对于小额金融机构，保险产品就像自助餐，可以选择很多菜肴。以开胃菜（信用寿险增强版）开始是个不错的主意。有些小额金融机构可能会止步于此，而其他人则会先确保消化好开胃菜，然后再享用主菜，这也许是与储蓄挂钩的保障，或者与信贷挂钩的附加条款。甜点则是为普通大众预备的自愿型保险，但小额金融机构希望控制体重，因此可能会避开它。

的确，提供保险会给小额金融机构带来某些风险，尤其是当其自身承担保险风险时。他们即便与保险公司合作，也仍然会面临声誉风险。此外，还有无数的业务挑战，包括如何安排外勤员工的角色和责任，如何实现从强制险转型，如何为销售提供激励措施。最大的挑战可能是，设定一个精简的索赔程序,从而使低收入人群可以非常容易地获得保险的实际待遇。小额金融机构如果运行有效,便可为低收入社区的保险文化奠定基础,赋予穷人更有效地管控风险的能力,从而为打破贫穷的恶性循环做出积极贡献。

保险有潜力提升低收入家庭的幸福指数,从而提高小额金融机构的社会和财务绩效(尤其是将其视作更广泛的风险管控框架组件时)。希望小额金融机构能够批判地思考在此所述的选项,认真考虑其在保险方面的机会。

第四节 通过零售商和银行代办来实现保险规模与效率[①]

一 引言

保险公司已经从依赖传统的代理人和经纪人转变为与各种不同的替代性分销渠道开展合作,以便以低成本实现规模效益。这些模式能够盈利,并为客户提供价值吗?本节将关注银行代办和零售商代办这两种渠道。

本项研究考察了4个国家的4项案例研究。本节采用财务分析工具[改编自盖茨夫妇基金会的《反伪贸易协议》(*Anti-Counterfeiting Trade Agreement*,ACTA)框架]和国际劳工组织 PACE 评估工具开展分析。主要的研究成果总结如下。

二 主要发现

(一)成熟度、可行性、客户价值之间存在明显关系

在本研究中,只有成熟的模型才能实现规模效益并具有可行性。尤其是对于具有多个利益相关方和流程的备选经销商业模式,实现可行性

---

① 本节内容基于研究简报第 31 号,节选自系列论文第 37 号。本节作者为 Jeremy Leach (Bankable Frontier Associates)、Anand Menon(Bankable Frontier Associates)、Sandisiwe Ncube(独立咨询人)。本节作者的致谢请参见系列论文。

需要花费很长时间，并且需要密切监督以及管理成本。

（二）相邻关系可以使得合作伙伴间的动机保持一致

相邻关系是指保险产品间接影响到合作伙伴的经济活动方式。例如，零售商店内的客流量会随着前来支付保费的客户而增加。如果产品为经销商的核心业务创建积极的相邻关系，那么保险公司便更可能与分销渠道建立起强有力的合作关系。

（三）成本分担可以克服可行性挑战

如果合作伙伴拥有的商业案例较少，而且存在可行性挑战，那么合作伙伴可能需要考虑设法分担宣传和培训等各种成本。

（四）用于开拓市场的简单产品

如果没有额外的工作努力和投资，复杂的产品很难通过备选经销伙伴关系进行分销。与之相反的是，简单产品更容易通过分销伙伴销售，更容易与相关产品组合，分销成本也更低。因此，合伙关系可能需要从分销较简单的产品开始，然后伴随市场逐步熟悉保险而逐渐增加产品的复杂度。

（五）客户价值是实现规模效益（和可行性）的先决条件

若没有强大的客户价值主张，便难以实现规模效益。口碑可以成为购买率的主要驱动因素，但是劣质产品却削弱了这一作用。尽管一些模式已经通过强制销售实现了规模效益（如与贷款挂钩的信贷寿险），但是自愿型产品却在此方面遇到困难。Hollard-Edcon 和 Malayan-CLIS 在客户价值评估（产品、可及性、成本和体验）与成本评估中获得高分，并实现了规模效益和盈利能力。正如以上事例所示，若存在稳固的客户价值主张和积极的客户体验，那么规模效益便有可能实现。

三 关键成功因素

通过这4个案例，我们确定了如下几项成功因素。（1）代理人网络在扩大保险覆盖面上发挥关键作用。他们还通过为客户提供明确的访问点改善了客户价值主张。（2）为价值链所有环节提供充足的激励举措，对维护可持续、和谐的伙伴关系至关重要。（3）利用分销渠道的品牌消除潜在客户对保险公司的不信任，有助于降低成本。（4）零售商代办和银行代办的保费支付机制，提高供应商工作效率和客户的便利度。（5）可以通过将职责下放到代办处，来提升客户服务的效率和便捷度。（6）可以通过创造性方式来整合合作伙伴资源，以便利用其基础设施和专业知识。（7）系统投资能在长期中大规模提高效率（但会大幅增加短期成本）。（8）正确培训与鼓励代理人对规模扩张至关重要。

第五节　保险补贴的经验教训[①]

一　引言

保险位于普惠金融和社会保障的交叉点，保险能推动一系列公共政策目标的实现，其中包括改善医疗保健服务可及性、提升粮食安全和应对气候变化。因此，投资于建设高效的保险市场，为低收入家庭提供保险可及性，是具有公共政策原理支持的。为保险提供补贴是多国政府和众多捐赠人的常规做法。以农业保险为例，Mahul 和 Stutley（2010）调查的中低收入国家中[②]，有63%的国家为农业保险提供了保费补贴。

因为大部分保险补贴计划集中于农业和健康两大领域，所以在讨论该框架时，我们聚焦农业保险和健康保险。尽管健康和农业两个领域的保险机制存在差异，但是这两个领域中有关设计和实施补贴的一些议题却非常类似。此外，本节讨论的许多经验教训均适用于这两个领域以及其他险种。

我们专注于以下两种保险计划：聚焦传统上受排斥的个人（一般来自非正式就业部门）的保险计划，以及被保险人持有特定险种保单的保险计划。因此，在我们纳入的计划中，只要保险持有人是个人，保险对受益人便免费；但是，我们考虑的保险计划不包括本质上属于政府预算开支的风险融资机制。此外，我们着重关注政府和捐赠人提供的财务支持，并不考虑监管上的关切。

[①] 本节内容基于研究简报第22号，节选自系列论文第29号。本节作者为 Ruth Vargas Hill（国际粮食政策研究所）、Gissele Gajate-Garrido（国际粮食政策研究所），Caroline Phily（国际劳工组织影响力保险部门）、Aparna Dalal（国际劳工组织影响力保险部门）。本节作者的致谢请参见系列论文。

[②] 参阅《小额保险论文》（第29号），获取引文详情。

本节就如何为保险设计并实施高效的 SMART 补贴，向各国政府和捐赠人介绍了一个框架，并列举了从 9 项补贴保险计划中得出的经验教训（见专栏 6—6）。因为大部分补贴计划属于农业保险领域和健康保险领域，所以本节专注于这两个领域。

专栏 6—6　SMART 补贴

SMART 补贴，即详细（Specific）、可测度（Measurable）、能实现（Attainable）、中肯（Relevant）和及时（Timely）（见第三章第三节），设计与实施方式为，在尽量减少市场扭曲和错误定位客户的同时，提供最大的社会福利（Morduch，2005）。设计欠佳的补贴可能损害保险业的效率和激励举措，也可能鼓励受益人滥用医疗保健服务，甚至使客户过度投资于高风险（有时对环境是有害的）农业生产活动。

补贴的设计方案应当具有表达清晰且记载全备的特点。它应当解决市场失灵或股权问题，以最高的效率成功聚焦那些需要帮助的群体。聪明的补贴应当有清晰的退出战略或者长期融资战略。此外，聪明的补贴应当制定良好的监控和评价系统，跟踪补贴的执行情况，这对任何保险补贴计划的成功均至关重要。

二　框架和经验教训

在考虑为保险制定补贴以此来支持政策目标时，决策者或捐赠人应当清楚自己正在努力达成的目标。提供保险补贴的原因主要有两大类：（1）补贴可用于将保险可及性扩大至之前被排斥在外的群体（如低收入个人），以此来改善保障范围的公平性；（2）补贴可用于纠正可能有碍于保险业发展的市场失灵。外部因素[①]或高固定成本等致使市场效率低下的因素可能导致保险公司投资不足，而客户之间缺乏信息和意识可能致使

[①] 外部因素是指没有反映在商品和服务市场价格中的效益（积极外部因素）和成本（消极外部因素）的因素。外部因素是当事一方开展的活动给另一当事方带来的福利损失或收益，但是，当事一方并未补偿遭受损失的另一方。外部内容是成本效益分析中要考虑的一项重要内容（Vijay Luthra，Businessdictionary.com）。

信息不对称，进而妨碍家庭做出重大购买决定。我们在表 6—5 所示的框架中总结了保险补贴的原理。我们还给出了每种补贴的实例，认为补贴既可以是有时限的，也可以长期实施。

表 6—5　　　　　　　　　在保险中采用补贴的框架

	促进公平的保障		克服低效市场		
补贴基本原理	对于低收入群体	对于高风险群体	应对知之有限的外部因素	应对参与者之间的不对称信息	减少高昂的固定成本
长期投资（普遍或定向）	令穷人负担得起保险的保费补贴	儿童免费健康保险	免费烈性传染病健康保险	扩大健康保险风险汇聚的保费补贴	再保险补贴
有限期投资	投资于提升意识的活动		投资于提高保险素养	投资于提供有关农业条件的信息（如单位面积产量评估）	投资于管理索赔的技术能力

从理论上讲，保险补贴可以同时解决市场效率低下和保障范围不公平的问题。例如，低效因素尤其会有碍于穷人的保险可及性，而消除此类低效因素的补贴则可以提升保障范围的公平性。

这份报告表明，保险市场非常受制于信息不对称、外部因素、高固定经营成本等因素。这意味着，即便出于对公平性的关切，政府也可能会发现，在考虑传统的保费补贴措施之前，先解决这些导致市场失灵的低效因素可能更有效。例如，对于提升指数保险的公平性和补贴效率，对数据采集和保险相关技术的公共投资是一个先决条件。

三　促进保险公平

补贴可用于将保险扩大至之前被排斥在外的群体（如低收入个人），以此来改善公平。几乎所有旨在促进公平的补贴均指向保费，而非支持基础设施、承保能力或再保险。保费补贴会降低目标家庭（通常为低收入家庭或高危群体）的保险成本。例如，加纳的国家医疗保险计划的经验表明，国家补贴保险可以大幅度扩大保险覆盖范围（从1%升至33%），但是要触达最贫穷的人群仍然困难重重。

经验教训如下：（1）需要确立有效的瞄准机制。倘若靶向策略在实施之前经过精心设计和测试，那么靶向补贴在确保公平方面可能比通用补贴更有效。仅瞄准最贫困的群体可能使得接近贫困标准的群体得不到保障。（2）如果与其他策略相结合，以此来克服保险的购买障碍，那么保费补贴将会更有效地扩大保险在低收入人群中的覆盖范围。财务约束不是唯一的需求障碍。各国政府应当评估其他需求障碍，鼓励通过支持宣传活动、有效注册等平行活动提升可及性。（3）得到补贴的保费需要反映出潜在风险。无论补贴规模有多大，必须要根据健康风险和农业风险的经验数据来精确定价保费。

四 克服市场低效

补贴有助于纠正妨碍保险业发展的市场失灵。市场低效（如固定成本高昂）可能导致保险公司投资不足。保险公司之间缺乏用于客户风险画像的信息，客户缺乏意识会导致信息不对称，进而妨碍保险公司提供保险服务，也会妨碍家庭做出重要的购买决策。补贴旨在解决市场扭曲、失灵或运转不良的根本问题。这需要了解市场的运作方式以及有待完善之处。

经验教训如下：（1）即便仅仅出于对公平性的担忧，政府也会发现，在考虑保费补贴之前，先解决保险市场低效问题可能更有效。（2）应对健康保险市场的外部因素和逆向选择的最佳方式可能是，为遭受传染病或慢性病影响的患者提供公共资助的健康保险。（3）有关提升保险素养补贴的证据喜忧参半。鼓励客户试验的补贴需要清楚明白（如限时抵用券），而非隐藏于较低的保费中。相较于偶尔向所有保单持有人支付赔款的农业保险，定期向少数群体支付赔款的健康保险能够更有效地让人们借鉴经验。（4）在保险计划设计阶段投资于技术收集、数据采集、业务培训、监控和评价，可以减少高昂的固定成本，有效避免造成腐败。（5）最好能将风险价格因素纳入补贴，以此来提供再保险支持。政府的再保险补贴方式，不应当使得其预算承担过多的财务风险。

第六节 让 PPP 模式在保险领域发挥作用[①]

一 引言

全球数以百万计的人口持续面临各种风险，包括家庭顶梁柱去世、突发卫生事件、暴力和犯罪、失去工作和收入、农作物歉收、牲畜死亡，以及地震、洪水、干旱等自然灾害。政府需要找到方法来减轻这些风险对个人和社区的影响，因此，这些风险会间接影响公共政策的优先次序。管控这些风险及其给人民和政府带来的财务影响，正成为改善收入保障和实现社会经济可持续发展的关键内容。

世界银行《2014 年世界发展报告》强调了风险管理的重要性，讨论了风险管理的开展方式，概括了个人和社区采取有效的风险管理战略的障碍，在此基础上聚焦风险与机遇。这份报告让我们意识到，高效的风险管理可以成为促进发展的强大工具。

低收入群体（许多就职于非正规经济领域）在风险面前更脆弱，当危机发生时，他们的应对能力最差（Fonseca 和 Dalai，2014）。冲击与不良事件会致使低收入家庭进一步陷入贫困，无力寻找摆脱贫困的办法。保险是打破脆弱性和贫穷循环的有力工具。一项缜密的研究表明，保险可以改善财务保障、减轻脆弱性和贫困、改善健康指标、增加生产性投资（Dalai 等，2014）。保险是补充或扩展社会保障计划的有效机制。通过使用保险机制，政府可以实现各种公共政策目标，比如粮食安全和全民健康保障。政府和保险业之间的合作关系是实现规模效益，并提高社会保障计划质量的一种方式。PPP 模式的关键优势是，可以创新方式从而将合作伙伴的不同技能与资源结合起来。例如，政府可以聚焦政策、规划和监管，而保险业则可提供技术与管理支持。

但是，发展并维持这些伙伴关系并非易事。本研究采用 4 个案例的

[①] 本节内容基于研究简报第 33 号（完成于 2015 年 6 月），节选自系列论文第 40 号。本节作者为 Miguel Solana（国际劳工组织影响力保险部门）。本节作者的致谢参见系列论文。

调查结果来探讨保险的 PPP 模式的设计与实施手段。记录不同计划取得的成功及其面临的各项挑战，帮助各国政府和保险业创新可行的协作方式，从而提高公共政策的效率，同时改善计划最终受益人的体验。明确取得成功的良好实践和条件对于改善计划具有重要意义。

二 什么是 PPP？为何要把保险与政府计划挂钩？

保险 PPP 是指公共部门（通常由一个部委或地方当局代表）与私营部门（通常由保险业及保险公司和分销合作伙伴为代表）签订的有关公共项目的协议。这种协议以一种低成本高效率的方式，将商业目标与公共政策目标结合起来（Ramm，2011）。本研究将 PPP 模式限制于特定的局部地区、大区位或国家政府的伙伴关系范围。如果没有涉及政府主体，国际捐赠人与私营部门之间达成的合作关系不能被视为 PPP 模式。现有的保险 PPP 模式专注于实现社会保障、气候变化适应、农村发展、灾害风险融资、生产力支持、普惠金融等领域内的公共政策目标。采用 PPP 模式的动机是改善公共预算财务控制，或向最终受益人交付更有效的解决方案和服务项目。

保险业和公共部门应当携手应对此类问题。若保险业单独采取行动，便可能仅聚焦具有短期盈利能力的保险领域，而忽视那些较难解决的特定群体或风险。若公共部门试图孤军奋战，那么保险举措则可能不会奏效，而且耗资更大。公共计划有时对冲击的反应更强烈，可以提供事后补偿，但是却难以创造事前激励措施或引发行为变化。公共部门和私营部门之间的协作可以减少并且管控事前风险。

市场失灵、政府失灵和行为障碍是采取 PPP 模式的三大原因。(1) 保险领域的市场失灵是指，由于基础设施不足或行业、客户能力有限等原因，市场上没有合适的风险管理产品，特别是对于低收入群体。在许多情况下，保险公司无法获得设计保险产品所需要的信息，而公共部门要么拥有这些信息，要么处于能够提供此类信息的有利地位，如天气事件、经济形势、易损性、风险敞口等信息。而保险业通过使用公共部门提供的信息，能够不断强化此类协作。(2) 当政府实施与保险机制有竞争关系的政策时，便会发生政府失灵，例如，人们能够获得灾后救助会影响保险机制发挥作用。为了给最终受益人创造激励举措,同时健全决策,可能需要在政府层面上更好地理解保险机制和待遇问题。(3)尽管保险具备多种益处,但是,当个人和特定层级的政府由于缺乏金融素养,而继续制定不良的风险管控和融资决策时,便会出现行为障碍。

不同机构或各级政府与保险和再保险行业之间确立的 PPP 关系可以克服此类障碍和行为。经过精心设计后,PPP 模式可以强化各级政府的职能发挥,加快项目落实速度,实现更好的风险配置,改善公共管理,降低成本,提升服务品质。公共部门和私营部门均可从精心设计的 PPP 关系中受益(见专栏6—7)。

专栏6—7 政府和保险业开展PPP模式的益处

政府的益处

(1)保险可以带来以客户为中心的产品开发方式。公共计划的受益人可以降低支付次数,改善待遇。私营部门可以更高效地提供待遇。

(2)在有助于提高公共透明度的同时,可以长期建设多个风险数据库,从而获取更有效的定价和风险转移能力。

(3)因为保险费可有助于确定给公共财政带来严重影响的突发事件,所以,PPP 模式可以创造更好的预算管理。

(4)保险机制能够有助于保持政府内部激励机制的协调一致,从而制定出可以减少特定群体风险敞口的政策。

保险业的益处

(1)具有规模效益的计划可及性,能够有助于减少经营成本和保费开支。同时有助于提升最终受益人的价值。

(2)与政府协作提供了改善数据收集的机会,可形成更好的定价策略和更有益的竞争。

(3)保险 PPP 关系可提升保险业处理更大的客户量和保费数额的能力,同时培育国家金融风险转移机制。

(4)与政府合作可以有助于改变群体的风险敞口,使得保险公司和再保险公司的保险保障可以持续运行。

三 PPP 项目的生命周期

为了确保 PPP 项目有效并且实现其目标，需要遵循一系列步骤。合作关系生命周期（见图 6—2）是理解 PPP 项目开发进程中涉及步骤的有效工具。

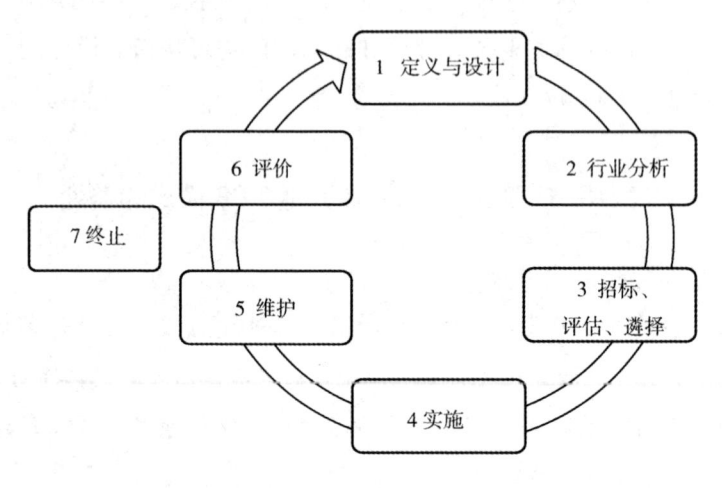

图 6—2 合作关系生命周期

（一）定义与设计

合作关系生命周期的第 1 步涉及确定目标、体制结构、作用、融资机制、基础设施、法律和监管框架。政府需要考虑弱势群体所处的环境及其面临的最大风险。该设计方案需要确保长期可持续性。

设计保险 PPP 项目应当在考虑本地环境以及实现成功的伙伴关系所需活动的情况下，理解这些基本维度。

（二）行业分析

在设计好计划后，政府应当了解保险业的财务状况和经营能力。政府应当与保险业保持沟通，以此来评估市场的需要和兴趣，以及必要时再保险的可用性，这取决于保险业依照规模和协变因素来承保特定风险的能力。在此步骤中，需要为保险业清楚地阐明伙伴关系的目的和要求。

开展的分析将促进政府把能力建设、基础设施、再保险和财务等因素纳入。然后,政府开始拟定该计划的经营指引。他们可以借鉴本土和国外的经验,以此来丰富分析结果并且更全面地整合利益相关方。

即便公共部门可以获得许多非常实用的保险方案的信息,但有时这些信息不会由该方案的设计人员来收集。为了收集所有的必要信息,不同的政府机构之间需要开展更多互动。

(三)招标、评估和遴选

一旦政府经过努力吸引到了保险公司,便可以引入一个评估并遴选合作伙伴的机制。为确保行业参与者之间能够公平竞争,并保证合作伙伴能够符合政府方案的要求,最佳的做法是采用竞争性招标的方式,以此来促成建设性对话。竞争性招标可以保证透明度,并且最大限度地利用这些机会来遴选出最适合当地背景的合作伙伴。图6—3概括了某个项目的政府招标过程。

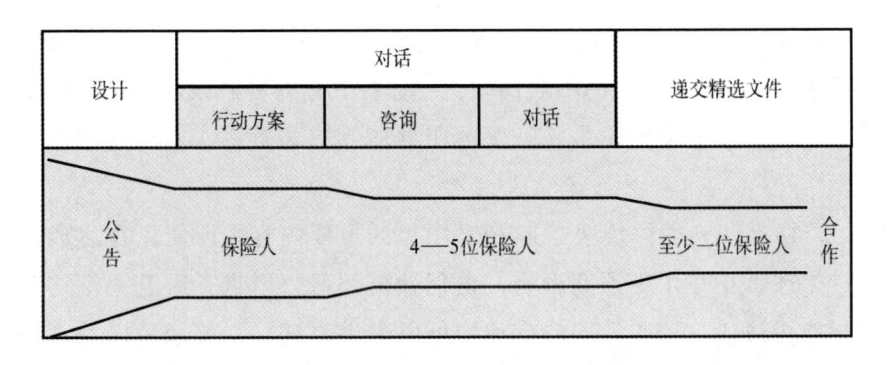

设计	对话			递交精选文件	
	行动方案	咨询	对话		
公告	保险人	4—5位保险人		至少一位保险人	合作

图6—3 体现建设性对话的招标过程

资料来源:Voordijk(2013)。

招标过程的变化取决于,定义有关产品和过程设计方案的具体方式,以及执行这些任务的主体到底是政府还是保险业。最后,根据该方案的需要以及国家或地区的背景,政府将决定如何让保险公司参与到产品设计、分销、沟通、流程设计等环节。政府务必要确保合同对保险公司仍然具有吸引力。

（四）实施

PPP项目的主要挑战往往出现在实施阶段。在合作伙伴遴选之后，就要对伙伴关系条款和实施过程达成一致。合作伙伴应当首先明确双方的作用和责任，并且就各种业务问题的处理方式达成一致，然后确保在实施期间通过合适的渠道来促进沟通。

（五）维护

在实施该方案期间，各合作伙伴之间应当继续开展合作和交流活动，以此来确保该方案按规划运作，并且处理好不时出现的问题。

（六）评价

从一开始便要设计PPP项目的监控和评价方案，其中应当包括监控指标的定义和数据收集流程。基准研究应当能够掌握目标受众的初始情况，以便比较这些信息随时间变化的结果。若一项计划有补贴成分，就有必要分析这些补贴的成本。评价必须包含对计划结果的分析和对伙伴关系的评估。

在计划的初始设计中，应当根据这些活动的开展方式来考虑监控和评价成本。随着该计划的不断落实，要监控其运行并且及时开展评价活动。为了监督这一过程并且确保透明地使用这些资源，需要大幅扩大规模。

严格且独立的评价应当是PPP项目的重要内容。即便正在达成预期结果或者正在产生预期影响，也仍然需要努力增进了解。无论这些目标能否达成，这些计划的成败均可以提供改进计划的经验以及其他经验。

（七）终止

终止一项PPP项目可能出于多种原因。政府、保险公司或者两者皆可能对结果不满意，所以更希望结束此项伙伴关系。出现这种不利情景可能是因为缺乏初期规划，出现了导致保险无法生存的严重的意外事件，保险未发挥出预期的作用。

PPP项目的终止需要审慎处理，特别是要确保客户依旧可以获得保险保障，并且结束这一关系的各项程序不会影响人们对保险的认识。因此，若PPP项目终止，政府会面临挑战，其中包括在通知受益人之前保持项目持续运行、寻找新的合作伙伴、以不同的解决方案重新思考 PPP 项目的结构。

四 十条建议

有效的政府和社会资本合作（PPPs）可以利用合作伙伴的技能和资源来实现规模效益，从而改善社会保障计划的质量。以下为政府和保险公司在设计和实施保险领域的 PPP 项目时应当遵循的十条原则。

（1）战略方法要具有灵活性。政府和私营企业要汲取经验教训，灵活设计保险领域的 PPP 项目，因时而变。处理好这个问题才可以给当事各方吃下定心丸。确立明确的规则和程序是成功的关键。这些规则虽然可以定期调整，但是坚持这些规则会提升计划的可信度。

（2）明确界定目标受益人。当保险公司对受益人的风险状况和偏好有了深入的了解，便可以向最终受益人提供更好更准确的保险计划；与此同时，保险公司可以正确地为产品定价。最终受益人的简明定义也将有助于向正确目标交付合适的产品服务。

（3）需要明确的法律和监管框架。公私部门之间的协作应当基于明确的规则和长远的眼光。在框架的最初设计时留有余地，以便支持将来的修订和补充，这对支持 PPP 项目的启动、发展和改善均至为重要。

（4）将保险公司视作实现公共政策目标的盟友。一方面，政府应当避免保险与其他政府举措相互竞争。政府可将保险用作互补工具，以此来确保各项激励机制保持一致，创造行为变化，管理并减少风险。另一方面，政府可以鼓励保险业利用其专业知识和创业方法来解决公共政策问题。

（5）明确公私部门之间的作用。明确伙伴关系中涉及的所有关键活动，然后为这些活动指派不同的合作伙伴，这将有助于创建问责制。各方伙伴应当就具体活动与基础设施所需投资及其资金来源达成一致协议，以此来强化资源运用的透明度。积极创建稳定的协调团队，可以保证长期活动的连续性。

（6）考虑到公共部门不同层级（中央、州和市）构建能力的需要。可能需要额外的能力来设计政策，监督保险机制，监控并审计保险计划。不同政府层级的能力需要根据其在落实计划中的参与度而异。尽管会出现行政变化，但是所有层级参与到能力构建计划中，可以支持伙伴关系持续进行。

（7）私营部门应当围绕最佳实践、产品创新、定价、再保险、分销、技术等方面建构能力。私营部门要致力发展其能力，以便更好地服务低收入群体，实现规模效益。这将创造出公共政策领域所需要的结果，展示成功，促进进一步参与。

（8）努力提升产品价值。PPP模式为部分群体提供了人生中首次体验保险机制的机会。因此，了解他们的积极经验很重要。为这些群体带来更高价值产品的活动，将助力保险实现对政府和最终受益人的承诺。

（9）指标明确的监控和评价体系。确立双方均可接受的问责制，使得合作伙伴可以在项目推进过程中监控计划。从起初就设立监控和评价机制，是确立结果导向型基调的重要途径。评价将有助于阐明如何改善方案的设计和运作。

（10）通过记录经验教训、衡量和分享结果来进行知识管理。随时间推移，分析经验并且从问题和挑战中吸取教训的计划将能够在实现规模的同时，提升最终受益人的价值和经验。借鉴经验可以带来深刻见解和想法，帮助计划避免错误，促进更快的增长和提升。

第七章

保险的综合经营管理

第一节 提供负责任的保险[①]

一 引言：为什么提供负责任的保险

新兴消费市场为保险业提供了机遇。如果说这一细分人群曾经被保险业忽视，那么现在可能找到很多愿意测试新型商业模式的保险供应者，从而触达这一目标人群。

这是一种积极的趋势。新兴市场的消费者的确需要保护，而保险有望在提高生产率的同时，降低其风险脆弱性。与此同时，服务不足的细分人群通常不熟悉保险，对此项工具的信任度可能较低，或难以理解其工作原理和产生长期效益的具体方式。因此，要想使得保险产生显著的社会影响，便应当使其通过可靠的途径供给保险。

如果保险供应者致力于负责任的保险供给（也就是说，以可及、透明、公平、反应灵敏和尊重的方式向能够有效使用这些产品的知情消费者提供适当产品），那么新兴消费者将更有能力和动力用保险来保障自己面临的风险。与此同时，鉴于恰当的产品和分销创造的价值以及建立对保险的信任（若其缺位则会侵蚀价值并摧毁信任），旨在满足未享受服务的细分市场的保险公司，可以受益于更负责任的保险供给方式。

[①] 本节内容基于研究简报第42号，节选自系列论文第52号。本节作者为Camyla Fonseca（国际劳工组织影响力保险部门）、Craig Churchill（国际劳工组织影响力保险部门）。本节作者的致谢请参见系列论文。

从商业角度来看，负责任的保险供应可以吸引新客户，建立对品牌的信任，为客户赋能，提升规模效益，让保险更优惠。同时还可以提高客户和员工的满意度，带来更高的留存率和生产率，并且在市场营销和投诉处理等领域降低成本，从而抵销以更可靠的方式交付产品服务所产生的成本。最后，一旦保险公司树立起了负责任供应者的品牌，便获得了竞争优势。

鉴于负责任的保险对客户和供应者均有利，因此本节通过案例研究来探讨，如何以可靠的方式提供保险服务的标准、指引和战略。这些标准、指引和战略主要基于如下内容：小额保险网络消费者保护特别工作组创建《消费者权益保护标准》、为小额金融机构制定指引的SMART标准（见第三章第三节）以及国际劳工组织影响力保险部门宣传的优质产品。

尽管重点在于，保险公司和分销渠道（统称为"保险供应者"）为负责任的保险议程做出了重要贡献，但是我们还应当意识到，监管部门、保险行业协会等利益相关方，也在为创建有利可靠的保险供给环境发挥着重要作用。

二 什么是负责任的保险

负责任的保险供给可以定义为，以一种可及、透明、公平、反应灵敏和尊重的方式，向能够有效使用这些产品的知情消费者提供合适的产品。

（1）合适性。合适的保险产品应当提供密切相关的平价的风险管理服务。具有相关性的服务应当是目标细分市场所急需的，而且要适合该细分市场的背景。提供过多种类待遇的产品或很可能永远无法索赔的产品均不合适。因此，要想让价格更实惠，可以设定一个标尺并且以适合目标市场现金流的方式来支付。简而言之，合适的收益和成本共同创造了保险产品的价值主张。

（2）可及性。可及性是指消费者能够获得、理解和使用一款保险产品的便宜性。可及性的一些影响因素为地理接近度、方便、熟悉、可靠、文化可接受性、手续要求、可用及明确的信息。

（3）透明性。透明是指沟通清晰、公开和无欺诈。例如，利用无关的待遇和附文等花里胡哨的内容来提高市场吸引力、招徕更多客户就违背了透明原则。尽管透明性和可及性之间存在关系，但是一款产品可以在不透明的情况下具有可及性，而一款透明产品也不一定具有可及性。

（4）公平性。公平可描述为符合平等和正义的原则。如果保险公司从事的是歧视性业务，那么他们如何能够做到公平呢？保险公司通常会为了收取适当的保费、激励风险较小的行为而采取歧视性做法。当价格和利益成正比时，这种歧视可能是公平的，但是它也可能带来社会公认的不公平结果（如老年人的健康保险费更贵）。尽管实现公平没有诀窍，但是保险供应者可以采取措施来改善其提供看似公平的保险的可能性。

（5）反应性。反应性是指供应者应对客户要求、投诉和问题的速度和专注力。通过主动应用这一原则，供应者可以持续提升对客户的理解，通过为自身及客户创造可持续价值的方式提供保险。

（6）尊重性。尊重意味着关注并关心他人的隐私、权利、传统和待遇。懂得尊重的保险会谨慎行事，避免伤害。

（7）实用性。最后，一款实用的保险产品能够让面临风险的消费者更有效地保护自己。仅仅让保险供应者创造出自认为实用的保险产品是不够的，消费者必须能够切实将该产品有效地用于风险保障。

"负责任的保险"原则（见表7—1）可以指导保险供应者做出必要的变革，变得更负责。这些原则应当适用于价值链所有环节，如产品设计、市场营销、消费者教育、销售、参保登记、续保、保费收取、保单服务和理赔管理，以便给客户和供应者带来实质性的长期利益。

表7—1　　　　　　"负责任的保险"的七项原则

合适性	提供密切相关的平价的风险管理服务
可及性	易于获取、理解和使用
透明性	清楚并开诚布公地沟通，无欺诈
公平性	符合平等和正义原则
反应性	迅速做出反应，并专注于问题的解决
尊重性	认识到他人的隐私、权利、传统和待遇
实用性	能够让面临风险的消费者更有效地保护自身

如果保险供应者承诺提供负责任的保险，那么新兴消费者将更有能力和动力将保险用做风险管理工具。同时，从商业角度来看，负责任的保险供给可能吸引新客户，建立品牌信任感，释放竞争优势，扩大规模，提高客户和员工满意度，最终形成更高的留存率、更强的生产力，进而降低营销和投诉处理等领域的成本。

三　构建负责任的保险价值链

"负责任的保险"的7项原则为保险供应者提升保险价值链的可靠性提供了详细的实践指引。在接下来的小节中，为了满足这7项原则，我们将探讨保险价值链的5个阶段应当遵循的标准（见表7—2）和指引。

表7—2　　　　　价值链各阶段"负责任的保险"的标准

产品设计	1. 产品满足消费者风险管理优先次序需求； 2. 产品提供了有价值的评价； 3. 待遇的时间选择有助于消费者预防或有效应对冲击； 4. 免赔条款、等待期、文件等方面的要求均不过高且易于理解； 5. 消费者受到保护，免受产品失效的负面影响
营销、教育、销售	1. 为消费者提供必要的金融教育和工具，促使自愿购买保险时做出明智决策，从而将保险作为一种有效的风险管理策略，在必要时寻求额外信息； 2. 在参保登记前以透明而非误导性的方式向消费者解释产品； 3. 信息沟通中使用与客户金融素养水平相适应的语言； 4. 若是强制型的团体保单，那么分销渠道和客户聚合器会将保险视作一项补充服务，并努力让客户理解其实用性与价值； 5. 积极销售，不使用高压销售技巧； 6. 消费者在参保登记之前有足够的时间来审查条款，考虑购买决策，提出问题并且获得问题的答案
参保登记、续保、收取保费	1. 参保登记过程清楚、简单，消费者可以简单方式完成； 2. 维护和续保的程序能够将意外取消或保障范围失效的风险降至最低；若出现自动续保，则将意外续保的风险降至最低； 3. 在选择并接待客户时，保险供应者不歧视特定类型的客户； 4. 消费者的数据和钱财均得到充分保护

续表

保单管理及提供服务	1. 按照每份契约的条款来管理保单并提供服务，以适当的方式及时告知客户任何变更； 2. 保单的管理者、服务人员以及增值服务供应商不歧视特定类型的客户； 3. 客户可以获得必要的支持，从而有效地使用其保险产品，其投诉也能得到妥善处理。
理赔管理	1. 鉴于防范欺诈和未经授权索赔的需要，申请和支持索赔的流程和文件规定应当可及、可理解并且尽可能灵活； 2. 公平且及时进行理赔并且支付赔款； 3. 保险公司收到索赔请求、解决索赔请求或拒赔时要通知索赔人。当一项索赔遭拒时，保险公司应当向索赔人提供拒赔的理由以及纠正不足之处的合理期限； 4. 消费者有充分且便捷的机会通过内部或外部渠道为遭拒的索赔请求寻求救济。

四　结语

构建负责任的保险价值链可以为客户和供应者带来长期利益。但是，也存在挑战可靠的保险供给的因素，这一点不应当忽视。

最常见的问题是，想负责任的意愿与负责任所需花费成本之间存在矛盾。尽管从长远来看，采取负责任的做法的益处将超过成本，但是前期的财务成本可能会妨碍供应者从起初便更负责任。因此，供应者最终可能认为，负责任的保险供给的 7 项原则看似美好，现实可行性却不强。

保险供应者需要记住一点，负责任的保险供给是一个过程，而非一个阶段性目标。尽管确实需要花费时间和金钱才能有效地将这 7 项原则付诸实践，但是保险公司依旧可以找到创造性方式，以更低的成本来承担更大的责任，同时依旧为其长期目标做贡献。例如，使用索赔数据来优化产品设计方案，更精准地计算保费，减少拒赔率。

每家保险供应者均能够找到，不需要注入大量资金便可快速取得成绩的方式。较快取得成绩可以形成推动供应者前进的动力，并且提供对获得大宗购买和继续推进注资的重要范例。

如果我们希望客户和供应者从可靠的保险供给中获益，那么朝着正确的方向迈出一小步总比原地踏步要强。

第二节 保险经营的前车之鉴[①]

一 引言

小额保险业务已经从 2007 年的 7800 万份增至 2012 年的 5 亿份（Churchill 和 McCord，2012），这一指数级增长预计仍将继续，其潜在市场预计为 30 亿—40 亿份保单。已经有超过 95 个小额保险计划实现了规模效益，另有很多计划具有现实可行性或正在取得进展。客户可以获得有价值的产品，政府为了实现与全民健康保障、粮食安全、气候变化相关的公共政策目标也正逐渐与保险公司展开合作。

但是，每一个取得成功的计划背后都有更多计划没有实现规模、产生效益或提供客户价值，有些计划甚至彻底失败了。尽管背景存在差异，但是各种计划经历的挑战惊人的相似。本节关注计划失败的最常见的原因，通过由表及里的探索，提醒大家如何避免犯下同样的错误。

人们往往不愿谈论失败，即便分析失败与分析成功一样重要甚至更有用。事实上，失败事件均为我们提供了宝贵的学习机会。许多创新均源于将这些未遂事件转化为成功的动力。本节就借鉴了 12 项类似尝试所取得的经验。

二 面临的挑战

许多创新源于将这些毫厘之差转化为成功之举的努力。本节借鉴了 12 项此类尝试的经验，试图确定导致严重问题的最常见的挑战。这些挑战可以分为 5 类——可行性、客户价值、运营、伙伴关系和外部因素。

（一）可行性

（1）销售代理的激励措施或能力不足。这会影响提高购买率和续保率的动机与能力。在与分销商合作时，保险产品与分销商雇用的代理人提供的其他产品或服务（如小额金融机构信贷员提供的贷款、零售商出

[①] 本节内容基于研究简报第 36 号，节选自系列论文第 42 号。本节作者为 Aparna Dalal（国际劳工组织影响力保障部门）。本节作者的致谢请参见系列论文。

售的快消品）会存在竞争。

（2）较少的数据、逆向选择和道德风险导致的定价错误。由此引发的高于预期的索赔事件在健康保险中尤其常见。

（3）不良的绩效监控会加剧高索赔问题，从而妨碍组织确定高增长期内的赔付趋势。

（二）客户价值

（1）经证明，当保险公司试图从标准经营模式转向多元化经营模式时，在成熟市场中提高知名度会面临挑战。在成熟市场上，如果客户已经习惯于以特定方式购买保险，想要改变客户购买习惯可能非常困难。

（2）看似以客户为中心且旨在提高价值的特性（如综合性和灵活性）实际上增加了复杂度，给客户的理解和需求造成负面影响。

（三）运营

（1）看似无关紧要的环境因素可能会制造障碍，阻止代理人和客户将意图转化为行动，从而降低参保登记以及续保率。低效率过程和缺乏系统集成会影响参保登记、保费收取和续保。

（2）因为既有结构不适合小额保险产品，所以组织需要改变其标准的运营流程与内部结构。

（3）缺乏合适的技术合作伙伴、互联互通欠佳、难以说服医疗供应商采用新系统等原因也会妨碍保险公司采用新技术。

（四）伙伴关系

（1）对于分销商，与保险公司建立伙伴关系需要创造直接或者间接的财务利益（要么通过赚取佣金，要么通过支持其核心业务）。无法做到这一点的案例均遭遇到严重挑战。

（2）案例无论作为一个整体还是跨越组织层级，都难以统一不同合作伙伴的目标。

（3）并非所有经销商均有能力和意愿销售保险。

（五）外部因素

（1）当监管者努力兼顾创新和消费者权益保护时，他们可能推行限制创新做法的监管举措。

（2）各国政府逐渐试图利用保险机制来实现政策目标。正如在某些情况下所经历的那样，这可以为伙伴关系创造机会，但是也可能制造竞争。

三　应对挑战的 5 项基本战略

（一）认真试点

最周密的计划若不能实施，也会落空。这是由于源自董事会、捐赠人、合作伙伴组织和管理层所施加的达到激进（往往是不切实际的）目标的压力，而未能继续计划所呈现出的共同问题。这些压力会致使组织越过基本原则，进而犯错。

（二）设定可用于跟踪进度的中间（现实的）目标和最终目标

另一种在初始阶段避免过度压力的进入战略是设定中间目标，从而可以根据业务计划来监控业绩与进度。这些目标应当切实可行，并且无须与已售出保单或收取保费等产出指标挂钩，而是可以与开展的教育活动、触达的村庄等经营指标挂钩。

（三）产品与市场开发阶段匹配

实现长期成功的关键在于，从起初便奠定坚实的基础，然后逐步创新，提升产品。关于客户价值和规模的研究确定了将产品与市场开发阶段相匹配的必要性。在初始阶段，只要产品通过有效推广、高效理赔、客户关怀等，为客户提供了良好体验，那么从简单产品做起便很有意义。供应者需要尤为重视建立信任和监控所有客户触点，以此来确保与客户进行的每一次互动都是为建立信任做准备。

（四）为每个利益相关方提供价值

只有当经销商可以从中谋取利益，保险计划才可以存活。这一利益可表现为产品直接赚取的佣金，但是更多表现在保险产品对分销渠道核心业务的贡献。

（五）制定长期承诺同时采用学习型文化

保险是一场持久战。保险公司需要决定投资对象与时机。投资技术或人力资本是否有意义？成立一个专门团队或部门是否有意义？若投入不足，便看不到结果。但是，投资和结果，哪一个会先出现？

对于一个挑战性项目的成败，组织在投资和回报上的思维定式起到了关键作用。在找到盈利模式之前，可能会遭受几轮失败与挫折。从本质上讲，失败与时间有关——组织应当在何时"急流勇退"？在此项研究中，失败的案例没有足够的资源来帮助此项目度过最初的挑战阶段。只要投资足够，便完全可能扭转乾坤。就此而言，成熟的保险公司所经营的项目更可能获得必要的投资，从而经受住时间的考验。这便是为何可行性研究表明，综合计划会比独立计划更可能存活。

四 结论

> 创造力总是突然显现的，所以在惊喜发生之前，我们永远不能指望它，也不敢相信它。换而言之，我们一般不会有意识地从事那些显然需要创造力才能取得成功的任务。因此，我们能够充分发挥创造性资源的作用的唯一方法在于，错误地判断任务的性质，将此项任务以一种更常规、更简单、更不需要真正创造力的方式来呈现给我们自己。
>
> ——阿尔伯特·赫希曼（Albert Hirschmamn）

如果这些案例的当事人能够在项目伊始便完全预见到所有的挑战和成本，那么，很可能许多人不会踏上这段令人如此畏惧的旅程。但是，在他们汲取了其他项目的经验教训后，再问他们，他们会说，自己非常感激这段经历。

我们不应当因为这些经历而垂头丧气，而应当将它们视作与他人合作的机会，以便：（1）彻底避免这些挑战；（2）若正面临这些挑战，便应当及时纠正航线。

长期承诺应当来自领导和管理层。关键是要打造一种学习型文化，允许人们试错，为错误留下分析和改正的余地。这种文化（具备应有的问责制，但是没有不必要的指责）应当来自领导层。

在他人冒险犯错时，自己不能袖手旁观。不冒风险且袖手旁观的代价可能等同于对错误视若无睹。那些努力为目前未投保的数百万人提供服务的组织将是那些敢于吃螃蟹的第一批人。他们会不可避免地遭遇挑战和失败，但是也会在不断攻坚克难的过程中做到随机应变。

第三节 小额保险的盈利能力[①]

一 引言

保险人真会服务于贫弱人群并且回应股东利益吗？小额保险是一个可行的业务领域，还是仅仅是对社会负责任的一种努力？保险人能够通过对客户和社会行善而获得更好的财务回报吗？

尽管保险人在小额保险领域越来越积极，对未来盈利能力也抱有乐观态度，但是仍然有必要探讨有关小额保险是否能够为股东带来充分回报的问题。对于制定可行的小额保险计划，理解盈利能力的驱动因素与实现良好财务绩效的影响因素都至关重要。

本节简要介绍了针对6家保险人3年来财务数据的分析结果，考察其部分小额保险计划发生的变化，提出针对盈利能力驱动因素的深刻见解。2010年完成的一项研究首次调查了这些小额保险计划。此项研究表明，保险人在盈利能力上面临挑战，但是已采取了一些纠正措施（特别是在分销和理赔管理领域）。本节调查了这些措施在长时期中是否取得了成功。

这3年中发生了许多变化。绝大多数保险人最初凭借非常简单的产品打入了市场。他们与分销伙伴建立关系，通过提供这些初始产品更好地满足低收入市场的需要。伴随着取得的成功，保险人逐渐扩展其小额保险投资组合，投入大量财力（其中部分由捐赠人募集）和人力资源。所有保险人在过去3年中要么发布了新品，要么提升了现有产品的待遇水平。这些产品的变化主要基于既有合作伙伴的反馈或保险人开展的市场研究，非常注重迎合低收入市场的需要。

保险人用以往研究项目的分析框架来探讨此类计划的财务绩效，注

[①] 本节内容基于研究简报第26号，节选自系列论文第32号。本节作者为Janice Angove（南非 Witwatersr 大学），Aparna Dalal（国际劳工组织影响力保险部门）。本节作者的致谢请参见系列论文。

重盈利能力的三大驱动因素——实现规模效益、控制赔付成本和管理开支（见表 7—3）。

表 7—3　　　　　　　　　　　盈利能力的框架

驱动因素	实现规模效益（新客户与续保）	控制赔付成本	管理开支
策略	与包括政府在内的既有组织合作；设计恰当的产品（促进产品改进）；制定恰当的产品价格；兼顾销量、服务和留存	风险的价格；管理逆向选择和索赔欺诈；管理赔付波动性和协同风险	有效利用既有基础设施和各项资源；向简单的流程和有效的技术投资
关键绩效指标	覆盖的保险标的/保单数量；保费总量；自留比率	赔付率（包括理赔费用）	获取客户的费用率；管理费用率

二　实现规模效益

在此项研究中，尽管部分产品经历了增长波动、停滞甚至保费收入下降，但是大部分小额保险产品会随时间的推移而呈现显著增长。一些国家的小额保险市场正处于鼓舞人心的发展阶段，但是竞争加剧给这些国家的保险人的业务增长和盈利能力带来了挑战。

保险人通过确定如下策略来实现规模效益：（1）与既有组织开展合作，包括希望运用保险来实现政策目标的公共部门。（2）在竞争激烈的市场中，通过待遇和服务而非价格来区分产品，以此来培养客户忠诚度。（3）在服务既有客户和吸引新业务之间平衡资源。两者都需要持续关注，否则业务量便会下降。（4）仅凭财务激励举措无法确保创造大规模的销量，所以要结合非财务激励举措和财务激励举措来鼓励员工销售保险。（5）产生足够的业务量对支付新品开发、分销渠道和管理系统的成本至关重要。

尽管部分接受调查的产品已实现了相当大的保单数量，但是鉴于该市场的潜在规模，仍然可以实现显著增长。

三 控制赔付成本

对于将 2009 年研究的亏损产品转变为 2012 年的盈利产品,降低赔付成本起到了最大作用。保险人通过如下策略来降低赔付成本。(1)基于保险人风险状况提供差异化保费。耆卫保险公司为每个殡葬保险的团体引入定期监控和基于风险的保费。考虑到增加一位受抚养人的风险未计入该产品的价格中,耆卫保险公司取消了用新受抚养人代替已故的受抚养人作为被保险人的做法。这些变化将赔付率从 2009 年之前的 80% 多降至 2012 年的 60% 多,低于该保险人的目标赔付率。耆卫保险公司还将理赔期限从平均 17 天缩短至平均 5 天,从而将投诉量缩减了一半。(2)引入有效的索赔审核流程,以此来管理健康保险的索赔欺诈。(3)为财产保险安排再保险,以此来减轻在天气风险高的地区的累积赔付风险。

四 管理费用开支

盈利能力分析框架的第 3 个驱动因素是管理开支。此项研究专注于获客成本和管理成本。获取客户的成本包含市场营销和促销活动的费用、向合作伙伴支付的费用、向销售代理支付的工资或奖励、针对销售代理的培训课程的费用。管理成本包含对既有保单的维护和服务费用以及公司日常经营费用。

如下因素有助于管理费用开支。(1)与负责分销和行政管理活动的合作伙伴商定较低的费用。可以将行政管理职能外包给客户聚合器,以此来降低保费收入和管理成本。尽管这些保险人有能力利用合作伙伴既有的基础设施和资源,但是仍需要部分投资来修改制度并且开发针对小额保险的流程。(2)消除重复流程,实现流程自动化,预估规模。大多数保险人使用自动登记流程和基于互联网的系统,将合作伙伴(如医疗服务供应商和殡仪馆)与保险人联系起来。(3)利用公司其他部门的资源。例如,耆卫保险公司和 ASR 保险公司的小额保险部门会向公司其他部门(如精算和法务部门)支付费用,从而使用这些部门提供的服务。可以打造一个专门从事小额保险业务的熟练员工团队,这一做法能够在产出不变的情况下减少成本消耗。

五　结论

此项后续研究表明，小额保险在过去 3 年中有所增长。2010 年研究案例中的保险人继续投入资源来发展其小额保险业务。因为该市场出现的新机遇和新发展（如移动支付），加之伴随市场成熟而从经验转化来的知识，所以这场游戏正在发生变化。为了让保险人从失败和挑战中吸取教训，应当监控其财务表现并且与客户保持联系，而许多保险人已经采取了此类做法。

尽管财务分析表明一些计划具有盈利能力，但是评估小额保险业务的整体盈利能力更具有挑战性。小额保险业务正在不断拓展和发展，所以即便个别产品具有盈利能力，但是整个小额保险投资组合可能不会盈利。理解这些动态需要进行进一步研究。

第四节　变革保险公司：为低收入家庭提供更好的服务[①]

一　引言

为有效服务于低收入群体与新兴消费者，保险供应者需要对其商业模式做出重要改变。这些改变包括：寻找低成本高效益的方式来理解新细分市场的需求；通过不同分销渠道触达客户；管理费用开支以便适应每份保单较低的利润率；建立系统，以此来处理大量交易。保险公司可能还需要改变招聘、培训、激励和留存员工的方式以及组织结构、用到的技术、合作伙伴等。

有人称，教传统保险公司来为低收入市场提供服务就像"教大象跳舞"（Angove 等，2012）。在任何组织中做出变革均非易事，而保险业的观点非常保守，所以在此行业内做出变革尤为困难。尤其是考虑到让商

[①] 本节内容基于研究简报第 43 号，节选自系列论文第 53 号。本节作者为 Aparna Dalal（国际劳工组织影响力保险部门）、Lisa Morgan（国际劳工组织影响力保险部门）、Cedric Roux（国际劳工组织影响力保险部门）、Saurabh Sharma（国际劳工组织影响力保险部门）。本节作者的致谢请参见系列论文。

业案例服务这个细分市场的难度后，开始变革的过程会让人心生畏惧。即便这种变化在竞争日益激烈和渐趋饱和的市场上具有商业必要性，但是进展也通常受制于许多因素，其中包括缺乏远见、策略、动机、资源、技能等。特别是鉴于任何变革过程的初始阶段均尤为困难，所以即便开启变革，也不容易保持其势头。

尽管会遭遇这些挑战，但是仍然可以做出变革。此外，越来越多的保险公司正在试图进行变革，从而有效地为低收入和新兴市场服务。本节提出了一个保险公司可用于管理变革的6步流程。本节使用案例研究法，介绍了这些保险供应者的经历，总结出一些经验教训，以供经历类似过程的其他组织借鉴。

二 变革管理的过程

本节提出了一个流程，保险公司可将其应用于启动并管理为低收入家庭服务所需要的变革。这一"6步过程"在经历变革的6家保险公司中接受了检验。

第1步：确定期望的未来

在着手开启变革管理项目之前先要明确定义目标。最终目标阐述得越具体越详细，实现此类目标的概率便越大。保险公司需要理解当前的内部和外部情况，确定清晰的愿景和时间表，让管理层和员工理解低收入人群市场。在我们研究过的所有案例中，期望的未来均由高管制定，且与更广泛的组织战略保持一致。

第2步：确保认同

与高管、员工和合作伙伴主体确保认同，以便他们接受变革，为实施变革及后续结果做好准备。使用证据为必要的变革创造紧迫感。员工应当相信他们与变革过程休戚与共。

第3步：组织变革

保险公司是具有多重结构和流程的大型机构。根据拟议变革的规模，变革可能涉及部分或全部结构。这需要一种经过规划的方法，从而使其不会对持续开展的业务目标造成影响，并且顺利实现转变。应当先建立一套管理和汇报机制，然后为员工制定奖励和问责措施，最后消除变革的结构性障碍。

第 4 步：实施变革

无论准备工作的时长和质量如何，实施阶段都是真谛时刻。若实施得当，远景、战略目标、计划等在实施阶段便会具体化。在实施阶段的主要任务包括：专注于优先事项，建立工具帮助员工培养新技能并完成任务，建立满足低收入客户需要的系统。如果进展实施缓慢，那么应当了解原因：是缺乏技术、资源、文化或信任吗？最后，若无失败，何谈变革？应当在项目伊始便分析失败风险，然后做好通盘监控。尤其要注意影响最大以及具有高度关联性的风险。这一风险分析可以按季度更新，以此来考虑新的事项。

第 5 步：衡量并交流成绩

随着工作计划跨越 2—3 年，管理期望值和定义成功就成为一个重要话题。员工、管理层和财务支持方的承诺依赖于切实的成果。在变革过程初始阶段若未取得成功，那么业务员可能会泄气，高管可能有违承诺。因此，一项变革管理项目应当计划在 6—18 个月内迅速取得成果。此外，应当广泛传播变革过程及其成功经验。若信息仅囿于项目领导团队和高管组成的小团队，那么变革将面临巨大阻力。

第 6 步：让主流接受变革

任何新流程或变革都存在"复辟"的危险。因此，变革应当嵌入公司流程和结构，根植于公司文化。只有行动改变后，文化才会变化，新行动会结出新结果。因此，文化通常是变革的终极内容。变革管理实践的焦点应当是改变人的行为模式，创建系统来促使这些行为模式得以持续一段时间，从而转变核心文化。注意逆向创新的机会；我们合作伙伴的经验表明，小微客户或新兴客户细分市场发生的变革也可以改善传统业务。

三　结语

为了向低收入市场提供有效服务，保险公司需要经历一个系统化的变革过程。组织要变得更以客户为中心、更高效和更具创新性，为此，他们必须改善业务操作并且为员工赋能，保护新的伙伴关系，改善治理、组织结构和风险管理。这些做法均应当作为变革管理战略的组件加以处理。

既有的结构和文化、缺乏资源与技术、工作人员激励举措不足，缓慢的变革会不可避免地遭遇阻碍和约束，因此，务必要努力识别并化解此类障碍。此外，还需要兼顾日常业务和变革项目的需求。

变革的核心在于人。驱动这一流程需要有组织结构（如跨职能团队）的支持，而外部代理人的介入则可能有助于缓和利益冲突。将变革活动纳入员工的优先事项和绩效评估体系，会有助于创建所有权和问责制。

失败是变革的一部分，所以务必要未雨绸缪。因为许多经过规划的变革不会发挥作用，或者发挥作用所耗费的时间会超过计划，所以，为了在战略和业务层面上保持购买率，识别并展示阶段性成果便非常重要。

我们案例分析表明，经过恰当规划和有序实施的系统化变革是可以成功的。

最后，应当谨记，变革只有进行时，没有完成时。这些变革流程旨在创建工具并建立结构，保障未来变革的顺利进行。组织预期中的未来目标要进行定期验证，而且可能需要根据其经营和环境的变化加以调整。

第五节　保险心理学：小变化能产生大影响[1]

一　引言

每一个竭力追赶截止日期、节食、存钱买大件的人都知道，将意图化作行动有多么困难。很多人在诱惑来临之时会非常纠结：明日之忧看似远在天涯，选择却也是一团乱麻。这些现实情况驱动了行为经济学科的发展。

该领域是心理学和经济学相结合的一个分支学科，以此来丰富对人

---

[1] 本节内容基于研究简报第4号，节选自系列论文第5号。本节作者为 Aparna Dalal（金融可及性促进组织）、Jonathan Morduch（金融可及性促进组织）。本节的研究是由金融可及性促进组织开展的。本节作者的致谢请参见系列论文。

们如何做出决定的理解。行为经济学的一个重要经验是：产品设计和营销方式的微小变化有时会对是否使用，以及如何使用金融保险产品产生惊人的影响。

本节从实验室和实地调研实例中总结出了 8 条建议，供保险供应者参考。本节描述了家庭如何看待损失与收益、如何在当前与未来之间权衡、如何竭力实现自我克制、如何受到锚定选项的影响等。这些深刻见解可以帮助保险公司找到改良产品设计方案、营销、保险教育、定价、接受度等内容的正确方法。

二 小变化能产生大影响

小额保险业在过去几年有所成长，但是其需求侧和供给侧仍旧面临重大挑战。供应者一直在设法降低交易成本、开发有效的分销渠道、采用新技术和改善组织结构。相关供应者也意识到，在易受损害的社区提升需求并创建保险文化，需要改变人们的态度和信仰，因此这一过程可能非常缓慢（Burns 和 Dalai，2010）。

在本节中，我们提出一个关于简单变革的议题。我们相信，保险公司、销售保险的金融机构和其他参与保险的组织，现在可以做出一些将对人们理解保险的具体方式、保险购买决策、保险产品的使用方式等产生重大影响的微小调整。

为了影响决策，组织必须理解决策的制定方式、理解并解释贫困家庭的生活背景、评估妨碍行动的因素（Mullainafhan 和 Shafir，2009）。

机制和背景环境非常重要。我们做出的选择，通常受到我们的个人特征和所处环境的共同作用。传统上，经济学家并未过多关注背景环境的力量，而更多地聚焦决策者的个人内在特征。但是，实验研究表明，背景因素可通过一些重要方式来影响一个人的行为；人们的行为会因外部环境的变化而表现出巨大差异。

行为经济学的另一个重要关注点是"解释"。我们并不总会以"客观的"方式来处理信息并做出选择。相反，我们解释、诠释和处理信息的依据并非世界的真实状态，而是我们针对这些选项的心理表征（Mullainathan 和 Shafir，2009）。因此，锚定选项的方式尤为重要。仅仅提供信息是不够的，更重要的是理解如何来处理这些信息。在本节中，我们提供了一些可以影响行为的小型情境调整实例，同时探讨了锚定效应如何影响人们的保险购买和使用决策。

三　八项策略

以下是在设计保险营销活动和产品时可能出现的挑战，以及 8 个"克服或绕过这些挑战的小变革"策略。

（一）简单化

选项并非越多越好。每一个附加选项均会改变决策背景，并且可能让决策者的注意力偏离有意义的选项。选项过多会让人难以承受，并且导致拖延症或不作为。呈现方式的差异可能很细微，但是很重要。

策略：该解决方案不是要删除所有选择，而是要保险公司认识到，过多的选择会损害保险的购买率。认识到不同的选项搭配可以转移客户的关注点，保险公司可以测试选项菜单，以此来使客户聚焦最有意义的选项。例如，研究者发现，在美国实行的一种快速注册（Quick Enrollment™）机制，它允许员工以预先设定的供款额注册退休账户，其参保率比起员工必须从一系列储蓄账户选项中做出选择的情况下要高出 2 倍。

（二）锚定损失

可以用积极或消极的方式来呈现选项。有证据表明，锚定损失的信息所带来的需求要大过锚定收益的信息：感知到丧失某物的可能性会比获得某物的可能性更能够刺激需求。

策略：为了利用这一行为模式，保险营销可以迎合个人对（财产、健康等）损失的恐惧心理，而非强调宣传保障范围的益处。

（三）促进自我控制

"时间不一致"的概念揭示了人们在不同时间点的偏好会相互冲突的情形。例如，实验数据表明，一些人对满足当前需求的做法特别没有耐心。因此，即便这些人真的重视为未来储蓄，这一计划也将难以为继，因为消费偏好会居于主导。这种紧张关系有时被称作"现时偏见"，它同样会降低客户对保险的需求。

策略：解决自我控制问题的一种方法是，让客户以分期付款的方式支付保费，而非坚持一次性支付大笔保费，以此来降低保费支付的难度。

（四）突出

就像比较和锚定范围一样，时间选择也会影响决策。贫困家庭难以投资未来的主要原因是，未来的需求并不"突出"，例如，保险并非我们首要的考虑事项。因此，一些未来的需求可能最终会遭到忽视，从而未被纳入到决策中。在保险中，"突出"对收入不稳定或呈现季节性特点的人群尤为重要。人们更可能为更意外的事件而购买保险。如果人们根据其所认为最突出的事项来分配开支，那么尽管有一些出人意料的事件会对其健康幸福造成重大影响，但是这些事件在人们的优先事项列表中可能垫底。

策略：人们在做投资决策时，突出未来需求会有助于提前规划。提醒单可以通过凸显负面影响，来帮助人们克服对令人不悦的未来事件的有限关注。最近的研究发现，西非的农户更可能在收获季节购买化肥，因为此时他们有可用的流动资金。在人们有钱的时候向他们推销保险是一种符合直觉的做法，而丰收时节也是突出保险益处的最佳时节。

（五）逐渐瓦解过度自信

人们往往对自己遇到积极事件和消极事件的可能性均存有偏乐观的估计。与考虑实际的风险概率时的投资相比，人们在主动风险管理上的投资将会不足。当人们不清楚自己经历困难的可能性有多大时，他们可能低估保险等保护措施的价值。

策略：可以通过阐明潜在客户低估自己遭遇困境的可能性，来提高客户对保险的接受度。

（六）利用心理账户

传统经济理论认为，货币是等价物，钱没有标签，家庭的所有财富可以表示为一笔钱。然而，行为经济学的理论表明，人们通常把自己的财富归类到与特定消费目标相关的单独的心理账户。

策略：心理账户可用于在支出目标和未来需求之间建立联系。通过将保险与特定收入流相联系，可以提升保险公司的接受度。实现这种联系还可以凸显未来需求。因为由于心理账户无可替代，所以这种联系还可以防止当前的需求压倒未来的需求。在此背景下，心理账户会对人们如何看待保险产品产生重大影响。

（七）实现零的价值

实验表明，与正成本和净效益均更高的替代品相比，免费赠送的物品更受人们欢迎。当"零"进入等式时，人们的偏好便会发生变化。

策略：至于保险，人们通常更喜欢零免赔和无共保条款的保单，而非那些具有成本分担机制的保单。正确的做法是，在不损害成本分担、减轻道德风险和逆向选择的情况下，利用这一偏好。一种可能是，提供一份健康保险保单，包含每年一定次数的免费门诊，在此之后所有的支出均免赔或共同支付。

（八）消除行动障碍

"渠道因素"可以影响人们的选择。在分析决策时，经济学家往往强调个体内在特征的影响，而较少关注外部环境因素的力量。在实践中，人们的行动往往受到一些看似无关紧要的渠道因素的不恰当的影响。这表明，通过鼓励可以推动特定行为。渠道因素决定客户能够认识到需要保险以及真正购买一份保单。渠道因素也可以影响人们是否购买保险，以及如何使用保险。

策略：如果设计恰当，渠道因素可以有效地将意图转化为行动；但是，如果遭到忽视，那么渠道因素可能导致不作为。策略Ⅰ中描述的快速注册的实例非常切题——通过简化必要的流程，人们更可能采取所需要的行动。无论客户是选择投资储蓄账户，还是支付保费，这一概念均适用。

四 结论

心理学和经济学交叉领域的新的研究证据凸显了小细节如何能够产生大影响。比较重要的结论是，个体的决策背景会强烈影响其包括是否购买保险在内的决策。

第六节 手机和保险[①]

一 引言

保险公司正在用手机来解决保险业面临的两大挑战——提高效率与扩大规模。本节的讨论是基于文献回顾和13项使用手机实现上述目标的保险计划综述。本节阐述了保险公司在实施基于手机的保险计划时应当考虑的实践经验。

二 提高整个保险价值链的效率

通过利用手机基础设施，保险公司提高了整个保险价值链的运行效率，缩短了参保登记、保费收取和理赔的周转时间，降低了成本，大大减少了地理距离的影响（见表7—4）。

表7—4　　　　　　　　手机在保险价值链中的作用

	产品设计	销售	参保登记	收取保费	保单管理	理赔	增值服务	数据分析和管理
客户交易数据、通话时间、手机支付	★	★	★					★
零售和分销、通话时间、经销商、移动支付代理		★	★			★		

[①] 本节内容基于研究简报第21号，节选自系列论文第26号。本节作者为 Pranav Prashad（国际劳工组织影响力保险部门），David Saunders（金融监管与普惠中心），Aparna Dalal（国际劳工组织影响力保险部门）。本节作者的致谢请参见系列论文。

续表

	产品设计	销售	参保登记	收取保费	保单管理	理赔	增值服务	数据分析和管理
语音、短信、新型交互式移动数据等沟通渠道	★	★		★	★		★	★
预付和后付通话时间、移动支付等支付机制				★		★		
品牌		★						

注：★表示手机的功能（行）能够较容易地用于保险的经营环节（列）。

手机基础设施不仅仅是指移动电话，还包含提供移动服务所需要的各种组件。交付保险时可以利用其中许多组件。例如，保险公司可以在产品设计中用到客户手机交易历史记录，据此来定位客户。此外，广泛的手机零售代理人网络可用于招徕客户并收取保费。

三 提升规模：与移动网络运营商合作

移动网络运营商提供的分销渠道具有巨大潜力，可为广大手机用户提供保险，而其中的大多数人尚未参保。除向大型客户群提供可及的保险之外，移动网络运营商建设了分销点网络，与这些客户保持互动。在许多发展中国家，所有收入水平的人群均可以看到并且触达移动网络运营商；它们遍布品牌商店、出售预付通话时间的街角商店、伞车服务站点等。

从移动网络运营商角度来看，将保险加入其产品组合中可以实现多重目的。保险提供佣金（在典型的分销伙伴关系中）或以利润分成的形式提供收入。保险更重要的作用是，帮助移动网络运营商区别于竞争对手，从而吸引并维系客户。保险也可用于激励客户增加在通话时间上的花费，以便获得保险保障。

四 保险公司的经验教训

（一）理解客户愿意使用手机的原因和方式

手机是一个非常强大的工具，可以获取当前和潜在的客户，但是它不应当被视作保险的"绝招"。手机可用于多种用途，比如参保登记、管理保单、支付保费和索赔。

一些供应者也通过手机提供增值服务，以此来将产品具体化，提供更频繁的待遇支付。例如，作为其部分的保险计划，印度气象风险管理服务有限公司（Weather Risk Management Services Ltd.，WRMS）通过手机向客户提供各种增值服务，如天气预报、气象预警和农作物市场价格。

（二）将产品与市场成熟度相匹配

保险公司可以用免费、收费或者兼而有之的形式来提供保险服务。保险公司和移动网络运营商需要衡量其保险市场的成熟度，评估客户对保险的感知和理解，然后对产品做出相应调整（见图7—1）。

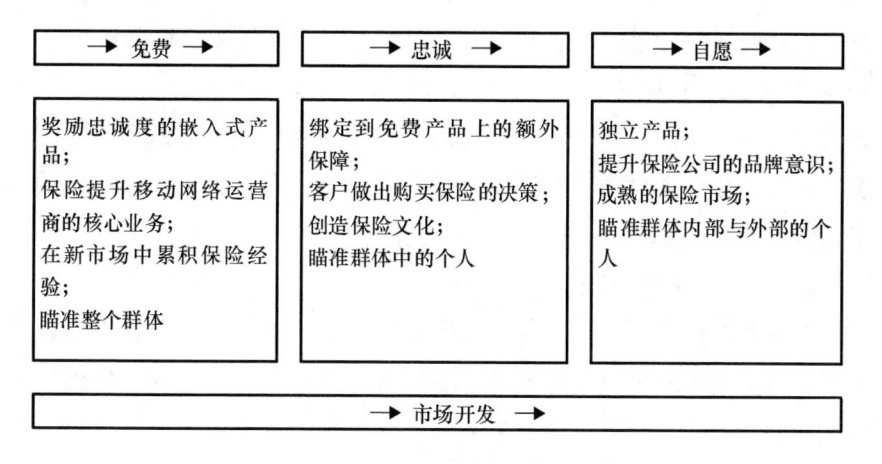

→免费→	→忠诚→	→自愿→
奖励忠诚度的嵌入式产品； 保险提升移动网络运营商的核心业务； 在新市场中累积保险经验； 瞄准整个群体	绑定到免费产品上的额外保障； 客户做出购买保险的决策； 创造保险文化； 瞄准群体中的个人	独立产品； 提升保险公司的品牌意识； 成熟的保险市场； 瞄准群体内部与外部的个人

→市场开发→

图7—1 产品演变阶段

一些市场的保险普及率较低，所以先推出基于忠诚度的保险计划是合乎情理的。此类产品包括嵌入到移动网络运营商核心服务项目中的免费保险产品。随着市场逐渐成熟，客户也获得了一些保险经验，保险公司便可以考虑推出一款"免费增值"产品。该产品仍旧以忠诚为基础，但是却为客户提供了购买附加险的机会。随着市场发展，客户可以购买独立的自愿型产品，以便保障各种风险。此类产品在保险文化更发达的成熟保险市场上更合适。

（三）细分市场客户的数据

有关客户手机使用和人口统计资料等移动网络运营商的数据，为保险公司提供了针对特定人群设计客制化产品的机会。有必要改善在移动网络运营商和保险公司之间无缝共享数据的办事流程。

（四）无代理参保登记模式的成本更低，但面临各样挑战

因为代理人成本在分销总成本中占据很大比重，所以无代理模式可以为保险公司省下可观的费用。但是，代理人可以在参保登记过程中提供一款产品的必要信息，深化客户理解。在采用无代理模式后，保险公司应当监控客户对该产品和待遇的了解程度，解决理解上的差距。

（五）利用手机快速支付赔款

建立能快速公平地支付赔款的跟踪记录，对建立信任和刺激需求很重要。权衡通话时间与移动支付保费之间的收益。包含移动网络运营商合作伙伴的保险计划通常通过客户话费或其移动支付账户（常称为"移动钱包"）来支付保费。这两种支付机制各有利弊。如同银行交易，移动支付交易通常免税，所以比借助通话时间扣缴更便宜。但是，并非所有客户都拥有移动支付账户，但是所有客户都会购买通话——这一移动网络运营商的基础服务，所有客户都有通话时间。

（六）考虑自动扣缴保费的益处

在许多绑定移动网络运营商的保险计划中，保费会自动从客户通话时间或移动支付余额中予以扣除。尽管这种做法为保险计划的持续性提供了便利，但是因为客户无须主动决定支付保费，所以客户可能不会意识到自己已经参保（或者保费已从其账户中扣除）。定期重复支付的另一个缺陷是，人们讨厌自己的余额在未留意的情况下被吃掉的感觉。人们可能在账户中添加来电提醒，看着部分余额被瞬间扣除。相比之下，保险公司可以通过要求客户主动决定是否支付保费来强化保险在客户心中

的概念，但是这样将面临更大的失效风险，因为客户可能忘记按时付款。客户需要深入全面地理解这两种选项的价值，提高效率并降低失效率（源于自动支付），需要以更高的客户忠诚度和价值予以权衡（源于更强的理解和积极的购买决策）。

（七）构建品牌认知度

客户自然会将通过移动网络运营商提供的保险产品与移动网络运营商（而非与保险公司）联系起来。从分销角度来看，在市场发展初始阶段利用移动网络运营商的品牌是情理之中的事，但是，保险公司仍然需要找到自身品牌认知度的建构方法，在客户心中建设品牌认知度，以便在未来开发其他分销渠道和产品。

五 结论

保险公司正在用手机提高参保登记、索赔等流程的效率，提升客服品质，更好地与客户沟通。保险公司已经与移动网络运营商开展合作，提供已经迅速实现规模效益的保险产品。基于忠诚的产品一开始便能获得了最大的成功。但是，随着保险公司和移动网络运营商不断获得经验，市场日渐成熟并且具有更大的竞争力，产品有望演变为针对特定细分市场来提供自愿选项的增值服务。保险公司需要认真设计产品和流程，寻求新的合作伙伴关系，以便把握手机带来的巨大机遇，进而为所有人提供有价值的高效风险管理服务。

第八章

健康保险产品服务

第一节 小额健康保险的创新和障碍[①]

一 引言

世界上最贫穷的人群承担了与其经济能力不成比例的疾病和健康风险,但是小额健康保险提供了一种令人期待的方式来减轻此类风险。尽管小额健康保险是一个相对新的事物,但是最近的数据表明,全世界已有约4000万人拥有某种形式的小额健康保险保障。

在全球范围内出现的小额健康保险计划给穷困人群带来了希望:他们至少能够获得充足可靠的平价医疗保健服务。有研究表明,小额健康保险的可及性降低了患者的自付医疗开支,同时也改善了被保险人对优质医疗保健服务的可及性,尤其是对于灾难性医疗事件而言。也有证据表明,小额健康保险激发了人们寻求健康的重要行为,比如使用蚊帐、在被感染早期接受疟疾治疗。尽管如此,但是小额健康保险究竟对参与者的健康和家庭幸福产生了怎样的影响,人们仍然知之甚少,容易被保险排斥在外,并且通常只能接受较低质量护理的高度贫困人群尤其如此。小额健康保险的受益人员范围仍然有待扩大。在此过程中,低收入个人便可在需要时更好地获得必要的医疗保健服务,从而减轻灾难性财务冲

[①] 本节内容基于研究简报第5号,节选自系列论文第6号。本节作者为Sheila Leatherman(北卡罗来纳大学教堂山分校Gillings全球公共卫生学院)、Lisa Jones Christensen(北卡罗来纳大学教堂山分校Kenan-Flagler商学院)、Jeanna Holtz(国际劳工组织影响力保险部门)。本节作者的致谢请参见系列论文。

击的影响，维系经济生产力，有效利用资源。

小额健康保险属于针对低收入人群的众多潜在的医疗保健服务融资选项。其他的选项包括自费、政府在贷款中给予部分资助、全面可及的医疗保健服务等。

研究表明，在低收入和中等收入国家，26%的家庭通过借贷和出售资产来支付医疗保健服务开支，这表明医疗保健融资仍旧存在巨大缺口。虽然各国越发将医疗保健服务视作一项人权和公益事业，但是这一现状是国家医疗保健融资的一个资源约束，妨碍了该融资的部署和扩展步伐。在此情形下，小额健康保险可以成为一种备选方案。将私营部门主导的小额健康保险与公共部门的优势结合起来的组合战略有望扩大针对贫困人群的医疗保健融资范围。

尽管小额健康保险指标的表现较好且具有较大潜力，但是许多因素限制了该行业的增长和影响。本节基于较长时期的专题研究，其中包含针对从1999—2010年的68份文献的回顾以及对来自25个组织的30多名专家的访谈。本节将讨论这些限制因素，并且将更多目光聚集于私营部门的小额健康保险。除识别出这些限制因素之外，本节还提出了可能驱动该领域向前发展的创新建议，其中包括与公共计划开展合作。

二　小额健康保险的复杂性

（一）需求方面

从本质上讲，有价值的、可持续的小额健康保险要比设计其他品种的小额保险更复杂。大多数小额健康保险产品均涵盖了灾难性风险，但是此类风险发生率很低，且通常无法预测，还会引发高成本服务需求。这些灾难性事件比日常医疗保健服务更容易投保，所以保险公司已经关注了此类事件，其保障范围通常只针对住院患者。然而，小额健康保险计划的住院保障保单的参与率并不高，其部分原因是，穷困人群认为，给高频率、可预测而每次价格不高的服务提供保障更有价值。一个理想的解决方案是，优化这两种需求，既降低客户对灾难性风险的脆弱性，也改进全民的健康状况。

我们的研究还揭示了一些常出现的主题——限制和刺激人们对小额健康保险需求的具体因素（见专栏8—1）。正如增加的参保登记率和/或续保率的衡量结果所示，减少一项或多项此类障碍有助于增加人们对小额健康保险的需求。

专栏8—1　小额健康保险发展障碍（需求层面）

（1）需求和产品错配。低收入群体需要门诊保障，而大多数可用产品则主要提供住院治疗服务。

（2）可负担性低。缺少可以解决客户收入不足和季节性收入问题的选项，无法调整时间选择、频率和费用总额。

（3）（优质）服务供应者的可及性差。这可能归因于获得医疗服务的交通和财务障碍、当地缺乏优质医疗供应者、（基于声誉或谣言）对保险计划的可行性、报销和付款时间、可用供应者的质量等内容的担忧。

（4）免赔设定和产品与需求之间的错配。计划往往将风险状况较高的群体排斥在外（如获得性免疫缺陷综合征/艾滋病患者、老年人），为高风险群体设定较高的保费，或无法纳入产妇护理和药物治疗等基本需求。

（5）缺乏信息和理解不足。对于所有类型的小额保险，贫穷客户往往无法理解正规化风险分担的概念。这一问题往往会因销售员培训不足或在销售前期、中期和后期缺乏客户教育而加剧。

（二）供给方面

本节的综述表明，小额健康保险的关键供给侧问题是，参保人数不足和经营效率低下共同导致的资本约束（见专栏8—2）。定价不合理、使用的技术有限以及缺乏再保险，只会加剧这些问题。尽管这些问题普遍存在，但是有证据表明，在能够接触到技术与装备充足的医疗保健供应商的地区，小额健康保险确实满足了一部分群体的需要。

专栏8—2　小额健康保险发展障碍（供给层面）

（1）医疗供给系统约束——医疗供给系统容量不足或不均衡（远离客户），特别是在农村地区，较为缺乏医疗设施、医生和其他训练有素的医疗工作者，实验室和药房的供给不足。

（2）计划的规模不足——小额健康保险计划始终无法达到有效规模，即足以改善定价、效率和适当分担风险的规模。

（3）小额健康保险产品定价不当，外加保险公司、医院和诊所面临的资金不足或不确定性等挑战。

（4）经营模式在技术、信息管理、预防欺诈、定价、风险管理等方面存在不足之处。

（5）缺乏稳定支持小额健康保险的监管和/或政治环境。

小额健康保险是一种本质上有别于其他形式的保险。一项服务并非用于补偿损失，而是由第三方提供——医疗保健服务供应商。它在患者诊断以及随后的护理方面，具有针对患者和保险公司的信息优势。因此，最难的挑战在于，控制利用率、确保服务的恰当性、减少欺诈和不合理定价的风险。发展中国家的医疗卫生设施通常提供劣质服务，进而降低医保的作用和成员满意度。这一状况导致局面更为复杂。

小额健康保险的供给侧问题主要以资本约束为中心，而不当定价、技术运用受限和缺乏再保险加剧了这些问题。面对这些挑战，小额健康保险计划在设计、分销、服务方式、保障范围、效益等许多方面均独树一帜。这一复杂性的存在是缘于对于不同经营环境中的迫切需求，需要差异化的计划配置才能够满足。商业保险公司、社团、小额金融机构以及其他参与小额健康保险的机构，运用其特有优势，提供针对其目标群体的计划。本节将评估该行业的一些现状（包括这些重大变化）。

三　小额健康保险的创新和干预措施

小额健康保险的许多方面可以改善。世界范围内有许多振奋人心的项目正致力于这一领域，寻求创新性的解决方案，例如，通过扩大成员待遇、克服低下的支付能力、提高效率等方式来扩大规模、促进公共部门和私营部门之间的合作。

（一）提高成员待遇

提供给成员的待遇应当超出住院支出保障。对于大多数低收入家庭，轻微的健康冲击是一个紧迫的问题，解决大多数低收入家庭面临的该问题可以提高保险的接受度，稳定风险池。此外，提高门诊患者待遇、鼓励定期体检、早期诊断、及时治疗轻微病症等能够降低总体治疗费用，减少住院患者产品的索赔，从而提高小额健康保险计划的总体可行性。

小额健康保险计划目前普遍未覆盖慢性病患者，一种可能改善慢性病患者待遇的方式是，降低日常门诊和药物的价格。药物折扣不仅可以增加客户患者感知的价值，鼓励续保，还可以防止不必要的住院治疗，最终降低保费（或提升待遇）。通过门诊待遇提升客户满意度和健康结果的另一种方式是，通过手机短信等方式提供关于预防性护理或疾病治疗的自动提醒（见专栏8—3）。

专栏8—3　通过印度社区医疗工作者提供综合保险

印度非政府组织（Swayam Shikshan Prayog, SSP）一直致力于为低收入妇女及其家属提供社会和经济机会，目前该组织正就一种混合小额健康保险模式开展试点，以此来克服基于社区的计划存在的一些限制。该模式将保险公司承担财务风险的住院患者待遇与社区医疗工作者实施的一揽子门诊服务捆绑在一起，通过当地执业者、诊疗中心和配药部门组成的网络提供医疗服务。社区医疗工作者发挥着社会创业者的作用，他们改善着人们的健康状况，并通过招徕新成员来赚取佣金。除住院服务项目之外，成员还可享受额外的健康服务，获得基础的门诊预防服务与药品，其费用比正常情况节省30%—40%。

（二）克服低下的支付能力

鉴于承受能力仍然是影响小额健康保险需求的关键因素，所以许多国家支持成本共担、政府补贴等医疗保健融资机制。尽管可以让小额健康保险成为平价产品，但是如何获取充足的收入来维持经营是一项长期挑战。目前，最常见的支付实践是，在参保之时或者在参保前后，按年收取保费。但是，有些计划正尝试将保费与储蓄挂钩，以及采用其他提高保费支付灵活性的方式，来克服贫困人口特有的问题，如收入的季节性（见专栏8—4）。

专栏8—4 从储蓄中用电子手段支付保费（玻利维亚）

苏黎世玻利维亚集团通过一家专注于低收入市场的商业银行 BancoSol 成功推出了小额健康保险产品。其中一项影响因素是，保险销售和保费支付是与存款账户挂钩的。该产品在银行营业场所销售，提供100%的医疗咨询服务、80%的辅助服务与妇产服务、70%的住院与外科手术服务以及每月价值3.99美元的寿险。苏黎世玻利维亚投资了客制化管理信息系统，将保费收取与银行账户绑定，以此来实现保费收取自动化。按月自动收取保费的方式非常灵活：在处理定期保费付款时，若存款账户没有足够资金支付，那么系统将逐日重新尝试借记该账户，直到该存款账户有足够的资金来支付保费。如果存款账户连续60天都无法支付保费，那么系统会自动取消保单。

理赔方面也面临财务限制。一个值得注意的创新做法是非现金待遇。这一方式允许客户获得医疗保健服务，但是无须采用先垫付、后报销的方式。当小额健康保险计划服务一个小型地理区域，并且具有足够的规模、能力或专业经营知识时，该计划便可自行减除非现金产品的管理负担。否则，小额健康保险计划往往会聘请第三方管理人与医疗保健服务供应商确立直接的支付安排、核实客户以及监督医疗保健服务的供给。小额健康保险具有利润低、交易量高的特点，所以在该领域出现了越来越多具备特定场景下信息技术的第三方管理人，他们有助于控制成本。

提供充足资金的另一重要措施是提供小额健康保险的保费贴补。一些捐赠人和政府尝试为健康保险提供临时性补贴。其基本理由是，当补贴取消后，客户会由于体验过保险的价值而继续支付保费。鉴于贫困人群无力支付医疗保健服务的费用，所以业界很难想象，在没有公共部门补贴或其他支持的情况下，小额健康保险计划如何能够在地区或全球范围内扩大规模。

（三）实现规模效益

低收入群体的价格敏感性高，这意味着，小额健康保险的整个销售和管理流程的效率应当尽可能提高。将管理外包给第三方管理人是一种方式，在经营的诸多方面应用技术手段也是一种思路。尽管如此，鲜有小额健康保险计划采用技术和管理信息系统。

（四）政府和社会资本合作

另一种潜在的能提供全面小额健康保险风险保障的解决方案是政府和社会资本合作（PPPs）。有研究显示，提升医疗保健服务可及性往往需要公共和私营部门的合作，因为双方具有互补性的资源和功能。具体而言，PPP模式可以利用公共部门的筹款能力来撬动私营部门的创造力和效率。大部分预防护理、养生保健、补贴门诊和住院护理服务可能需要公共资金的支持。

公共实体还可以协调私营部门的参与者，以此来创建更大也更稳定的风险池。公共部门可能有能力提供有效的监管和尚未被充分利用的医疗保健设施。私营部门则可以利用这些监管措施来扩大可及性，降低成本，颁布并执行质量和认证标准。最后，私营部门的专业管理知识可以驱动解决方案，以此减少整个小额健康保险价值链上发生的欺诈行为，降低计划的风险和成本，促进创新。例如，针对印度最贫困人口的政府补助住院保险计划（Rashtriya Swastya Bima Yojana，RSBY）便是由私营保险公司提供的。

四 结论：协调工作

总体而言，经验证据回顾和专家访谈表明，小额健康保险计划可以通过医疗融资来减轻脆弱性（注重灾难性事件或住院治疗）或改善健康结果（注重门诊护理、预防和慢性护理）。这两种观点抛出了一个难题：前者更符合保险原则，而后者则包含客户期待，进而可能带来更好的健康结果。通过高效的业务模式、技术创新、个性化的客户待遇套餐定制、多样的支付方式，小额健康保险计划应当在这两种观点之间求得平衡。解决方案还应当利用 PPP 机制，将公共部门筹集资金、汇集大型团体和缓解监管问题的能力，与私营部门的创新、保险专业知识、效率和技术结合起来。

因此，小额健康保险的未来之路取决于政策制定者和政府部门、保险公司和再保险公司，以及包括技术公司、非政府组织和医疗保健服务供应商在内的私营部门参与者的共同努力。最终，任何努力想要取得成功，需要持续不断地根据最重要的利益相关方（潜在客户）的意见进行完善。

第二节 发挥小额健康保险的作用：给从业者的建议[①]

一 引言

高昂的医疗成本可能给低收入家庭带来灾难性后果，其中包括不得不推迟或放弃治疗，以及迫不得已借助储蓄、贷款或出售资产来为突发健康事件筹措资金。全球每年有 1 亿人因支付医疗服务费用而陷入贫困，其中 90% 以上生活在低收入国家（Xu 等，2007）。例如，根据 Collins 等（2009）的调查结果，42% 的印度家庭遭受健康相关危机的影响，这使得健康问题成为其财务资源的最大消耗方式。在印度农村，每 10 户家庭便有 1 户会因为自付医疗费用而处于贫困或贫上加贫的状态（Ladusingh 和 Pandey，2013）。事实上，大约 5% 的印度贫困家庭（约 3460 万人）会因支付医疗费用而陷入贫困（Shahrawat 和 Rao，2012）。

提升基本医疗保健服务的可及性，既是一项基本人权，也是社会经济发展的需要（联合国，1948）。许多国家将政府资助的健康保险视作扩

[①] 本节内容基于研究简报第 29 号，节选自系列论文第 36 号。本节作者为 Jeanna Holtz （Abt 联合公司），Tobias Hoffarth（国际劳工组织影响力保险部门），Caroline Phily（合作发展研究所）。本节作者的致谢请参见系列论文。

大和补充社会保障的主要手段，但是发展中国家的大多数低收入家庭缺乏公共或私人健康保险计划。

但是，来自各方面的压力也在积聚。许多国家正在缩减待遇计划，以此来应对人口老龄化引发的各种问题（《经济学人》，2012）。在非洲，在慢性病逐渐加剧的同时，多重流行病危机推高了医疗保健服务成本；预计到 2030 年，慢性病将超越传染病，成为非洲大陆面临的最大健康挑战（《经济学人》，2012）。在面临财务约束的同时，各国政府应当积极应对此类情况以及其他的不利趋势。因此，他们需要认真考虑现有的医疗融资选项，而其中之一便是小额健康保险。

本节基于国际劳工组织影响力保险部门的合作伙伴自 2008 年以来的经验教训。在广泛定义小额健康保险并讨论其影响客户的最新证据之后，本节概括了小额健康保险面临的主要挑战，向执业者、政府和其他利益相关方提供了 10 条建议，以期改善产品设计、简化办事流程、培育必要的合作关系。简而言之，就是要充分发挥小额健康保险的作用。

二 小额健康保险面临哪些挑战？如何克服这些挑战？

小额健康保险计划面临无数复杂的挑战，这些挑战加剧了向低收入家庭提供保险的难度，其中包括确定需求、收取足够保费、提供综合平价待遇、分销产品、送达医疗保健服务、理赔和控制药价。

（1）需求决定因素。为了让低收入家庭有能力参加并继续参加小额健康保险计划，必须满足低收入家庭的特殊需要。对保险理解不足、对保险价值的错误认识、流动性制约、缺乏信任等因素均会影响低收入家庭的保险需求。

（2）保费充足。保险公司发现很难为小额健康保险计算并收取充足的保费。估计健康风险状况的难度要超过估计死亡率。精算数据和系统不足以及对影响因子（如会影响保费和保险计划绩效的风险减轻措施或分销方法）的评估能力有限，迫使许多保险公司采用"试错法"定价。例如，乌干达的小额护理保险并未尽早发现设计的保费过低，也未及时采取干预措施，这是导致该计划终止的一个重要因素（Greyling，2013）。定期监控健康保险计划的绩效，可为保险公司提供更多更准确的保费计算方法。

（3）全面的平价待遇。保险更适合保障发生"低频高损"的事件（如住院服务），而非"高频低损"的事件（如门诊服务）。但是，门诊费用就像一个拧不紧的水龙头，致使3倍数目于住院患者的低收入家庭陷入贫困（Berman等，2010）。为满足门诊开支的保障需求，保险公司应当创新思维方式并且使用易于管理"高频低损"事件的经营模式。将"低频高损"的健康事件保险与门诊医疗附加服务捆绑起来，可以作为一种着手应对这一困境的方法。

（4）分销。普遍存在由分销驱动的增长和规模经济，这会增加管理成本（Koven等，2013）。一般应当基于群组来提供小额健康保险，以此来克服展业成本、个人的逆向选择、低需求、后续跟进难度等问题。但是，可在自愿基础上向个人提供一些简单产品，如补充某项强制性产品的住院现金或医疗费用保险的产品。补充待遇的一个例子是关于扩展的签约供应商的可及性，其中往往包括高成本的私人基金，或在强制型产品待遇之外还有较高的保险金额。零售商和公用事业公司等低成本分销渠道大多销售简单产品，通常承保寿命和事故风险。但是，它们采用低接触的销售方式，使得其难以教育客户理解产品特点，如可供选择的医院、等候时间、免赔条款等。从基于社区的组织或小额金融机构招募的销售代理人等触达能力较强的渠道可以为客户提供有关小额健康保险的建议，但是需要注意的是，培训和激励举措会增加成本。

（5）送达医疗保健服务。最终的客户价值取决于医疗保健服务项目的可用性和质量。发展中国家的许多地区存在无法获得医疗保健服务，或者获得的医疗服务质量欠佳的问题。部署专业的医疗保健服务人员（如社区医疗工作者），以及使用技术驱动的医疗保健服务（如远程医疗）有助于建立医疗保健服务交付模式，以期以更低的成本向更多人提供品质更高且标准更一致的服务项目。例如，几内亚的桑特·德·弗赖斯蒂埃（santé de Guinée forestière）互助联合会和国际开发和研究中心已在几内亚提供小额健康保险服务，部署经过培训的医疗工作者到村子里开展产前检查。

（6）理赔。因为涉及第三方医疗保健服务供应商，并且产品结构更复杂,所以小额健康保险的理赔要比其他类型的小额保险更复杂(见第八章第三节)。一些医疗保健服务供应商会出现道德风险行为,如他们提供的服务可能并不是医学上的必需品,甚至涉及欺诈,如开假票或开虚票。通过采用排除预先存在的状况、等待期等条款,小额健康保险的产品能够管理逆向选择和理赔成本。但是,除监控健康保健服务供应商的行为之外,此类规定还要求健康保险公司建立更复杂(也更昂贵)的管理程序,以此来核实索赔的适宜性与合法性(Rendek 等,2014)。健康保险公司需要核实客户实际享受到的治疗服务、治疗的恰当性、治疗服务是否处于保障范围之内等,这一议题的复杂度远超在收到死亡证明后核实寿险保单。采用简单的待遇包和管理流程可以简化这些过程。

(7)药物。制药公司施加的高利润率要求、供应链约束、过度开药与使用品牌药物的倾向、对药物的高需求等,会导致巨大的医药成本(Chandani 和 Garand,2013)。事实上,药品开支往往占据医疗保健费用的大头。源自印度的数据表明,药品开支占自付医疗开支的72%(Shahrawat 和 Rao,2012)。在具有医学必要性时,可使用标准协议来促进低成本强效果药物的使用;同时,教育医生及患者理解各种干预措施的成本和效益也将有助于控制药物成本并改善医疗效果。例如,业内已证实,发展中国家和发达国家滥用抗生素的行为是一种医疗资源的浪费,甚至可能因为降低抗生素的疗效而危及患者(世界卫生组织,2014)。

三 建议

本节主要介绍影响力保险部门的合作伙伴[1]就如何提供小额健康保险、如何为客户提供价值、如何促进保险供应者的生存能力等问题所提出的一些建议。这些建议可分为三大类——产品、流程和伙伴关系(分别见表8—1、表8—2 和表8—3)。这些建议与保险公司以及政府、医疗保健服务供应商、分销渠道、捐赠人、决策者等其他利益相关方息息相关。

---

[1] 20 家授权合作伙伴在 2008—2013 年测试了小额健康保险创新工作。

表 8—1　　　　　　　　　　产品方面的建议

产品	客户价值	财务可行性
1. 设计简单产品 不太熟悉保险的客户和分销合作伙伴更容易理解简单产品，此类产品能够简化办事流程。一般来说，简单的产品具有固定或确定的待遇计划（即待遇与其所用到的服务成本无关）、有限的待遇类别、很少（或没有）责任免除、直白的语言描述等特点	更容易理解； 构建保险文化	更准确有效的索赔裁定； 更容易销售
2. 提供增值服务 预防性健康营地等与小额健康保险核心产品捆绑的增值服务，可以以较低的成本改善客户的健康状况。它们能够令客户切实感受到保险的价值，改善医疗保健服务的可及性，降低客户自付医疗开支。保险公司也可以从更高的续保率和更低的赔付成本中获益。小额健康保险计划应当一次集中精力于一项或几项增值服务，分别评价其绩效	补充核心保险产品； 提升医疗服务可及性； 降低自付医疗开支； 提供切实待遇	减少索赔； 提升销量和续保率
3. 将小额健康保险与储蓄捆绑起来 将小额健康保险和储蓄结合起来，通过放松流动性约束，帮助客户累积自付开支的资金，便可帮助低收入家庭解决住院和门诊医疗保健服务费用。保险是一种理想的融资和风险汇聚机制，适用于不频繁住院但医药费昂贵的患者，它不太适合以平价保费支付频繁但低成本的门诊服务	放松流动性约束； 为自付开支和保费积累资金或融资	交叉销售潜力； 强化持续性

表8—2　　流程方面的建议

产品	客户价值	财务可行性
1. 为客户创造积极体验 如果客户有过良好的保险体验，那么口碑效应则有助于提升投保率和续保率。通过清楚地沟通要求、放松流动性约束、协助客户获得医疗保健服务并提交索赔申请、及时理赔等做法，可以为客户创造积极的体验	更快的理赔处理时间； 简单的索赔申请要求； 灵活的支付方式	降低获客和赔付成本； 促进投保和续保率； 强化持续性
2. 使用技术 使用技术可以降低整个小额保险价值链的运行成本并且提高其效率。解决方案需要反映出当地运营条件。连接性欠佳、基础设施不充分、流程不良、用户能力和接受程度有限等约束条件可能扼杀技术潜能	为收取保费提供便利； 促成医疗保健服务； 支持非现金机制	降低流程成本的同时提高其效益； 减少欺诈
3. 监控计划的绩效 小调整可以大幅改善小额健康保险计划的性能。监控运营并识别出缺陷和有待改善的领域是一个迭代过程。客户关于计划性能的反馈等方面的定量与定性信息可用于提升客户价值与财务可行性	改善服务质量； 反馈和投诉机制	减少欺诈； 改进定价与待遇设计； 确定产品和流程的改善措施

表8—3　　伙伴关系方面的建议

产品	客户价值	财务可行性
1. 参与PPP项目 小额健康保险可以补充并支持政府正在努力实现的全民健康保障。保险公司可以采用多种伙伴关系模式来促进创新；识别并登记成员，收取保费，以及履行其他保险职能。政府可以提高收入，以此来补贴小额健康保险；为小额健康保险赋能，并提供系统化管理，分享保险提质扩容的最佳实践	扩展保障范围； （通过补贴）降低自付开支	补贴可及性； 为政府履行保险职能； 政府为风险汇聚和知识共享提供便利

续表

产品	客户价值	财务可行性
2. 设计巧妙的补贴 补贴可以改善小额健康保险的公平性，促进小额健康保险市场的发展。补贴需要设定明确目标，有的放矢，并应当受到强有力的监控和评估，制定明确的退出或长期融资方案，促进医疗保健服务的高效使用	平价保费； 增加综合待遇	投资于基础设施； 退出策略
3. 通过分销来推动规模 分销渠道在实现规模效益上发挥着关键作用。销售并服务小额健康保险需要一种基于建议的高触达的方法，专注于通过可信任的合作伙伴来增加参保群体。理想的保险应当与分销渠道的核心业务保持一致	针对建议和服务的高触达支持； 方便且可信任的可及性	外展服务（规模）； 进入新市场； 流程的有效支持，如理赔
4. 与医疗保健服务供应商建立伙伴关系 小额健康保险提供的是临床必需且价格公道的优质医疗保健服务。合适的补偿模式、治疗方案、索赔信息编码和医疗顾问、监控等应用，赋予了医疗保健服务供应商高效的管理能力	优质医疗保健服务的可及性； 降低自付开支	减少欺诈； 降低赔付成本； 让小额健康保险计划的激励举措与医疗保健服务供应商的激励举措保持一致

第三节　健康保险的第三方支付机制：实用技巧和解决方案[①]

一　引言

一些健康保险计划要求患者在接受医疗保健服务时先支付现金，随后再从保险公司处设法报销医药费。对于低收入家庭，这可能是一个严重的财务约束。减轻这一约束的常见办法是，与选定的医疗保健服务供

---

① 本节内容基于研究简报第11号，节选自系列论文第13号。本节作者为Pascale Le Roy［研究和技术革新小组（法国），Groupe de Recherche et d'Échanges Technologiques，GRET］，Jeanna Holtz（国际劳工组织影响力保险部门）。本节作者的致谢请参见系列论文。

应商建立一套第三方支付机制（Third-Party Payment，TPP）。

第三方支付机制在健康保险领域并非新鲜事，其优势与劣势相对而言众所周知且有各种记录。但是，建立和管理针对健康保险计划的第三方支付机制也面临挑战。目前，业界还鲜有关于健康保险领域中第三方支付机制的经验教训的专门研究。

因此，国际劳工组织小额保险创新部门和小额保险网络组织的健康保险工作组发起了一项联合研究，借鉴发展中国家健康保险计划的经验，来研究第三方支付机制设计要素的优劣势。本研究采用基于实践的方法，专注于有关建立和管理第三方机制的经验教训，以此来为被保险人提供"非现金支付"的可及性。

二　第三方支付机制及其特征

第三方支付机制是一种理赔付款模式，其中的受保患者在享受医疗保健服务时无须支付健康保险计划保障的全部医疗服务费（见图8—1）。除费用分担（如共保、免赔）之外，被保险人在享受服务时无须自付费用；第三方（健康保险计划，或代表健康保险计划的其他主体）根据患者享受的服务向医疗保健服务供应商付费。

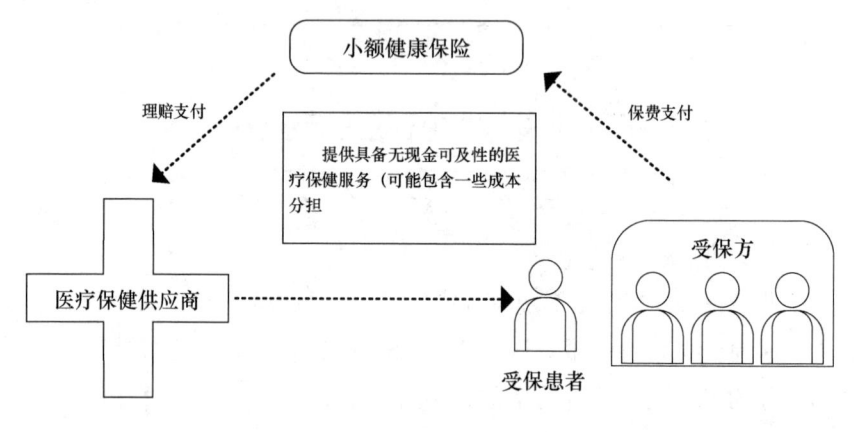

图8—1　第三方支付机制

本节详细分析了7项健康保险计划，采访了19名专家，调查了21个国家的从业者，从而得出发展中国家健康实践的经验。本文总结了与建立和管理第三方支付机制相关的经验教训，以此来向被保险人提供"非现金支付"①的可及性。

具有第三方支付机制的健康保险计划需要为参与其中的每位供应商以及供应商网络建立并维持最低标准。

这些标准应当能够解决3个维度上的充足性问题——护理可及性、成本和护理质量。图8—1是我们总结的技巧和解决方案。

较之于报销或一体化模式，第三方机制的潜在优劣势因参与方而异（见表8—4）。

表8—4 第三方机制的优劣势

当事方	潜在的优势	潜在的劣势
被保险人	取消或减少医疗保健服务时的现金付款； 强化医疗保健服务可及性； 减少拖延或避免就医的行为； 减少或消除管理负担（如无须索赔请求）	限制供应商选择； 住院前应当获得授权； 医疗保健服务供应商可能提供非必要服务项目，增加健康风险和自付开支
保险人	简化索赔管理（如批量处理还是逐案解决）； 根据供应商支付方式，可以奖励提供有效恰当的护理服务的供应商； 将全部或者部分财务风险转移到医疗保健服务供应商身上； 支持市场拓展（如承包经营）； 改善护理质量； 提高向客户收款的效率	若成员在寻求护理时不承担经济责任，则会增加医疗保健服务供应商和成员提供或寻求非必要服务项目的道德风险； 与医疗保健服务供应商签约可能充满困难且耗费时间； 若一些供应商没有多余的能力，也没有面临竞争，便可能不愿意签约； 增加管理成本和流程会增加理赔成本，尤其信息系统成本

---

① 第三方支付机制也可称作非现金小额健康保险计划、非现金理赔安排、非现金系统、非现金福利等。不管受保患者可及性是否真的非现金，也不管它是否需要成本分担，"非现金"一词均适用。

续表

当事方	潜在的优势	潜在的劣势
医疗保健服务供应商	提高利用率，从而产生额外收入； 减少无法收回的患者费用； 提升服务品质（并因此提高声望）； 可根据付款方式产生财务收益和稳定的收入流	创建额外的管理负担，需要核实资格和提交索赔请求； 增加的患者数量不能抵销任何折扣或额外开支； 提高护理质量的合规要求； 取消回扣等非正式利益的压力； 根据支付方式和使用率，可能造成财务损失 根据付款方式，可能延长付款时间

三 设立和管理第三方支付机制的建议

（一）确保医疗保健服务的可及性

首先是服务的充足性，它关系到能否通过选定的医疗保健服务供应商来提升服务可及性。正如同常规的健康保险计划，应当通过评估医疗保健服务供应商的监管环境、地理位置、服务供应等情况，来确定哪些医疗保健服务供应商可以成为健康保险计划的相关合作伙伴。健康保险计划寻求符合如下条件的医疗保健服务供应商：（1）满足最低的医疗保健服务质量标准，最好受到健康保险计划中医疗顾问的监督；（2）由内部和/或外部医疗保健专业人士定期监控护理质量；（3）根据协商一致的条款来提供服务并收取款项，采用合理的收费计划；（4）使用透明的计费和账务系统；（5）遵照可接受的程序来核实被保险患者的资格；（6）与健康保险计划共享被保险成员的医疗服务信息；（7）通过可能支持健康保险计划的员工（如咨询台工作人员）现场帮助健康保险计划的成员。

（二）管理成本

一旦选定潜在的医疗保健服务供应商，第三方支付机制能否成功便取决于，能否实施合适的支付方法并协调财务激励举措来鼓励正确的护理。为了控制成本，健康保险计划还需要管理源自医疗保健服务供应商和客户的道德和欺诈风险。

1. 协商付款方式

有了第三方支付机制，健康保险计划通常会根据预定的支付方法向签约的医疗保健服务供应商支付费用。下面概括了4种常见的支付方式。每种方式采用了不同的激励和约束措施，以便供应商控制服务成本和质量。

（1）按服务项目收费的可回溯性付款方式：医疗保健服务供应商按健康保险计划保障的服务项目来逐项收费。这种支付方式可基于固定的逐项服务或每组服务收费表（如疝修补术的价格为X）。更常见的支付方式为，基于医疗保健服务供应商账面费用的特定百分比来按服务项目收费（如"折扣"等于账面费用的"特定百分比"）。在此情况下，付款并不是固定的，而是取决于提交的费用。因此，按服务收费的折扣安排很容易被操纵（如先抬高账面费用）。至少对于量大的服务，设立等额固定费用可能是缓解此类情况的一种方式；另一种方式是，分析医疗保健服务供应商的收费，以此来识别可疑的趋势或需要干预的异常值。

（2）基于病例的可回溯付款方式：医疗保健服务供应商收取包干（有时称作"整体"）费用，通常适用于所有关系到住院，或涉及住院前或住院后护理的服务项目。每个病例的款项可以固定不变，也可根据诊断结果或患者年龄等会极大影响治疗成本的变量而发生变化。

（3）可回溯的逐日付款：医疗保健服务供应商按日收取包干住院费。按日收费可以因服务或床位类型而异，如重症监护比外科或内科病房服务的费用更高。

（4）按人收取预付款：医疗保健服务供应商按每个参保人（按"人头"）在规定期限（通常1年）内收取固定费用。按人收费的方式不受被保险人享受服务情况（总量或类别）的影响；他们对参保人选定的医疗保健服务供应商具有前瞻性（提前）。按人收费可适用于特定的医疗保健服务或一套服务，如初级（门诊患者）保健。这种收费方式亦可适用于"整体"水平，例如，适用于包括初级、中级、第三级护理在内的所有医疗保健服务。对于包括初级（门诊患者）保健在内的高频率/低成本（如更可预测的）医疗事件，按人收费的方式是一种补偿供应商的恰当方式。这是因为，提前估计人们在某个时期内寻求初级医疗保健服务的频率及费用会更容易。在给定的医疗保健服务供应商可以实现大规模参保登记的情况下，以及在供应商可以提供全方位护理的情况下，按人收费的方式具有最佳效果。因为不必为每次出险理赔，所以按人收费可以减少管理费。

将一些财务风险转移给医疗保健服务供应商（如基于病例的、按日或者按人收费）的支付方式比按服务付费更可能控制成本，但是需要采取额外措施来控制护理质量。通常情况下，很难与医疗保健服务供应商商议此类方式。混合支付方式（例如，初级医疗保健服务可按人收费，而住院病例则可按病例收费）在许多方面可能适用，但是往往会导致管理复杂化，并且增加管理成本。

2. 限制道德风险和欺诈

道德风险和欺诈是与健康保险领域较为常见的挑战。因为具备第三方支付机制的健康保险计划中的参保患者在享受服务的同时，不需要承担医疗费开支，因此客户可能将护理视作免费服务，然后接受非必要的额外服务，从而增加道德风险。与之类似，医疗保健服务供应商可能据此认为保险公司具有更大的财务能力，看到其承担更多服务开支的实力，但是，此些服务可能并不是医学上必要的。

管理健康保险计划的道德风险有如下具体实例。

（1）产品设计：限制每人最高的住院治疗待遇总额。这可能是一种限制风险敞口的有效方法，但是也限制了那些提出灾难性索赔的患者获得必要的医疗服务。反过来，从客户角度来看，这一做法又会降低健康保险计划的实际价值和感知价值，从而难以实现"正确平衡"。

（2）理赔管理：分析赔案并使用数据。与高（或低）成本或利用率有关的各种指标可以帮助识别道德风险事件。它们可能包括：索赔数量和成本、单位频率和成本、平均住院时长、已发生赔付率、账面收费占总费用的百分比（适用于按人收费的计划）。定期（如按月）监控主要绩效指标，以及识别可能存在道德风险或欺诈的领域至关重要。解读这些指标需要具备已开发的信息系统和数据分析知识。

(3) 医疗管理：实施管理控制。预先授权、同时审查等干预举措能以前瞻性方式兼顾成本和质量管理，并且降低道德风险。但是，此类活动（如实施治疗方针）管理起来可能非常棘手、耗费巨大，而且通常被供应商和客户视作麻烦。例如，巴基斯坦的 First 保险代理曾经两度审查索赔案例，然后才将其交付保险公司申请赔款。第一次审查由销售员在患者出院时开展，销售员可以将可疑的索赔申请提交给保险代理医疗顾问进行二次审查。

案例研究的经验表明，健康保险从业者明白，零欺诈目标是不切实际的。控制欺诈有如下策略。①签发家庭或个人保险卡，上面通常附照片。少数受查的健康保险计划使用智能卡来核实资格。②通过联络主任查验身份：联络主任可协助客户更深入全面地理解其计划的待遇，减轻医疗保健服务供应商的资格核实负担，以此来培养"客户文化"。在缔约医院内设立一名保险联络主任可能带来内部欺诈风险。③高成本服务和住院治疗需要获得预先授权。当供应商收到按服务收费的款项时，限制不必要的医疗保健服务使用的守门功能便尤为重要。一般而言，被保险人需要获得健康保险计划的授权才可以享受医疗保健服务。及时授权对确保客户获得该计划的价值而言非常重要。因为服务频率较高且使用标准不明，所以预先授权对初级医疗保健服务来说依旧麻烦不断。④向医疗保健服务供应商提供准确且实时更新的合格客户名单。这对按人收费的计划至关重要。对于健康保险计划，将参保登记时间限制到规定时段内的较为简单，但是对于要保持连续参保登记的健康保险计划，这一要求过于苛刻。

（三）管理质量中第三方支付机制的作用

1. 测量和改善医疗服务质量

（1）测量医疗服务质量。护理质量可用客观和主观标准加以界定，也可用临床和非临床或服务指标加以测量。感染率等临床结果是客观指标。临床结果数据和基准通常不可获得，所以可以将其他标准用作次优选项。例如，医疗保健服务供应商的资质证书能起到证明其临床服务质量的作用。有时，可邀请医疗保健专业人员分析治疗模式，以此来深入分析索赔数据，对医疗服务质量开展可追溯性评价。还可以测量由营业时数、服务范围等指标所定义的服务质量。

主观护理质量有时称作患者体验，通常反映患者对其享受的医疗保健服务的重视程度。可通过调查或焦点小组来测量涉及一系列主题的主观观点，如设施舒适度、医疗保健服务供应商的感知态度、现金价格等。

（2）设定医疗服务质量标准。所有案例均通过健康保险计划供应商合同建立了各方面的质量标准。例如，合同通常规定，被保险患者与未被保险患者享受同等的服务可及性和临床治疗标准待遇。应当监控医疗保健服务供应商提供的服务，以此来证明健康保险计划成员获得的服务质量欠佳。发生这一情况的原因在于，人们认为，第三方支付机制中没有自付费用的患者必须遵守治疗方案或护理指引的规定，并确保基本药物的可用性。

（3）通过医疗顾问来提升服务质量。案例研究表明，医疗顾问可以在依照规定标准来测量护理质量过程中发挥关键作用，当医疗保健服务供应商没有直接参与索赔及护理管理时尤其如此。医疗顾问通过这些主要功能与医疗保健服务供应商一道监控护理质量：①根据诊断结果和健康状况，评估被保险人享受恰当的医疗保健服务的程度；②筛查并定期审计签约医疗保健设施的常规服务质量；③实施并监控标准治疗方案的合规性。

（4）通过联络主任来提升服务质量。所有经过审查的案例研究均证实，当联络主任协助患者获得护理服务并且申请理赔时，患者会感到健康保险计划的质量更高。联络服务可以提升参保人的价值和质量感知，转而增加市民对健康保险计划的信任，促进续保，进而有助于健康保险计划的可持续发展。但是，此类服务有其成本，所以健康保险计划必须评估提供此类服务的时机和具体方式。最优的安排可能是，在客户或理赔数量最小的设施内提供联络服务。另一个低成本高效益的策略是，由一名联络主任轮流负责，或只在高峰时段负责数家医院。手机的普及等技术发展也激发了呼叫中心的发展，呼叫中心可以以低廉的成本远程提供大量服务。

2. 确保及时向医疗保健服务供应商付款

医疗保健服务供应商经常难以维持充足的现金流来支持业务。在此背景下，许多受访专家都指出了具备第三方支付机制的健康保险计划及时向供应商付款的重要性。与医疗保健服务供应商签订的合同一般规定了支付条件，其中包含按人收费付款和索赔的最长时限。第三方支付机制如未能履行合同条款，可能致使医疗保健服务供应商拒绝收治患者，或要求患者预付费用，从而损害健康保险计划在客户和医疗保健服务供应商中的声誉，甚至可能导致合同终止。因此，在第三方支付机制下的管理质量包括按时向医疗保健服务供应商付款。

四 总结与思考

对于支持第三方支付安排，不同种类的医疗保健服务供应商的支付选项各有利弊。将部分财务风险转嫁给医疗保健服务供应商的支付选项比按服务收费更可能控制成本，但是会增加与医疗保健服务供应商展开磋商的困难，而且可能增加健康保险计划的管理成本。更重要的是，健康保险从业者强调，成功运行第三方支付机制的难度大于供应商付款方式。其他关键的成功因素包括：确保医疗保健服务可及性，与供应商一同创建可行的长期伙伴关系，限制道德风险和欺诈，管理医疗保健服务质量的临床和非临床内容。如果妥善实施，那么第三方支付机制可在助力健康保险计划可持续发展的同时，为低收入客户和医疗保健服务供应商增加价值。

第四节　小额健康保险增值服务[①]

一 引言

低收入家庭常常将健康风险挂在嘴边，因为这是他们面临的首要风险，迫切需要加以保障。尽管如此，这些家庭对小额健康保险基础产品

[①] 本节内容基于研究简报第16号，节选自系列论文第19号。本节作者为John Pott（独立咨询人），Jeanna Holtz（国际劳工组织影响力保险部门）。本节作者的致谢请参见系列论文。

的兴趣还是不大，即使平价产品往往就可以防范住院可能招致的毁灭性经济影响。较低的住院频率、在危急时刻家人和朋友愿意解囊相助等因素，使得小额健康住院保险对低收入家庭的吸引力并不强。因此，对于许多小额健康保险从业者，自发性小额健康保险的需求及其市场潜力基本上都令人失望。

与之对比，低收入家庭则呼吁更直接的（尤其是与门诊患者护理相关的）医疗支出援助。与早期研究相反，近来的研究结果表明，紧急且往往具有传染性的疾病和慢性疾病的门诊（咨询和医药）费用的持续"涓滴"作用造成的因病致贫、因病返贫的家庭很多，其数量是因住院费用导致的贫困家庭数量的3倍。遗憾的是，门诊患者护理的综合服务常令低收入家庭难以负担，其保费很可能是住院保险保费的2—3倍。

一些小额健康保险从业者（主要在印度次大陆）已经开始尝试提供增值服务（Value-Added services，VAs）来提升小额健康保险基础产品的吸引力。因为增值服务在提升小额健康保险业务生存能力和客户价值主张方面具有巨大的潜力，所以此项服务引发了小额健康保险供应者的兴趣。对于客户，增值服务提供了一种比单独的住院险更直接的实质价值，因此从理论上讲，它将使得客户更健康，从而使得小额健康保险更有成效。增值服务应当通过降低保单获取成本和赔付成本来产生额外的商业价值。通过提升续签率，增值服务可以减少客户为了享受待遇进行投保，而之后停保以避免持续缴纳保费的倾向，从而在管理逆向选择上发挥作用。如果增值服务促进了早期诊断和治疗，便可以减少住院患者护理的频率和强度，从而减少小额住院健康保险计划附带的赔付成本。

本节介绍了针对13项开展增值服务的小额健康保险计划的分析结果，以及关于目前与小额健康保险无关，但将来可能成为增值服务的7个项目的见解。

二　增值服务类型

增值服务被定义为与现有小额健康保险计划捆绑在一起，为客户提供更好价值，以此来提高小额健康保险计划业务生存能力的服务项目。在参保登记（如受登记者的初步检查）或其后的保障期（如看医生或到药房抓药时可享受折扣）内，小额健康保险计划的成员均可获得增值服务。

表 8—5 列出了本研究所指的小额健康保险增值服务的内容，以及未来可能与之相关的增值服务。在这些增值服务中，电话医生服务的规模和普及程度是最好的，这是因为它们最受客户重视。目前手机已经普及，利用这一现状，电话医生服务为低收入家庭提供了"虚拟"咨询服务。此项服务在偏远地区尤为重要。较大的运营商会发挥呼叫中心的功能，而患者可通过呼叫中心接触位于中心位置的护士和医生团队。更复杂的计划会在临床诊断中应用算法，使得呼叫中心的护士能够直接处理来电咨询。护士就相对简单的病例做出诊断并提供临床建议［如用非处方（Over-The-Counter，OTC）药品治疗疾病］。

表 8—5　　　　　　　　　增值服务类型（当前与未来）

增值服务分类	增值服务治疗	描述
预防性	健康教育	预防疾病和改善健康状况（如卫生、营养等）的客户教育
	健康营地	最常见的预防性增值服务，可包含健康教育、健康咨询、开具药方
	体检	对客户开展健康风险或疾病（如高血压）筛查
治疗：咨询	面对面咨询	帮助对患者进行直接体检，以及实现患者与医疗服务提供者间的实时交流。一般限制拜访范围或次数，以便控制费用；旨在减少自付医疗开支，改善初级护理的可及性
	远程会诊：电话医生	与医疗服务提供者（护士或医生）展开电话联系。通常定位为一种提供基本诊断和医疗建议的低成本的便捷方式。如有必要，可转诊至当面咨询。迄今为止规模最大和最广泛的增值服务
	远程会诊：使用远程医生的助理和技术赋能的诊断*	由受过医学培训的健康助理向医生传输基本诊断信息（如血压、心电图和脉搏）的技术支持，再由医生向患者提供远程诊断和治疗建议

续表

增值服务分类	增值服务治疗	描述
治疗：低成本物资和服务项目的可及性	低价药品	以折扣价或低于市场成本的价格在自营或合约药房向客户提供优质药品；旨在减少自付开支并且改善药物可及性
	低成本诊所*	受雇于诊所的医生提供低成本咨询服务、低成本药物、低诊断服务
	低成本诊断	以折扣价或低于市场成本的价格在自营或合约药房向客户提供优质诊断服务；旨在减少自付开支并且改善初级治疗可及性
	紧急医疗援助	在紧急医疗事件中通过全球定位系统技术和来电派遣中心建立医疗急救快速反应系统，包括用救护车运送受伤或重病患者到合适的医院

注：* 表示潜在的增值服务将与小额健康保险计划挂钩。

当病情较为复杂时（如当需要处方药时），护士会将病例转给呼叫中心的医生。

其他增值服务计划的内容还包括每年提供一定次数的免费门诊访问。将技术辅助诊断结果传输给远程医生，是小额健康保险计划将来能够提供的重要的增值服务。然而，其他计划提供了折扣/低成本药物以及未来低成本连锁诊所的可及性。此类增值服务设法以有利方式影响索赔，以期患者可以节省自付开支，尽早而非推迟就医，进而减少向保险公司提出昂贵的住院赔付的可能性。的确，部分证据表明，即便对门诊患者服务做出了限制，此类服务也仍然会减少住院赔付。印度的自我学习实验（Swayam Shikshan Prayog，SSP）计划关于折扣门诊增值服务的数据表明，会员与折扣门诊诊所的距离可能与其住院率存在关联，距离较近，住院率可能较低，从而能降低保险公司的总成本。有数据显示，设有诊所村庄的住院赔付率比诊所位于2公里开外的村庄要低50%左右。

一些小额健康保险从业者正在寻求增加预防性增值服务，例如健康讲座和健康营地，其重点在于，通过健康教育来改善客户的健康习惯，促进追求健康的行为。在通常情况下，健康营地的主要吸引力在于可以免费咨询。鼓励改善健康习惯和健康行为的增值服务在减少赔付总额上很有前景，并且提供此类服务的费用非常合理；但是，此类服务未对门诊开支产生直接的实质性影响，因此它们并不太受客户欢迎（见专栏8—5）。

专栏8—5　电话医生经济学

基于源自此类计划的资料，单次电话医生的呼叫成本约为50印度卢比（1美元）。若小额健康保险计划成员的40%的疾病需要使用此项服务，那么每位成员的年均医疗开支为35印度卢比（约为0.65美元）。

最重要且最鼓舞人心的是，几乎所有此类电话医生业务，无论规模大小、是否获得政府支持，均存在共同之处，即大约70%的医疗援助来电均借助通话解决了问题——最常见的情况为医生建议患者使用非处方药物。无须转诊医疗保健服务供应商的电话可以为患者省钱（降低或无差旅成本，减少工作中断）。剩余30%的来电需要转诊，接受医生的当面咨询。作者估计，电话医生可以为城市地区的每个家庭每年节省达3美元的咨询费。同时，可为农村地区的每个家庭节省运输费、误工费、咨询费等合计达10美元。

三　增值服务的客户价值与商业价值

目前，仅存在有限的数据，能够对增值服务可能给客户和小额健康保险从业者带来的影响，以及对各种增值服务的操作规模进行稳健的评估。例如，如果农村家庭能够通过远程（手机）咨询解决医疗保健服务需要，而不需要放弃一天的工作、承担交通费用亲自到市区接受价格更贵的医生咨询，那么这个家庭便会从中受益。

虽然没有直接证据表明赔付会减少，但是这会给保险公司带来商业价值。然而，Aarogya Raksha Yojana（ARY）的计划和自我学习实验（SSP）的计划结合了对印度政府的全国性公共健康保险计划（Rashtriya Swasthya Bima Yojana，RSBY）的研究表明，提高门诊服务可及性会显著减少住院赔付。我们有理由相信这对于电话医生服务也是成立的，因为电话医生服务很容易获取，并且有经验表明，70%的医疗保健问题可以在通话过程中解决，而且患者无须为开具处方药而转诊或接受身体检查。

同样，通过与当地药店商定折扣来减少客户自付医药开支，应会增加此类服务对客户的吸引力。此类服务特别适合印度次大陆之外药价更高的地区，此外，零售药店更高的利润率为谈判提供了空间。此类增值服务的益处是可以实现的，并且几乎不会给小额健康保险计划增加任何持续成本。此类服务应当通过提升客户忠诚度和扩大市场渗透前景来产生商业价值，以此来降低小额健康保险计划的获客成本。同样，尽管这一服务直观合理，但是用来支持小额健康保险计划暗含的这种商业益处的数据很有限。然而，在坦桑尼亚开展的焦点小组讨论实例中，小额信贷客户却表示，30%的折扣肯定会吸引他们参保小额健康保险计划。与此同时，该案例发现，对于通常销售利润率为40%—60%的药店，如果能够独占性地为小额健康保险计划成员提供服务，那么就将准备给予中等规模的小额健康保险计划的成员在正常零售价格上最高30%的折扣。因为药品费用在许多国家占据了昂贵的门诊费支出的大部分（如上所述，这是低收入家庭因病返贫的主要原因），所以药品折扣显得尤为重要。

具有预防性医疗保健服务特征的增值服务更加难以评估。一方面，广泛的证据表明，医生仅需要采取简单的治疗措施，便可控制严重的传染病，而这是患者的一大福音。因此，业界有理由假设，健康营地的小额健康保险计划或其他一些将健康教育与医疗诊断结合起来并现场提供简单治疗方案的混合方法是具有商业价值的。另一方面，客户对预防性健康教育的热情并不太高。

四　最新经验教训

如下为几点重要的经验教训，应当会引起实施增值服务的小额健康保险从业者的兴趣。

（1）提供增值服务的小额健康保险应当宣传每项服务并就此开展

客户教育。因为客户对这些新服务项目缺乏了解与认识,所以一些干预措施步履蹒跚,一些增值服务也一直没有获得充分的利用和重视。

(2)当外包给第三方(如提供门诊服务的医疗保健服务供应商)时,提供增值服务的小额健康保险计划需要具有居家医疗的专业知识。

(3)增值服务的分期很重要。如果同时推出增值服务与小额健康保险,由于缺乏重点,后者可能危及前者的成功实施。在着手实施增值服务计划前,有必要将核心保险产品扩展至合理规模并保持稳定;或者,正如本节所建议的,先引入增值服务,然后加入保险组件。

(4)大多数增值服务创新者专注于一种干预措施,而少数人则同时尝试了至少两种干预措施。尽管此类多重干预措施可以促使客户就增值服务的相对优点提供实用反馈,但是其风险在于——资源没有得到充分利用,所以就无法使任何一种干预措施足够有效,进而得到客户的适当认可,同时也无法实现其全部商业价值。

(5)在驱动增值服务规模上处于领先地位的是政府资助计划。对于较小的私营小额健康保险计划,扩大增值服务规模也是其易于实施的一个措施,这一点并不令人意外。

显然,今后两年中,印度次大陆以及其他发展中国家都会开展更多的增值服务干预措施。与此同时,需要制定一套将这些新兴倡议囊括其中的研究方案,以便用可靠的调查结果和数据来填补知识领域的诸多空白。在此期间,儿童和产妇死亡率等指标通常被视作代表,广泛地应用于评估医疗保健融资或交付机制的有效性。它们可以率先成为衡量影响力的指标。

小额健康保险中的增值服务可以为客户提供更多的有形价值,进而促进更好的风险管理决策和健康实践。如果改善健康实践带来了更好的健康状况,那么可能通过更高的购买率和续保率以及更低的住院索赔率,为小额住院健康保险带来更有利的商业案例。因此,增值服务有望成为多方面解决方案的一部分,而小额健康保险亦可借此成为一个更宝贵、更可行的针对贫困人口健康(和财富)的保护机制。

第五节　利用健康保险推动全民健康保障[①]

一　引言

每位社会成员均有权享有社会保障，包括医疗保健服务。但是，世界上约有40%的人缺乏基本保护。与此同时，中国、加纳、印度尼西亚、墨西哥、南非等国家正在构建全民健康保障（Universal Health Coverage，UHC）。在该制度下，每名社会成员均可以在未处于财务困境的情况下获得必要的医疗保健服务（见专栏8—6的定义）。

专栏8—6　定义：全民健康保障[②]

全民健康保障（UHC）是指："每名社会成员均可以在未处于财务困境的情况下获得必要的医疗保健服务的制度。"该制度的基本理论是，全民健康保障可以提升基本医疗服务的可及性，提升财务风险保障，最终实现更好的健康结果。可从3个维度来衡量全民健康保障：广度——覆盖人群，深度——被保障的服务项目，高度——保障占成本的比重。

许多国家正试图将政府资助的健康保险视作实现全民健康保障的主要途径。同样是在这些国家，一些社区组织、商业保险公司以及与政府资助的健康保险计划志同道合的其他机构也赞助了私营健康保险计划。

许多低收入和中等收入国家提供社会健康保障的一个主要障碍是，难以触达非正式劳动者及其家属。政府难以识别个人身份，将其纳入参保范围，然后收取保费，而健康保险供应者已经做好了接手此项管理职

[①] 本节内容基于研究简报第20号，节选自系列论文第23号。本节作者为Meredith Kimball（发展成果研究所），Caroline Phily（国际劳工组织影响力保险部门），Amanda Folsom（发展成果研究所），Gina Lagomarsino（发展成果研究所），Jeanna Holtz（国际劳工组织影响力保险部门）。本节作者的致谢请参见系列论文。

[②] Savedoff, W., de Ferranti, D., Smith, A., Fan, V., 《向全民健康保障过渡的政治和经济特点》，《柳叶刀》，2012年；世界卫生组织，《世界卫生报告2010》，《卫生系统融资：全民保险之路》，日内瓦，2010年。

能的准备。尽管健康保险计划难以实现规模效益或者获得充足的资源，但是各国政府在这两个方面均处于有利地位。这些互补资产为两方协作开启了机遇之门。

本节考察了一项假设：政府资助的保险计划应当与私营部门合作，以此来加速将健康保险扩展至非正式就业人群及其家属。

二 全民健康保障中私营参与者的作用

政府和私营参与者间的协作属性会因时而变，也会因背景环境的不同而存在差异。尽管如此，健康保险在支持政府举措、提升优质医疗服务和财务保障的可及性方面，仍然持续发挥着重要作用。我们的研究结果表明，健康保险计划和其他私营参与者在推动全民健康保障中可以发挥4项主要作用：替代、基础、伙伴关系和补充。图8—2表明了健康保险计划在迈向全民健康保障的演变连续统一体中的作用。应当注意的是，这一演变在现实中更具迭代性，在特定时间点可以及时应用多项作用。该框架以简化的方式说明了这一进展。

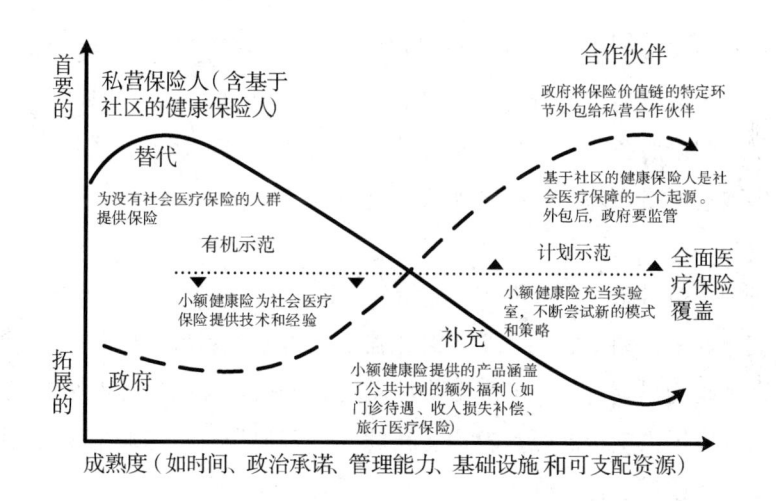

图8—2 利用健康保险推动全民健康保障

（一）替代

在早期，健康保险计划通常以基于社区的健康保险（Community

Based Health Insurance，CBHI）的形式替代尚未设计成型或得到有效实施的政府举措。在有限的政府参与下，这种替代可能无限期地居于主导地位。在其他情况下，健康保险计划可能在国家建设全民健康保障的早期阶段代替政府举措，然后随着政府改革进展而缩减。

（二）基础

各国政府也可以将基于社区的健康保险计划的资产作为等比扩展全民健康保障计划的基础。泰国政府把从早期基于社区的健康保险计划中得出的经验教训应用于非正式就业者自愿计划的设计方案之中，随后，该国将这一计划与一项针对贫困人群的计划合并，形成了单一的强制型计划——全民健康保障计划，以此来保障非正式就业者和贫困人群。

（三）伙伴关系

政府还可以同健康保险计划及其他私营机构建立伙伴关系，共同履行关键的保险活动，如市场营销、识别合格客户、参保登记和收取保费，甚至是理赔和承担风险。这是一个有吸引力的选项，以此在政府内部创建并提供此类职能，从而助力规模扩大。

（四）补充

在政府开展的举措提升了待遇后，健康保险计划仍可以提供宝贵的产品，对政府待遇进行补充。例如，提供国民待遇一揽子计划中可能没有提供的门诊服务，报销与健康有关的交通费、误工费、儿童保育费等，或提供政府网络之外的健康设施的可及性。

三 示范效果

健康保险计划可以是"学习孵化器"，为决策者展示效果。在开展健康融资战略的早期阶段，健康保险计划可就如何保障被排斥在外的群体，为各国政府提供宝贵的经验教训。在此之后，他们可在与政府协作期间，试验新产品或新的经营模式。

健康保险的经验往往能提供有关非正式就业者的特征信息（如收入模式和就医行为），从而为待遇设计提供依据（如服务项目和供应商偏好），为更可信的定价提供数据（如索赔的发生率和平均费用）。健康保险的经验还可以通过创建并且测试新技术（如构建管理资讯系统或前端技术），构建医疗保健服务供应商支付机制，开发交付保险所需要的技巧，为业务设计提供信息。

当示范效应持续展现，我们就可以从不同的健康保险计划的发展历程以及试点新模式的健康保险计划中吸取经验教训。示范效应可能在政府首次设计全民健康保障的替代阶段产生特别强烈的影响，当然，这种影响也可能发生在后期。

（一）成功因素

（1）健康保险的经验。泰国最终从自愿健康卡计划转向强制型全额补贴计划。该计划于2002年推出，涵盖98%的人口。强制实施的新原则包括强制参加和全额补贴一揽子计划。这些功能都是基于从早期计划获得的经验教训而设计的。若没有这些经验教训，保单设计可能大不相同。（2）一致性和透明性。尽管健康保险可提供潜在的宝贵信息源，但是不同的计划采用的模式不一定总符合国家的偏好次序。各国政府可以通过开展透明且清晰的国家层面的战略交流来为更强大的伙伴关系提供便利，并认识到战略往往处于演变之中。此外，强大的沟通机制有助于健康保险实现与政府目标更密切的一致性。（3）正式的交流平台。从各健康保险计划的碎片化的经验中学习是困难的，公共部门应当组织收集和分享这些信息和经验。（4）明确的研究目标。为了让经过规划的试验过程尽可能有效，应当有明确的目标以及协商一致的方法和监控系统。应当在试验过程的早期清楚阐明经过规划的实验目标和愿景，这一点很重要。通过确保所有项目的利益相关方大力参与并且将试点化作政府战略的基本组件来给予帮助。（5）将试点计划纳入改革进程。在规划试验的过程中，务必清楚阐明健康保险计划的退出策略。若试点取得成功，那么这些计划通常会转给政府。

（二）局限性

（1）推广潜力。小额健康保险计划的规模小，并且在地理上较为集中。通过局部或小规模经验取得的成果可能不适用于全国。（2）调查结果。根据定义，试点计划属于试验，所以部分计划会失败。政府可能踌躇不定，缺乏资金，无法支持试点运行。（3）对于从事业务研究或测试一项新政策的政府，健康保险的灵活性是很宝贵的。通过伙伴关系并且作为一种资源，健康保险可以成为更广泛的医疗融资战略的一部分。

四　结论

政府举措中存在诸多利用健康保险计划和私营参与者的机会，但是要实现全民健康保障并无绝招。实现全民健康保障需要花费大量时间和各项资源。对于那些保障覆盖面已经显著扩大的国家，尤其是扩大到非正式经济活动中个人的国家，他们在改善医疗保健基础设施的同时，扩宽了待遇范围，提高了补贴额度，推行了强制性参保登记。

此类政策决定和相关的资源调动对大部分政府而言是具有挑战性的。

健康保险计划的能力不尽相同，所以其作为政府合作伙伴发挥的作用也存在差异。健康保险计划的示范效果很重要，但是对其经验教训应当具体问题具体分析。此外，无论健康保险或政府计划的设计或融资有多完美，仍然会存在一些财务和行为约束，限制并扭曲消费者的需求。

对于政府和健康保险计划之间任何形式的协作，关键的成功因素是，在所有利益相关方之间保持持续透明的对话，以便理解各方的优势和不足，协调利益。决策者有必要理解并监控健康保险在其国内的影响，阐明健康保险与时俱进的最佳作用。同样重要的是，健康保险参与者要支持其在帮助政府实现全民健康保障的努力中所能发挥的作用。

尽管缺乏实现全民健康保障的明确方案，但是健康保险明显可以促进政府为大量非正式就业者提供服务，而协作则可以减少重复或竞争。各国政府应当将健康保险视作创新和学习之源，积极寻求经验多、思路新且具有互补能力的合作伙伴。

第六节　金融普惠与健康风险应对[①]

一　引言

不良健康状况与贫困互为因果，因此获得良好的健康状况是在追求社会和经济权力过程中不容忽视的内在目标。世界卫生组织估计，全球每年约有1.5亿人因自付医疗服务开支而遭受财务灾难，其中1亿人因病致贫或因病返贫。

除非解决医疗问题，否则金融可及性的影响将会很有限。而金融普惠性——向低收入群体提供可负担的金融服务确实是实现此目标的一种有效手段。金融服务可及性本身并不能促进发展，确切地说，发展要取决于人们如何使用这些金融工具。

开发健康问题的解决方案可以实现客户、社会和金融服务供应者的"三赢"局面。对于金融服务供应者，保持客户及其家属的身体健康具有商业意义。尽管社会对此类解决方案具有巨大需求，但是鲜有金融服务供应者聚焦解决健康挑战。因而，有效开展进一步实验的空间还很大。

本文探讨了健康的背景，凸显了与保持健康有关的不同成本，以及政府在支持公民管理健康开支方面应做的努力。这些健康成本包括在医疗保健开支的讨论中常常被忽略的非医疗开支，如生病导致的误工费。本节描述了不同的金融工具（储蓄、信贷和保险）以及非金融服务项目已经并且将如何进一步促进健康开支管理。金融服务供应者开发出了专门应对健康需求的产品服务，我们借鉴了其中的一些案例研究。

二　医疗保健支出的分类

任何医疗保健融资模式均需要两项关键统计数据：各类医疗保健服

[①] 本节内容基于研究简报第41号，节选自系列论文第51号。本节作者为Lisa Morgan（国际劳工组织影响力保险部门）、Craig Churchill（国际劳工组织影响力保险部门）。本节作者的致谢请参见系列论文。

务的频率以及平均成本（严重性）。当从个人角度思考财务风险管理时，从这两大维度来考虑医疗保健成本更为实用。如图8—3所示，一些医疗开支会经常发生（大概率），另一些则鲜有发生（小概率）；有些医疗保健服务的成本高昂，另一些成本则较为低廉。该图中未描述相关的非医疗开支，但是从低收入者角度来看，这些开支可能仍然相当可观。

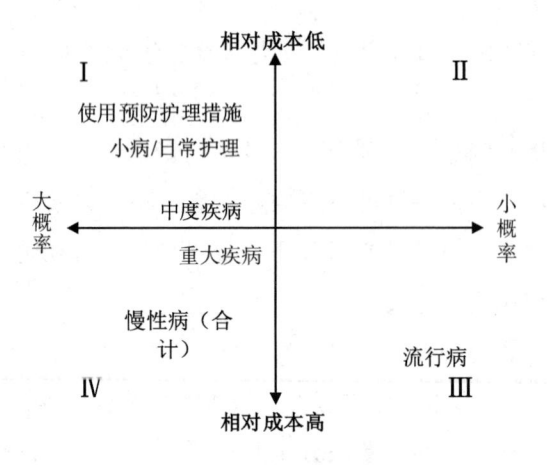

```
                      相对成本低
                           ↑
         I                 |                II
    使用预防护理措施         |
    小病/日常护理           |
                           |
    大 ─────中度疾病───────┼────────────────── 小
    概      重大疾病        |                    概
    率                     |                    率
                           |
        慢性病（合          |
        计）               |                 流行病
         IV                |               III
                           ↓
                      相对成本高
```

图 8—3　医疗开支的成本和可能性

资料来源：《世界卫生组织公报》，2010年。

三　整合金融普惠性与健康

在过去十年中，一些金融服务供应者已经接受挑战，开始为低收入人群和中小企业开发财务健康方案。但是，进一步创新的空间仍然很大。Leatherman等（2011）的研究确定了89家同时提供小额信贷和健康干预措施的机构。他们提供的最常见的健康干预措施是基于不同群体的健康教育课程，在这些机构中有8成的机构提供了此项举措。根据此项研究，健康教育可以产生显著影响。仅2%的机构提供了健康储蓄账户，6%的机构提供了客制化的医疗贷款。只有不到20%的机构提供了私人小额保险或政府医疗保险。

尽管非财务的健康干预措施（如健康教育）普遍得到了客户赞赏，并且确实产生了影响，但是市场对健康方面的财务风险管理解决方案的需求更大。在许多国家，此类解决方案供不应求。国际劳工组织开展的研究表明，低收入家庭对各类健康保险的需求往往超过对任何其他类型的金融风险管理解决方案的需求（见本书第三章第一节）。

如上所述，在为健康风险设计可能的财务解决方案时，从确定风险发生概率和严重程度（成本高或低）着手最为有效。但是，还需要考虑：是否正在开展全民健康覆盖面改革？是否存在政府健康计划？该计划涵盖哪些费用和服务项目？借助这些变量，便可能考虑不同的金融服务项目如何与不同的健康风险保持密切关系。

（1）"高频低损"（较不容易预测）的医疗开支。不受全民健康保障计划保障但是相对较低的开支（特别是预期开支）可以尽量以储蓄来支付，同时采用应急贷款来填补这一缺口。理解经常性开支（如针对体检和已知疾病）的时间选择将有助于低收入家庭做好预测和储蓄。应当提前规定谁的医疗开支应当包含在医疗储蓄账户之中（即"包括谁？"的问题）。在理想情况下，它应当纳入参与人有义务为之付款的任何人，但是这一列表会很长。

（2）"低频高损"的医疗开支。通常，成本较高但发生频率较低的事件更符合风险分担类的解决方案。对于高成本医疗开支，政府资助的健康计划是最适当的融资机制。金融服务供应者不应当试图与政府资助的医疗保险进行竞争，或者取而代之，因为后者能够达到的风险分担程度是前者难以企及的，但是若要穷人获得平价的医疗保健服务，政府资助势在必行。简而言之，医疗保健服务很昂贵，所以需要把健康的富裕人群与有病的贫穷人群汇聚起来才能让保险机制发挥作用，这需要采用全民医保计划，而该计划还可能通过税收提供额外收入。最理想的情形是，金融服务供应者开发的解决方案应当补足政府的健康计划，避免重复，充分利用综合资源。

（3）"低频低损"（较好预测）的医疗开支。较少的灾难性或非医疗的自付费用可以通过储蓄、信贷和保险予以管理，比如按住院天数逐日支付一定金额的医院现金产品。全民健康保障计划无法保障与不良健康状况相关的成本，也无法就此做出任何承诺。每一项全民健康保障计划提供的保障范围将因一个国家医疗体制的财务资源不同而存在差异。在全民健康保障计划所能保障的范围之外，若还存在全民健康覆盖计划，那么公民仍然需要支付一些自付费用和相关费用，但是此类费用可能并不容易预测。此外，全民健康保障计划并不承诺保障生病导致的误工费、从家到医院的交通费、膳食以及其他有关费用。所有这些保障缺口均为金融服务供应者带来了机会，他们可以设计财务解决方案，从而管理这些剩余开支。这些解决方案对低收入群体非常重要，因为即便很小的自付开支也会造成就医障碍。

四　主要发现

我们从这些案例研究中发现了一些要点。

（1）金融服务供应者有潜力成为强大的分销代理人，有助于将非正式就业者纳入政府健康计划。

（2）健康储蓄和信贷产品是针对较小额度健康开支的可选的解决方案；从长期来看，储蓄有更大的保障作用。研究表明，当家庭可以获得健康储蓄账户，其维护健康的长期成本会下降，因为他们可以更早地寻求医疗保健服务。

（3）保险可以发挥补充作用，有助于弥补收入损失和自付开支。金融服务供应者不应当试图与政府资助的综合医疗保险展开竞争或取而代之。通常情况下，任何金融服务供应者均难以企及政府可以达到的风险汇聚和收入提升程度；从富人到穷人、从健康人士到患者的交叉补贴设计做到这一点，才可以为穷人制定出一套综合平价的医疗保健计划。与保险公司不同，全民健康保障计划有潜力通过税收来提升和汇集更多的收益。鉴于公共行业医疗保健服务供应者和私营医疗保健服务业的监管者之间的关系，政府和所有医疗保健服务供应商的谈判能力往往要超过保险公司。但是，即使在全民健康保障计划存在的情况下，预计公民需要自付部分医疗和非医疗开支，如药物费用、患病期间的误工费、往返医院和家庭之间的通勤费、膳食以及其他相关开支等。不良的健康状况会带来一系列此类开支。如果金融服务供应者能够设计出财务解决方案来管理这些剩余开支的风险，那么这些保障缺口便会成为市场机会。因为对于低收入人群，即便很小的自付开支也可能构成求医障碍，所以这些解决方案也很重要。

（4）除适用于健康状况的金融服务之外，金融服务供应者还可以考虑将非金融解决方案（也称为增值健康服务）绑定到储蓄、贷款或保险。增值服务包括基于奖金的健康行为激励计划、远程医疗、健康贴士、供应商检查、商定折扣、针对客户身体健康的直接投资等。

（5）为获得最大的效果，金融服务供应者可以将多种聚焦健康的产品服务绑定。将政府健康计划可及性与健康储蓄账户、健康贷款、补充健康保险、相关增值服务等组合起来的一揽子计划可以帮助家庭和小微企业管理其健康风险，从而为打破贫穷循环做出重大贡献。

（6）在设计产品解决方案时需要认真考虑性别差异。需要认真了解妇女、家庭健康、金融普惠性障碍之间的关系。

（7）试点很重要。分析有关健康的金融需求是一个很复杂的过程，产品在取得成功之前需要经过多次迭代。约旦妇女小额基金认为其健康保险产品"护工"取得成功的关键在于——认真规划并开展试点。

五 结语

有证据表明，金融服务供应者可以对其客户及家属的健康状况产生深远影响。开发新的解决方案首先要全面了解国家背景、客户需要及其生活境况。金融服务供应者的新的健康解决方案开发工作存在很大的发展空间，特别是考虑到移动通信技术和健康技术在不断进步。考虑到致力于金融普惠性的金融服务供应者已经理解并触达通常被排斥在健康保险以外的群体，所以金融服务业正处于有利的位置，可以充分拓展才能，收获更健康客户的回报，为提升全球健康状况做出贡献。

第九章

其他的保险产品服务

第一节 小微企业保险[①]

一 引言

小微企业（见专栏 9—1）对经济发展至关重要。国际劳工组织（2015）断言，小微企业是"创造就业的主引擎"，三分工作岗位独占其二，并且创造了大部分的新就业机会。此外，小微企业与促进创新、强化竞争、创造收入息息相关。所有这些作用都对经济发展和减少贫困至关重要。事实上，小微企业在新兴市场尤为重要——全球估计有 4.2 亿—5.1 亿家中小微企业，而小微企业占到了 80%—95%（国际金融公司，2010）。

专栏 9—1　"小微企业"的含义

企业规模分类因组织、政府、研究人员等存在巨大差异。本节将"小微企业"一词用作微型企业和小型企业的统称，因此本节考察的保险计划涵盖从家庭作坊到雇员人数在 50 人左右的企业。

尽管信贷人寿保险对小微企业很重要，但是并非本节的重点，在此不再赘述。有关这一主体的更多信息可见影响力保险部门发布的其他出

[①] 本节内容基于研究简报第 37 号，节选自系列论文第 43 号。本节作者为 Alice Merry（国际劳工组织影响力保险部门）。本节作者的致谢请参见系列论文。

版物和项目信息。

尽管小微企业在经济中很重要，世界各地的小微企业却普遍投保不足，或根本未曾购买保险。例如，50%的澳大利亚小企业有严重的保险缺口，26%的中小企业从未购买任何形式的常规性保险（澳洲保险委员会，2008）。尽管英国66%的小企业在2012—2014年饱受洪水、干旱和降雪之苦，但是其中29%的小企业并未因此类事件导致的营业中断而购买保险，43%的小企业缺乏足够保障，而雇员不足10人的小微企业中有75%的小企业缺乏应对恶劣天气的计划（小企业联合会，2015）。在许多发展中国家，小微企业缺乏保险的现象更突出。

在某种程度上，这是保险市场需要通过发展逐步解决的问题。发展中国家的保险公司往往从提供简单的个人产品起步，如人寿保险、伤残保险和住院现金保险。这些产品对小微企业必然有用，特别是受个人风险影响很大的家庭作坊。随着保险公司逐渐了解了这个市场及其典型的分销渠道，保险公司开始将注意力转向小微企业，设计出可以保障他们风险的产品。但是，这种演变步伐往往缓慢。此外，保险还需要进行大量工作，才可以在大多数发展中国家发挥其支持小微企业的潜力。能力建设、支持创新型供应商、共享知识和新的优秀实践经验等举措有助于加速这一演变过程。

二 小微企业面临的风险及其可保性

（一）小微企业面临的风险

小微企业面临一系列风险，包括资产失窃、关键员工生病、自然灾害等，但是这些风险通常难以有效管理。小微企业应对此类风险的难度远超大企业。这部分上是一个简单的资源问题：小微企业赖以应对风险并得以存活的资源要少得多，而且缺乏风险管理技能和工具使得情况更为恶化。

根据财产和意外险精算师协会（Casualty Actuarial Society，CAS，2003）的定义，小微企业面临的风险可分为四大类（见表9—1），这个框架常用于企业风险管理系统（Yusuf等，2013）。

表 9—1　　　　　　　　　　小微企业面临的风险

有害风险	火灾和其他财产损失
	风暴、洪水和其他自然灾害
	失窃及其他犯罪
	人身伤害
	营业中断
	疾病和残疾（包括工伤）
	责任索赔
金融风险	价格（如资产价值、利率、外汇、大宗商品）
	流动性（如现金流、产品召回风险、机会成本）
	信用（如违约、评级下调）
	通货膨胀/购买力
	对冲/基差风险
经营风险	业务运营（如人力资源、产品开发、能力、效率、产品/服务失效、渠道管理、供应链管理、业务周期性）
	授权（如领导能力、应变准备）
	信息技术（如相关性、可用性）
	信息/业务报告（如预算和规划、会计、信息、养老基金、投资评估、税务）
战略风险	声誉损失（如商标/品牌受损、欺诈、不利宣传）
	竞争
	客户需求
	人口和社会/文化趋势
	技术创新
	资本可得性
	监管和政治趋势

（二）小微企业面临风险的可保性

《财产和意外险精算师协会风险框架》（第 2 章）列出的许多风险是可保的，但是还有一些不在可保之列。作为一种风险管理解决方案，保险能够保障那些不频繁发生但会导致巨大损失的风险。这些风险必须涉及明确和可以量化的财务损失，具有随机性，并超出投保个人或企业的控制范围。供应链管理不善、无法聘用正确的员工等与业务经营紧密相关的风险,其风险状况在很大程度上受制于业务,所以是不可保的。此外,另一种经营风险——市场竞争亦不可保。因为它难以量化,也过于常见,几乎所有企业在面临激烈竞争时都会奋力挣扎。

该框架确定了大量的可保风险。保险与有害风险的关系最密切,但是也与财务风险相关。不过,保险难以解决战略或经营风险的问题。表9—2 总结了每一风险类别的可保性。

表9—2　　　　　　　　保险与风险类别的相关性

与保险密切相关	有害风险	保险具有很大潜力,可以支持小微企业管理此类风险。对于产业精算协会框架提及的所有有害风险,均有相关的保险产品
与保险部分相关	财务风险	保险可用于帮助小微企业管理与流动性、信贷有关的风险通货膨胀/购买力、对冲/基差风险是不可保风险
保险不适用	运营风险	保险不提供克服此类风险的手段,应当采用其他工具和措施
	战略风险	

三　小微企业保险的良好实践

小微企业保险为保险公司提供了一个很有前景的市场。尽管如此,它也带来了三大挑战。(1)产品设计。许多保险公司并未充分了解小微企业及其风险,也没有为其提供合适的有价值的产品。(2)一旦设计出一款产品,保险公司便面临着寻找合适的分销策略从而将其送到客户手中的挑战。但是,小微企业纷繁芜杂且组织形式松散,所以很难找到客户聚合器。(3)保险公司面临着有限的需求,而小微企业则对保险缺乏理解和信任。为了克服这些挑战,借鉴那些已在该市场取得成果的供应者采取的新的有效做法是个明智之举。

(一)产品设计

一般而言,保险公司应当了解其市场环境、业务活动、需要、偏好、当前风险管理实践等。为了提供能够与既有风险管理机制进行竞争的产品,保险公司必须先学习此类机制的优势,尤其是它们的通用性以及保险能够填补的痛点与空白。

绝大部分的受访供应者表示,保障多种风险的产品对小微企业的吸引力远超单一风险产品。但是，这并不一定意味着，一种昂贵的保险产品能够给多种风险提供保障。即使针对特定险种提供有限保障也会吸引到小微企业主并且具有实用性，因为在常规情况下，较之于可能永远不会发生的单一风险的高保障，他们更喜欢对自己能够轻易想到的一系列风险采取有限保障。因为健康是小微企业主面临的一项明显且重要的风险，所以这些保险产品应当包含一些简单的健康待遇，这点很重要。

客制化的一揽子待遇计划的作用有限。大部分保险公司没有足够的时间和专业知识向小微企业主解释复杂的产品和选项，而复杂度和过多的选项反而极易让小微企业主望而却步。因此，调整产品以适应分销渠道或大客户群体，进而避免客户层面上的个性化定制和选项，是大多数保险公司的明智之举。

（二）分销

因为金融机构往往已经与这些企业主建立了伙伴关系，并且通常愿意将保险与其贷款或储蓄产品绑定，所以此类机构是保险公司触达小微企业主的一个常规途径。商业协会是另一条分销渠道。此类协会汇聚了一个行业内部的很多小微企业，可能愿意帮助保险公司向其成员销售一款保险产品。

汇聚小微企业的另一条有效途径是，与小微企业以及与之同处一条价值链的其他企业或机构保持定期接触。对于小商店，有效的触达途径可能是货源较多的商店或批发商。对于种类繁多的零售商，有效的触达途径可能是为其提供快消品销售的分销网络。对于小作坊，有效的触达途径可能是其出售制成品的公司。

保险公司要找到通过该渠道提升核心业务的方法，才能取得成功。这包括利用保险提高客户忠诚度，维护公司形象，帮助客户在危机期间继续使用服务，甚至于帮助政府实现公共政策目标。

最后，技术提供了以低成本高效益的方式克服传统障碍，并由此向小微企业交付保险产品的机会。技术可用于从以数字方式支付保费、领取赔款和获得金融教育的所有流程。

（三）保险文化与需求

许多保险公司注意到，小微企业主通常比其他主体更了解自己面临的风险，这表明在众多市场的小微企业中培养壮大保险文化具有巨大潜力。

开发小微企业市场存在许多途径，但是这一切要从长计议，而且有时还需要大笔投资。进入小微企业市场的一条有效途径是，先提供强制型嵌入型产品。这提供了一个展示保险价值和建立信任的机会，随后便可利用这一机会向同类客户群介绍更多自愿型产品。另一条可能的途径是，随着既有小额金融机构合作伙伴的小额保险客户的发展壮大，与之共同成长。另一个选项是从领薪工人着手。在许多国家，此类工薪群体也经常经营小微企业，所以具有更丰富的金融服务经验。

最后，市场分割很重要。一些受教育程度高、收入高、有金融服务经验和对业务抱有热切期望的客户细分群体代表着一类大的市场机遇，他们可能更接受保险。

四 结语

鉴于小微企业的经济重要性，支持其发展显然很重要。尽管保险并非万全之策，但是若将更好的保险服务与提振小微企业能力、改善营商环境、减少经营风险的其他干预措施充分整合，便可为小微企业的发展提供有力支持。

第二节　改善信贷人寿保险[①]

一　引言

信贷人寿保险是一种在借款人死亡后为其未偿贷款的本金与利息提供保障的保险。因为此类保险往往易于引入，便于借款人理解，而且金融中介通常将其视作其核心业务的支持手段，所以此类保险是经验不足的保险供应者的一个逻辑起点。信贷人寿保险可有助于各方理解保险，并且通过帮助建立保险文化来扩大需求。当借款人看到了这款产品的益

---

① 本节内容基于研究简报第8号，节选自系列论文第9号。本节作者为John Wipf（独立咨询人）、Eamon Kelly（独立咨询人），Michael J. McCord（小额保险中心）。本节作者的致谢请参见系列论文。

处时，他们便更愿意接受其他保险产品。

但是，信贷人寿保险往往设计不佳，通常没有给客户及其受益人带来应有的价值。没有提供什么价值的保险产品会强化人们对保险抱有的负面态度。因此，提高信贷人寿保险产品的价值，可以改善客户对保险的态度，转而提升保险需求。

二 信贷人寿保险的保障类型

基本信贷人寿保险是最常见的保险产品。本产品仅在借款人去世时为其未偿贷款的本金和利息提供保障。它可具有如表9—3所示的多种结构。

表9—3　　　　　　　　基本信贷人寿保险的常见设计

特征	说明
被保险人	借款人
保险标的	未偿本金和利息的实际余额； 未偿本金和利息的计划余额
如何支付保费	通过借款人： 从贷款额度中扣除保费； 将保费计入贷款额度中，然后在贷款期限内付清； 将保费加入到较高的利率中，然后在贷款期限内付清。 通过贷款人： 贷款人根据在此期间的平均未偿投资组合总额，向保险公司定期支付"合计的"保费，再通过特定方式向借款人收取保费
支付保费的人	借款人直接向保险公司支付保费； 贷款人支付保费，并将此成本转嫁到借款人身上（如通过提高利率）； 通过外部补贴（很少）或其他方式筹措保费

一种得到改良的价值主张——增强型信贷人寿保险提供了除基本信贷人寿保险产品之外的保障，以便令受益人在客户去世时获得经济利益，或者令客户在其家庭成员去世和/或发生另一风险事件时得到一些保障。

增强型信贷人寿保险的三个例子如下：（1）增强型生命保障提供了基本信贷人寿保险所提供的待遇，外加额外待遇，比如支付丧葬费等。例如，埃及亚历山大商业协会（Alexandria Business Association）为全额初始贷款提供保障，外加一笔"保释金"，以此来协助丧葬费的支付。（2）增强型风险保障在承保与基本信贷寿险相同的风险的基础上，增加了其他内容，如借款人的伤残保险、个人意外事故保险、经营场所火灾保险。（3）家庭保障不仅扩展了基本信贷人寿保险，而且包含增强型生命保障，从而涵盖了家庭成员的死亡或残疾风险。

三 制度安排

交付信贷人寿保险的机制很多。尽管贷款人总是以分销商的身份出现，但是承保人通常是一家商业保险公司、与贷款人有关的会员制互助社（Mutual Benefit Association，MBA）[①] 或合作的保险公司。有时，如果贷款人承担了基本信贷人寿保险的保险风险，那么便没有外部保险公司。当贷款人决定为客户提供更多保障时，就有必要放弃该风险。

因为信贷人寿保险使得保险公司相对容易进入市场，所以他们通常将信贷人寿保险视作其保险业务的一个支柱。在风险不大时，保险公司往往能够获得可观的利润，同时还可以了解市场、把握死亡率、检测理赔管理制度。但是，保险公司和贷款人在大多数情况下，除使用信贷人寿保险之外，不会进一步涉足保险业务。这可能是因为，保险公司和贷款人的主要目的已经实现（贷款投资组合的利润和保护），并且两者均未特别注重应对客户或潜在客户剩余的风险保障需要。

四 信贷人寿保险的价值

如表9—4所示，可以用3个比率来量化一款成熟的信贷人寿保险产品带给客户的价值。

[①] 通常情况下，无论正式的还是非正式的，这都是一个独立于贷款人、由借款人自己拥有的风险承担组织。

表 9—4　　　　　　　　　信贷人寿保险的主要业绩指标

指标	定义	计算方法	良好财务价值的范围①	从客户角度予以解释
已发生赔付率	从保费中向受益人支付保险待遇的比重	已发生赔付/已赚保费	高于60%	衡量信贷人寿保险产品的客户价值。在不存在欺诈和逆向选择的情况下,较高的比率意味着保费金额中返还给客户收益的比例较高
已发生费用率	保费中用于管理该产品花费的比重	已发生费用/已赚保费②	低于25%	衡量信贷人寿保险产品的效率。如以较低的开支降低了保费,而非提高了收益,那么表示该产品有效和有价值
已赚保费净利润率	保险产品对保险公司的盈利贡献	净利润/已赚保费	不高于10%	通过降低保费来增加客户价值,可以降低超额利润

注:①这些建议的比率限制是本节几位作者的集体意见。请注意,因为准备金利息提高了净收益率,所以这些比率之和可以超过100%。②在权责发生制会计准则中,保险公司通过在整个贷款期间反映保险承保范围的风险和管理费的方式来赚取保费。因此,保费收入模式独立于保费支付模式。

如果"良好的财务价值"被定义为至少60%的总保费以赔付形式支出,那么本研究中分析的信贷人寿保险计划符合这一标准的仅占1/3。值得注意的是,所研究的保险计划中,已发生赔付率的范围从11%到119%不等。尽管业界通常认为,信贷人寿保险对保险公司和贷款人均有好处,但是这并非放之四海皆准。赔付率接近或超过100%的计划难以持续,很可能引起保费调整。

信贷人寿保险产品对客户的财务价值较低的部分原因在于,小额金融机构历来注重为自己创造价值,而非为其客户创造价值。当小额金融机构自留因借款人去世而引发的贷款违约风险时，尽管承担的损失非常低，但是它们通常会收取高额费用（有时达到初始贷款额的3%）。

略微让人吃惊的是，根据产品的客户价值对本研究分析的组织进行的排名，基于会员的组织（互助会、合作社、信用社等）排名倒数。这一研究成果表明，合作社和互助会没有面临竞争，其产品定价往往会产生额外盈余，并以此来建立股本和储备金。一些组织的技术能力有限，所以倾向于保守定价，而另一些组织则会模仿市面上的其他产品。尽管如此，由于这些组织直接或间接由被保险的家庭所有，其所产生的超额盈余最好能够通过扩大服务和其他待遇的方式回流到会员手中。

五　建议

基于此项研究，本节针对如何开发和推广信贷人寿保险产品给出了几点建议。

信贷人寿保险应当被视作开始，而非结束。从全球范围看，如果保险公司和贷款人能够从基本信贷人寿保险产品中吸取经验教训，并利用这些经验扩大客户的可选范围，那么客户将会受益。

基本信贷人寿保险和增强型家庭保险应当被视作独立的产品，并以与贷款总额相关的方式来定价（如占贷款总额的百分比）。其他保险应当根据其具体风险和承保总额来定价，而这一固定价格通常与贷款金额无关。这些种类的保险通常会一同定价，但是由于其风险特征不同，这一种做法不妥。相反，保险公司需要对包含在信贷人寿保险产品中的各类风险保障定价，并且要注意风险类型、保险金额等。

在大多数情况中，借款人可有效地提供基本信贷人寿保险。因为基本信贷人寿保险只覆盖死亡情况下的违约，所以不应当存在任何禁止贷款人提供基本信贷人寿保险的法律问题。如果贷款数额和潜在损失重大，或者保险公司通过一项积极的计划来扩展基本信贷人寿保险产品，以此来提高客户价值，那么由保险公司的合作伙伴承担风险便是可行的。

信贷人寿保险产品的管理应当简单易行，积极努力地控制成本。一旦涵盖了经营成本，产生了公平利润，那么降低费用能够让客户通过降低保费直接受益，通过扩大待遇或增加服务项目间接受益。

这些产品结构——独立的基本信贷人寿保险对比于包含基本信贷人寿保险、增强型寿险、增强型风险保障和/或家庭保险的聚合产品——对经营的影响更大。产品设计可以影响到产品管理的方方面面，比如保障的连续性、保费计算和保费收取。在引入该产品之前，保险公司需要考虑这些因素，从而确保清晰度，将潜在冲突降至最低水平。例如，包含家庭保险的增强型信贷人寿保险产品应当仔细考虑如何管理索赔，以及为额外的被保险人的寿命定价。

信贷人寿保险产品可灵活回应保险公司、借款人和客户的需要。借款人应当努力了解客户需要，在此基础上提供有价值的产品。基本信贷人寿保险不足以满足低收入人群的需要。信贷人寿保险为保险公司和借款人提供了一个协助客户高效管理其风险的机会。这一机会应当得到重视。

第三节　发展小额保险再保险[①]

一　引言

简而言之，再保险就是针对保险公司的保险。每项风险均可再投保。但是，并非所有风险均同等程度地需要再保险。在业务范围类似的条件下，较之于承保风险小而投保数量大的业务组合以及地理分布广泛的业务组合，具有少量大型风险的业务组合和高集中度的业务组合通常需要更多的风险转移。

专业再保险人在分析并管理大型或复杂风险、分层和打包复杂风险时必须具备独特的专业知识。他们在全球范围内处于优势地位并且支持风险分担：因为再保险公司与各地区的保险公司、再保险经纪人、其他再保险人等其他风险专业人士开展交易，所以他们往往受制于和保险公司所在国不同的（看起来不那么严苛的）国家规定。这为地域分散化提

---

① 本节内容基于研究简报第 30 号，节选自系列论文第 35 号。本节作者为 Alex Bernhardt（Guy Carpenter & Company, LLC）。本节作者的致谢请参见系列论文。

供了便利,反过来又促进再保险人能够更好地利用大数定律来处理大型或复杂的风险,从而管理灾难性或协变量的风险①。

然而,尽管再保险协商和安排是传统保险价值链的一个习惯性组件,但是,小额保险的情况并非如此。本节认为,在传统保险市场上,次级风险转移对大型和小型保险人的偿付能力均很重要;而小额保险市场也是这样,再保险人不管是现在还是将来均对全球小额保险市场的长期增长和可持续发展至关重要。但是,小额保险的再保险不同于传统再保险。不管是在当下还是在未来,为了适应小额保险计划的特殊性,在许多实例中,再保险的使用方式具有并且应当具有差异性(或者不予采用)。但是,小额保险再保险是一个专业术语,尚没有得到普遍认可。

此外,全球小额保险市场的发展尚处于萌芽阶段,小额保险再保险的供给和需求之间存在缺口。在保险计划缺乏政府强力支持的国家或地区,这一缺口最明显②,其部分原因在于,潜在交易双方之间存在知识不匹配。我们希望,本节有助于弥合这一缺口。

造成这种市场缺口的原因包括但不限于如下内容:(1)许多小额保险组合由商业保险公司承保,即便出现问题,也会因为规模过小而不足以威胁净利润;(2)在再保险需要有限的情况下,简单且可预测的信贷寿险业务仍然在全球范围内占据小额保险业务的主要份额;(3)许多非信贷寿险小额保险计划(在此情况下再保险可能更实用)仍然处于"试点阶段",保费充足性和产品设计正接受微调,风险敞口有限;(4)如今,对于保险公司和再保险公司,小额保险的利润潜力仍然较小。

---

① 掌握一些概率论的背景知识在此可能对部分读者有用。概率论最著名的一项原理是"大数定律"。简单来说,当风险集合足够大时,任何个人无法承担风险的不确定性程度均会下降,这意味着,你在一个池中汇聚的同质风险越多,你就越能够更好地预测该风险池的总体结果。有一种说法是,人们无法判定某人是否会在未来12个月内出事,但是,可能在容许范围内预测10000人中有多少人会出事。"协变风险"一词用于描述同一地理区域内大量人员或资产遭遇相同不良状况的可能性。造成协变损失的一些众所周知的原因有地震、台风、流行病和干旱。

② 以社会保障或经济发展为目标的大型政府资助的计划对于再保险人而言具有巨大的商业潜力,并引起了人们的高度关注。这些社会保险计划虽然重要,但并非本节的重点。

二 小额保险再保险的参与者和形式

(一) 小额保险再保险的参与者

小额(再)保险计划的价值链往往很复杂。造成这一情况的原因有很多,涉及许多新颖的小额保险商业模式和概念、多样化的交付渠道、直接价值链之外的各种利益相关方的参与(如捐赠人和中介)、不同小额保险业务的异质性。此外,交付渠道与保险公司之间、保险公司与再保险公司之间的关系和契约往往由价值链中超越其控制能力的因素决定,如基本风险状况的规模和性质、中介的增值能力、转分保(简称为"Retro")① 的可用性。要理解小额保险再保险对特定价值链的重要性,广泛掌握每个价值链组件的作用便很重要(见图9—1)。

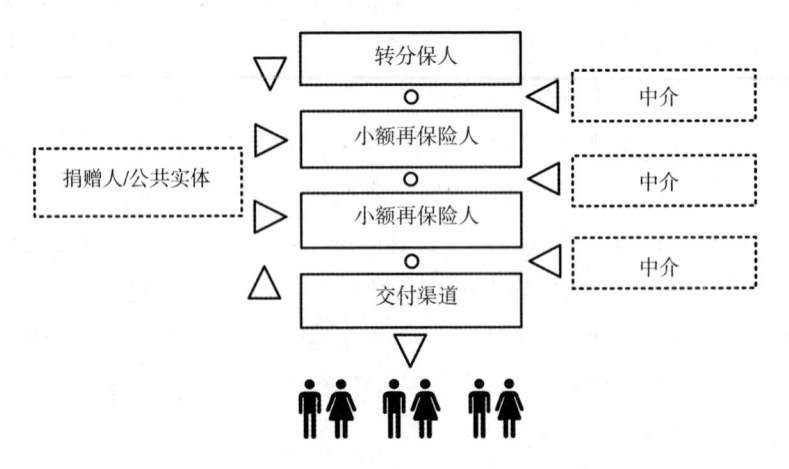

图9—1 小额保险再保险的价值链

注:中介可以在风险转移过程的各个阶段均发挥重要作用。捐赠人推动了价值链发挥功能和扩展规模。

---

① 简而言之,转分保是再保险人的再保险。在必要时,它一般表示潜在风险转移价值链的最后一环。由于转分保市场的承保标准与再保险等价物不同,且小额保险对转分保的需求微不足道,因此本节在此不再就转分保进行阐述。图9—1所示转分保人仅供例证之用。

(二) 小额保险再保险的形式

为了将承保风险降至与其承保能力相当的水平，专业保险公司可以选择多种类型的再保险保障。具体选择取决于保险公司的业务性质和风险倾向、再保险公司的偏好和专长，以及与风险转移具有间接关联的一些辅助性因素。下文将就此进行详细的讨论。图 9—2 概括了通常可用的再保险险种和形式。虽然并非所有显示的类型均适用于小额保险，但是与其他险种具有高度相关性。一般而言，再保险合约由图 9—2 所示的一款或多款基础再保险产品组成（在成熟市场上可以获取更复杂的再保险形式，但是它们在小额保险中鲜有合理性，因此本节不再赘述）①。

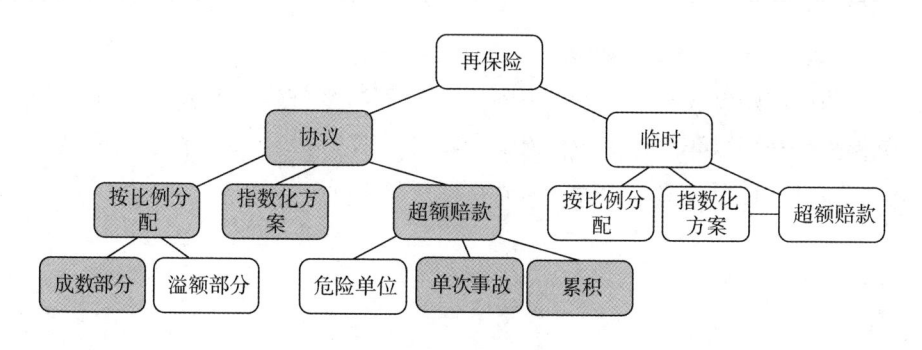

图 9—2 再保险的基本形式

注：灰色底色方框的内容与小额保险的关系更紧密。

1. 单产事故超额赔款再保险

对再保险的最大需求来自相对复杂、易于发生灾难损失的业务线中的小型保险计划。最容易获得再保险供给的是业务范围相对简单的大型保险计划。国际合作与相互保险联合会（International Cooperative and Mu-

---

① 不在本节详述的较为复杂的再保险交易类型包括：超额分出协议，它是一种混合协议，即保险公司以预先确定的价格将超出特定限度阈值的风险部分让渡出去并且由此获得分保佣金；赔款责任转移合约（Loss Portfolio Transfers，LPTs），用于转移已发生在保险公司资产负债表外的索赔，减少不良的准备金波动，也用于支持更新或完全转移的有效商业账簿；批量收购交易，再保险人从长期保险（往往为寿险）账簿中垫付部分未来利润的现值；结构化或有限再保险；盈余份额再保险。

tual Insurance Federation，ICMIF）旗下的拉美再保险集团（Latin American Reinsurance Group，LARG）解决了这一错配局面。拉美再保险集团下的16个成员均是总部位于拉丁美洲的保险合作制企业。因为非寿险再保险的规模相对小，且业界认为其不够成熟，所以每位成员都难以单独获得非寿险再保险。借助国际合作与相互保险联合会以及其他利益相关方的协助，一些保险公司组成了拉美再保险集团，购买了再保险产品，其中包括财产巨灾超额赔。拉美再保险集团是一个很好的案例，说明了（正规、非正规或其他的）小型保险公司如何有效汇聚风险，通过对主题业务组合增加风险敞口、加强地理分散化、简化管理等措施，从而降低成本。

2. 累积超额赔款再保险

累积超赔（Aggregate Excess of Loss）有时被称作"止损"约定，是为保险公司提供年度保护的再保险合同（见图9—3）。此类约定需要经过认真设计，以确保激励措施在所有合作伙伴之间保持一致。

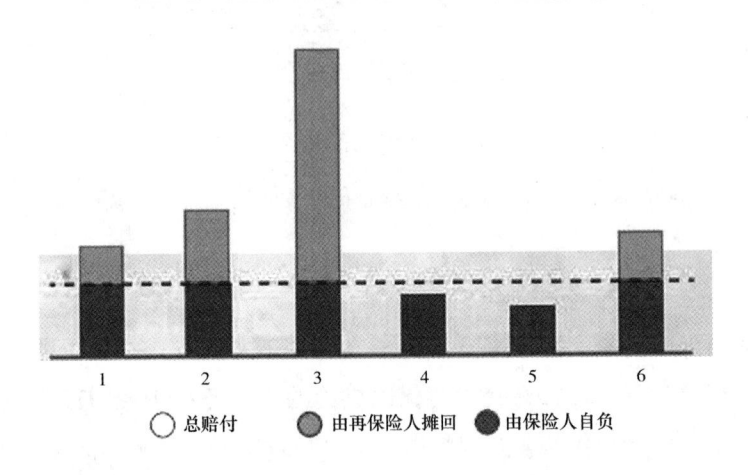

图9—3　6种不同索赔情形的超额赔款再保险

注：仅当再保险覆盖在特定赔付水平以上时启动。

因为小额金融机构AKAM的保险合作伙伴担心其在巴基斯坦的小额健康保险计划存在定价错误和索赔过高的风险，所以该机构与一家国际再保险公司开展合作，为 90% 的索赔申请提供止损保险，保险公司自留了 10% 的风险。因为大部分损失最终会由阿加汗小额金融机构承担，所以当地的利益相关方不受承保损失风险的影响，故很有动力去提升销量，从而能为社区提供更实惠的医疗保健服务，而非致力于控制赔付成本。

3. 指数化解决方案

小额保险再保险供给主要关注指数化巨灾保险。2011 年，小额巨灾保险组织（Microinsurance Catastrophe Risk Organisation，MiCRO）为小额金融机构 Fonkoze 的 5.8 万名借款人提供了巨灾保险。小额巨灾保险组织根据降雨、风速、地震活动等来提供指数化保险。小额巨灾保险组织还提供基差风险保障（Basis Risk Protection）；若基于指数触发机制的支出不足以涵盖借款人的实际损失，那么小额巨灾保险组织便会承担该差额的 85%，最高可达每年 100 万美元。实际损失是基于 Fonkoze 对客户损失的评估而得出的。总体而言，小额巨灾保险组织在其最初两个完整年度的承保期内向 Fonkoze 支付了近 900 万美元的赔款，这远超过该机构收取的保费。因为 Fonkoze 并未完全对该产品的总价值投保，所以他承担了很大一部分损失并且面临着可持续性挑战。随着小额巨灾保险组织向其他国家扩展，他们将需要吸取从海地大地震中获得的可持续性和可扩展性方面的教训，对其发展模式进行调整。

三 小额保险再保险的未来

合约组合的承保原则居主导。因为许多典型的小额保险计划的特点（许多具有类似特征的小保单）能够很好地对应合约再保险的承保技术，所以小额保险对临时再保险的需求很小。由于这些相同的特点，特定合约保障结构在小额保险市场上基本上无关紧要。每项风险的累积超赔损失就是一个很好的例子。小额保险单通常限于相同或相似风险的小规模业务，所以一般没有必要防范单一险种导致的巨大损失。

小额保险再保险的价值链很复杂。小额保险计划往往需要借助捐赠人的援助并通过 PPP 模式才能开展和推进。这增加了一些位于风险转移中心之外的当事方。这些当事方在项目成果中享有可替代的既得利益（如影响发展），可能与商业再保险公司用于评估交易的典型投资回报率

(Return-On-Investment，ROI）标准大相径庭。再保险公司还可能惊讶于其在确定和培训恰当的交付渠道的过程中要付出的努力。尽管这些交付渠道最初对保险业可能是新事物，但是它们对成功的计划不可或缺。

再保险可以应对随机波动风险、过失风险和变更风险。它也可为保险公司提供额外能力、盈余救济、结果稳定、巨灾保障、市场准入或退出支持。但是，尽管具有大量资产负债表益处，但是小额保险市场上最有吸引力的是，再保险公司在关键风险管理领域（尤其是对自然灾害）通常具有的扎实的专业知识。因为对小额保险再保险服务的需求主要围绕着再保险公司交付的专业知识，而非资本，所以尽管还没有形成充满活力的小额保险再保险交易市场，但是这为再保险执业者及咨询公司初步创建了一个市场，以便发表关于计划/产品的意见。

专业知识的背后，随之而来的是对灾难性小额保险再保险保障的需求。但是，因为大多数暴露于灾难的小额财产保险或小额农业保险计划的规模仍旧很小，远远低于大多数再保险公司的商业视野，所以此类保障难以在开放市场上获取。若没有捐赠人的参与或政府补贴来促进计划启动并扩大规模，那么再保险人往往不可能参与其中。若没有特定于计划的保障范围，那么促进再保险公司参与的另一个选项是开发新业务模式或风险分担机制，允许以"人为"方式来实现规模效益，同时推动对最佳实践做法的分享。

具体而言，在国内或国际上汇聚小额保险计划，为小额保险公司提供了一个难以抗拒的机会，让他们首次或更有效地获取再保险界的资金支持。国际合作与相互保险联合会（ICMIF）的一般成员咨询委员会便是一个很好的实例。通过跨国联合，将大数定理和地理分散化用于其集体优势，其个别小成员已成功达到了可以吸引再保险市场的规模和协调水平。这种团结协作还引领了承保实践，提高了其集体风险状况的同质性，使得次级承保合作伙伴更容易接受（也更可能预测）此类风险状况。此类安排为小额被保险人提供了极好的经验教训和承诺。凭借在区域、大洲甚至全球水平上开展更大合作，个别小额保险计划可以更容易通过汇聚其责任来获得有竞争力的再保险保障。小额保险网络组织、保险普及化倡议组织、某些开发银行等跨国小额保险组织，只要具备恰当的资源，便可成为这一设施的优秀召集人或管理人。作为一个选项，一个具有全球影响力并且得到捐赠人支持的专业再保险机构或许有能力将类似事情整合起来。

尽管全球小额保险业务的数量很可观①，但是它们在全球市场上高度分散，鲜有实现规模效益者。有鉴于这一市场动态，几乎没有再保险公司能够开发出一种能够在全球范围内承保一系列小规模多种类小额保险计划的商业模式。瑞士再保险公司在自然灾害的小额保险再保险市场上可能占据着最大份额。尽管目前尚不清楚该业务是否为该公司带来了利润，但是该公司似乎以商业化原则来承保此类计划。汉诺威再保险公司可能占据了寿险和小额健康保险市场的最大份额。该公司聚焦由政府提供高额补贴的主要在印度开展的所谓大型社会保险计划。

以分出保费计算，全球小额保险再保险市场潜在的最终规模估计为60亿—120亿美元。鉴于全球再保险购买的下行趋势以及营业收入增长压力，这一规模的待开发市场值得引发再保险界的高度关注。尽管全球再保险行业的资金很充裕，但是小额保险再保险的供给却相当有限，保险供给集中于区区数家再保险公司。小额保险再保险供给最明显的制约因素应当是再保险公司缺乏针对商业模式的创新实践，不仅如此，它还受到其他多种市场因素的制约。正如初级小额保险业务的发展需要创新途径一样，次级市场的业务发展亦是如此。

这份报告中的案例研究覆盖了各种现有或已停止运营的小额保险计划，揭示了一些针对小额保险再保险未来的有趣见解。其中，数项指数保险计划已经或正在推动公认的保险交付标准的前沿，并且正在开发应对基差风险难题的创新做法。将移动网络运营商用作分销渠道正发挥积极的作用，正在为特定业务线（如短期寿险）的规模扩张和可持续发展赋能。不久的将来，在特定小额保险市场领域中，小额保险再保险的产品服务间的供求缺口将缩小，先驱者应当及时抓住这一新型市场的增长机会。

---

① 到2020年将达到10亿人（小额保险网络组织，2013）。

第 十 章

特定群体的保险

第一节　发展适用于女性的小额保险[①]

一　引言

世界贫困人口中有70%为女性。她们的收入比男性低，拥有或控制的财产也比男性少，却面临着比男性更多的身体脆弱性和暴力问题。将这些脆弱性与其对家庭成员幸福安全所承担的责任结合考虑时，妇女对于管理风险的恰当方式有独特而紧迫的需要。

保险的作用是管理风险并且增强对冲击的抵抗力。但是，据估计，在世界上100个最贫穷的国家中，仅有3%的低收入人群拥有小额保险产品，余下的大约20亿人享受不到此项服务。本节旨在形成一场针对小额保险性别化方法的讨论。尽管保险公司已经开始设计并向穷人提供多种多样的产品，但是本节只关注健康保险和人寿保险。这是因为，健康和生命风险通常会给贫困女性带来沉重的财务压力。本节探讨如何设计小额健康保险和人寿保险，以便更有效地满足妇女的需要，并且向保险公司提供实施此类计划的切实建议。最后，本节呼吁小额信贷供应者和保险公司要采取措施，使得保险更具性别敏感性。这将有助于实现扶贫和盈利的双重使命。

[①] 本节内容基于研究简报第2号，节选自系列论文第3号。本节作者为Anjali Banthia（世界妇女银行）、Susan Johnson（Bath大学发展研究中心）、Michael J. McCord（小额保险中心）、Brandon Mathews（苏黎世保险公司）。本节作者的致谢请参见系列论文。

二 为什么是妇女？

通过正式就业或非正式经济活动，妇女往往充当了照料者和家庭主妇等角色，而且逐渐成为家庭资源管理者和收入赚取者。这些角色固有的责任是应对各类风险，如健康问题、家庭成员去世、多种紧急情况等。如果不对这些风险加以管理，其中任何一项都可能给贫穷妇女及其家庭带来严重的甚至通常是毁灭性的财务冲击，从而加剧家庭的贫穷、不稳定和脆弱状态。

贫困妇女往往会通过出售资产、依靠丈夫、让孩子辍学挣钱、利用自助团体等非正式机制等传统手段来管理风险。尽管一些风险管理策略在短期内是有效的，但是它们可能导致持久的负面影响，使得贫穷状态循环往复、没有穷尽。例如，将营业利润用于应对短期紧急情况而非开展长期投资，是妇女事业成长壮大的最大障碍。对于妇女，另一种常见的风险应对机制是，出售牲畜或设备等生产性资产；但是，如此一来，她们将来就无法利用这些资产获取收入。同样，让孩子辍学会给孩子带来严重的直接损失，也会严重影响孩子们的长期收入潜力。小额保险为贫困妇女提供了一种有前景的替代性方式来管理风险，并且更有效地利用其资产。

三 设计并提供具有性别敏感性的小额保险

因为女性充当了资源管理者和照料者的角色，所以她们成为保险公司一个自然的细分市场。创建小额保险计划的挑战是在以下三方面种取得平衡——提供满足贫困妇女需要的保障、将产品供应渠道和保险公司的经营成本降至最低、保持低保费以提高产品的可负担性和可及性。

以健康保险为例。妇女面临着特殊的健康风险，比如与怀孕和生育有关的风险，以及由于更容易被艾滋病毒携带者或艾滋病人等感染而引发的风险。然而，许多健康保险计划会将怀孕保障排斥在外，对此的解释通常是，保险公司和客户的成本太高。但是，也有些计划用以负担的价格提供综合性保障，成功应对了这一挑战。

在选择健康保险产品时，妇女很看重能够提供覆盖整个家庭的产品。

家庭添丁带来的高增量成本往往使得覆盖家庭的保障难以负担，或者迫使妇女甄选为谁投保。后一种反应给妇女和女童带来了严重问题，因为她们通常被忽视。

许多小额信贷供应者提供与贷款挂钩的寿险，这一险种通常只承保借款人的生命。因为绝大多数小额信贷借款人是妇女，所以如果她们的丈夫去世，那么她们将无法获得保护。与贷款挂钩的保障也会导致强制型保险计划。然而，当保障范围没有反映贫困妇女的需要，以及当她们没有充分意识到此类计划的益处时，她们往往对此类计划表现出强烈的厌恶感。许多小额金融机构非常看重为其贷款组合提供强制性保险保障，有些机构仅是想多一项收入。然而，强制型寿险计划确实给客户带来很多优势；因为保险公司的管理成本和风险保持在较低水平，所以其保费往往要比自愿参加的保险计划低得多。因此，小额金融机构务必要仔细考察客户的支付意愿，以便确定当地是否适合采用自愿型计划。此外，妇女希望能够选择其保单的受益人，但是许多产品并没有向她们提供这一灵活性。如果她们认为丈夫在自己过世后无法恰当地保护其子女，那么许多妇女往往希望可以按自己的意愿指定一位受益人。

这些因素均强调，如果小额保险想要吸引妇女并有效满足其需要，那么它们便应当具有性别敏感性。本节为保险公司开展此类计划提供了切实可行的建议。例如，有效的计划应当包含强有力的教育元素，以便告知妇女小额保险的运作方式。除非该计划提供的关于费用、资格、理赔、保障范围、长短期利益等信息足够简单明晰，否则即便客户相信小额保险的益处并选择参保，该计划也不具有可持续性。提供给妇女的信息还应当考虑如下现实情况：在许多文化背景中，妇女在做出财务决策前需要获得比男性更多的信息，而且某些社群中的妇女的文盲率很高。

四　为妇女提供保障的益处

推广具有性别敏感性的小额保险会给小额信贷供应者、其他保险产品供应渠道和保险公司带来许多直接益处。对于小额信贷供应者，这意味着稳定的贷款组合和可盈利的收入来源。对于使用团体贷款方法的供应者，小额保险还提供了一种防止一位客户的个人风险蔓延至其他客户的重要方法。对于任何一个小额保险供应渠道,在男性和女性的需要之间做出区分,可以提高客户的幸福感和忠诚度,促进扩展今后的业务。

对于那些主要为发展中国家的高收入群体提供服务的保险公司,给贫困妇女提供服务的做法开辟了一个可以坐拥数百万新客户的崭新市场。小额保险的潜在市场规模估计有约 20 亿人,保险公司有很大概率进入高销量市场(据估计,市场渗透率每增加 0.01%,保费便会增加 15 亿美元)。令人惊讶的是,这可能要比保险公司想象的更简单。因为许多妇女在负担得起的情况下,也强烈希望为丈夫和孩子投保,所以保险公司可以通过向妇女推销小额保险来获得这一乘数效应。因此,具有性别敏感性的计划可能有助于在贫困群体中推广保险。最后,进军贫困群体市场不仅给保险公司带来盈利和扩大保险规模的机会,而且给保险公司带来了新机会。

五 行动呼召

贫困妇女面临着一系列潜在的巨灾风险。她们虽然有多种可以使用的传统风险战略,但是往往不充分。小额保险若能够有效满足贫困妇女的独特需要,便可向这一目标市场提供令人难以抗拒的待遇,帮助她们摆脱贫困。但是,贫困妇女对全面保障的需求很强,而小额金融机构、保险公司、贫困妇女自身面临着成本压力,所以成功实施具有性别敏感性的小额保险计划是一项严峻挑战。本节试图提出许多与小额保险供应相关的性别问题,向捐赠人、保险公司、研究界、小额金融机构和其他供给渠道发出行动呼召。

(一)小额金融机构和交付渠道

小额金融机构与贫困妇女的财务需求保持着独特的联系,而且具有专业化能力,可以设计并且实施各项计划来帮助她们。因此,小额金融机构有机会超出提供贷款的范围,进而提供具有性别敏感性的小额保险计划。非政府组织、工会、雇主等其他交付渠道能为妇女提供的产品较少,但是也仍旧为触达贫困妇女提供了巨大机会。手机供应商等新型合作伙伴也为深入贫困家庭提供了宝贵机会。当谈及小额保险话题时,我们鼓励所有这些触达渠道,甚至是那些已经触达许多妇女的渠道,通过本地化的性别市场研究，理解妇女对风险管理和应对措施的需求。因为服务于妇女的组织不一定非得具有性别敏感性，或充分理解妇女的需要，所以，所有设法发起小额保险的机构都应当参与此项研究。在开展了市场研究之后，我们鼓励有远见的交付渠道与保险公司、捐赠人一道开发具有性别敏感性的新型小额保险计划，或者改善现有计划。项目启动后，评估影响力的研究对确保这些计划在本地环境下响应妇女的需要具有关键作用。

发展这些具有性别敏感性的小额保险计划会带来直接和间接的益处。一个直接的益处是，获取保险公司支付的小额保险销售佣金或费用补偿。对于大型配送网点，这可以成为一个有利可图的重要的收入来源（McCord，2007）。对于提供信贷寿险的小额金融机构，他们还可以在被保险的借款人去世时从保险公司那里直接获得款项支付未偿还贷款。

交付渠道的间接益处包括与拥有更健康且更具财务安全性的家庭有关的各类影响。对于雇主和工会，这会意味着更健康也更好的工人；对于小额金融机构，健康且更具财务安全性的借款人不太可能拖欠贷款，他们会对小额金融机构更满意，也更可能赶上储蓄缴款的速度（Mayoux，2002）。因为有效的小额保险会帮助妇女应对财务冲击，所以资源可以分配给正在成长壮大的企业或其他生产性用途，这反过来又可能提高客户愿意从小额金融机构为其企业贷款的金额。因此，提供小额保险应当成为小额金融机构产品供应（包括贷款和储蓄）的重要部分。对于使用团体贷款方式的小额金融机构，小额保险为其提供了一种防止个体客户的风险向其他客户扩散的重要方法。若没有小额保险，一位团体成员的个人危机就可能破坏整个团体的稳定，有损于数笔贷款的质量。当风险在整个社区蔓延开来，并且多位团体成员同时受到影响时，这种危害尤甚（McCord，2007）。在此情况下，功能完备的小额保险产品可以稳定违约事件对贷款组合的影响。

（二）保险

我们鼓励保险公司抓住这一机会，致力于与小额金融机构和其他服务合作伙伴一道推广具有性别敏感性的小额保险计划。对于那些主要为发展中国家的高收入群体提供服务的保险公司，触达贫困妇女的做法为其开辟了一个可以坐拥数百万新客户的市场。此外，许多妇女在负担得起的情况下，强烈希望为丈夫和孩子投保，所以保险公司可以通过向她们推销小额保险，获得这一乘数效应。因此，具有性别敏感性且对妇女市场有吸引力的计划有助于在贫困社区推广保险。最后，进军贫困群体不仅会给保险公司带来盈利和扩大保险规模的机会，而且给保险公司带来了创新和差异化经营的机会。

（三）研究社群

很有必要更好地理解不同性别对风险的反应，以及风险战略（如小额保险）如何能有助于缓解贫困妇女的财务风险负担。我们鼓励社群调查如下问题：（1）风险、风险管理及应对行为在不同背景中有何差异？这对小额保险有何影响？（2）与传统风险策略相比，小额保险的保障范围和收益如何？小额保险可用性会如何影响低效风险战略的用途？贫困妇女如何将小额保险与现有风险管理战略和非正式金融机制结合起来？（3）小额保险如何为贫困家庭妇女腾出资源？小额保险是否会影响妇女对其事业的投资率、储蓄行为、家庭消费水平等？这对其家庭的经济安全有何影响？（4）保障储蓄账户和小额保险计划会如何影响贫困妇女的风险管理和风险应对能力？（5）在具有性别敏感性的小额保险营销、分销、产品设计（包括广告、客户/市场教育、宣传、索赔设计方案、定价、服务等）过程中有何最佳实践？什么模式最适合提供有性别差异化的教育？如何才能更好地设计索赔请求，以此来确保妇女在不同背景情况下均可从中得到最大价值？

（四）捐赠人

捐赠人包括双边和多边机构、区域开发银行、基金会、社会责任投资者以及其他资助小额保险的组织。他们手握大量资源，也有支持减贫的使命，在发展具有性别敏感性且尤其让妇女获益的小额保险计划的初始阶段，具有独特的能力来提供关键支持。我们鼓励捐赠人利用其资源，以多种手段支持妇女小额保险的发展。捐赠人可以资助研究和消费者教育，也可以通过技术援助和能力建构，向小额金融机构和其他寻求发展小额保险计划的交付渠道提供关键支持（Latortue 等，2008）。因为涉及小额保险计划的初始研究和开发成本可能非常高昂，商业保险公司最初可能不愿参与其中,所以捐赠人的早期支持对启动此类工作至关重要。如果商业保险公司有意,捐赠人可以以中间人身份帮助这些公司与小额金融机构和其他交付渠道开展交易。盖茨夫妇基金会等知名基金会也在利用自身资源提供有竞争力的创新资助,以此来推动小额保险领域出现创新想法。在更大层面上,捐赠人可以为小额保险创造有利的政策和监管环境。因为小额保险支持了小额信贷活动,所以通过上述任一方式为小额信贷注资是小额信贷的捐赠人的明智策略。

第二节 将移民过程中的非正式保险正式化[①]

一 引言

在日益全球化的经济体系中,劳动力仍然是许多发展中国家主要的出口商品。自1990年以来,出国离乡的人数从1980年的1.55亿人增至2010年的2.14亿人,增加了近40%。移民可以通过提高收入水平和分散收入来源来缓释其家庭风险。此外,因为移民通常需要在危机期间汇款回家,所以一名家庭成员移居国外,可以为留在国内的家庭成员提供一种非正式的保险。然而,许多移民往往发现,自己不能参加住在国的社会保障,所以处于脆弱境地。紧急事件能迅速耗尽移民积攒的所有存款或资产。移居国外拆散了家庭单位,使得家庭更容易遭受冲击,所以这也给移民自身及其家庭制造了额外风险。与移民相关的保险产品可以帮助跨国家庭管理风险,保护资产。

国际汇款的流量在不断增加,大部分的汇款金额用于满足家庭的基本需要。然而,研究表明,移民想要对其汇款的支出方式拥有更多控制权,希望削减日常开销金额,增加存款。在理想情况下,移民可将自己背负的一部分风险和责任转移给他人。保险公司有潜力将这一风险分散到更大的风险池中,从而高效地转移这一风险。允许跨国家庭使用部分

[①] 本节内容基于研究简报第6号,节选自系列论文第7号。本节作者为Jennifer Powers(EA咨询公司)、Barbara Magnoni(EA咨询公司)、Emily Zimmerman(EA咨询公司)。本节作者的致谢请参见系列论文。

汇款购买正规保险产品的机制有助于减轻移民的脆弱性。

二 产品与模式

有必要专门为跨国家庭量身定制化解风险的产品。与移民相关的保险产品具体包括：（1）旨在缓解移民在住在国（Host Country）面临的某些风险的产品，如意外险或遣返险；（2）旨在缓解移民的家庭在母国（Home Country）面临的某些风险的产品，一旦负面冲击影响了移民的汇款能力，该产品会保护汇款资金；（3）那些试图利用移民创造的汇款流、分销渠道和网络的产品；（4）发掘利用移民的期望（即他们不在时保护其家人），将移民提供的非正规保险正规化的产品。尽管一些拉美和亚洲的组织已启动了此类项目，但是鲜有能达到显著规模的。

为满足移民及其家庭的保险需求，3种保险模式应运而生——住在国模式（在移民的工作地）、母国模式（在移民来源地）和混合模式。定义不同模式的是风险承担者或保险公司的所在地。（1）因为国内保险公司已取得移民住在国的牌照，不受保险营销与销售方面的限制，所以住在国模式最适合移民自身投保。尽管受其传统商业模式的限制，此类产品目前可能没有适合目标客户的设计或交付渠道，但是它们有潜力实现规模化。（2）母国模式可以根据产品和分销渠道为移民及其家庭提供保险（移民离开前最简单）。它们可能与母国的其他金融产品服务相关联，如汇款或存款账户。（3）混合模式中的风险承担主体存在于住在国和母国，所以可以在不遭遇重大的法律和监管障碍的前提下，为移民及其家庭提供保险。尽管存在这一优势，但是鲜有保险公司实施这一模式，这可能是因为，开办国际业务的保险公司往往服务收入更高的细分市场。

三 与移民相关的保险计划所面临的法律和监管挑战

保险公司一般在母国和住在国均未取得牌照，所以法律和监管限制是他们向移民及其跨国家庭出售保险产品的一个最大的限制因素。保险公司面临的约束因素因各种情况而异：移民的住在国和母国情况、移民和/或母国境内的家庭成员否为保单受益人、保险公司所在地等。这些限制因素通常有待充分研究，或遭到低估，却是造成计划"无法启动"的罪魁祸首。本节概括了与移民有关的保险产品所涉及的各种法规。

(一) 法律选择

任何跨境交易的首要挑战是确定一国或地区的适用法。同样，对于外国保险公司销售的涉及移民的保险计划和部分或全部受益人均位于国外的类似计划，目前各界还未明确应当适用哪国的保险法。一般而言，当事方可以选择对当事双方订立的合同（含保单）具有管辖权的法律，但是这一问题在涉及跨境保险销售和产品时还没有经过正式检验。

(二) 规定的范围

无论保险合同使用的是哪国法律，当事各方均应当遵守其开展活动所在国的保险法。在大多数国家，保险受国家一级的独立部级机构的管辖（Vollbrecht，2000）。但是，美国的保险和相关活动却受各州法律的管辖，这可能使得设法与美国移民合作的国内模式变得很复杂[1]。欧盟采用的"护照"制度是一种统一的监管体系，允许经注册地监管者授权的保险公司在欧盟范围内开展业务，为风险提供保障（Krishnan，2010）。这使得在东欧和西欧国家间发展涉及移民的保险计划变得更容易。

涉及移民的保险计划还应当考虑有关险种的不同定义以及与母国和住在国的保险相关的各项活动。监管者倾向于宽泛地界定被监管活动的范围，这往往使得公司难以解释保险与获准从事且与保险相关的活动的具体定义[2]。此外，涉及必要的或允许的承保范围和责任免除类型的各项规定可能因国家而异，这对跨国保险的一致性构成挑战[3]。

---

[1] 参考1945年通过的《McCarran-Ferguson法案》。

[2] 纽约州法律将"保险合同"定义为"当事一方'保险人'有义务依照被保险人或受益人发生的意外事件向另一方'被保险人'或'受益人'授予基于钱财价值的利益，以防止某些重大利益不会因为发生该事件而受影响"。在其他国家或地区，法律并未明确定义"保险"一词，而是由法院予以解释。例如，保险合同在英国一般会被理解为"供应方据此承诺提供如下服务的任何一份可执行合同"：(1) 通过一笔或多笔付款；(2) 向"收款人"支付金钱或提供对应利益；(3) 以应对一项明确定义的事件（其发生具有不确定性），使收款人的利益免遭其害。

[3] Warner表示，即便这些不同的法律之间并无直接冲突，它们也可能造成重大的行政困难，从而导致当事双方无法确定将适用哪一国家的法律。例如，菲律宾的保险公司只有在寿险保单生效两年后才对自杀事件负责（保单规定之期限较短的免赔），而许多美国寿险保单则将任何时候发生的自杀事件排除在保险责任之外。

(三) 保险公司牌照

几乎所有国家均要求保险公司获得在其境内承保风险的牌照 (Krishnan, 2010)。有些国家还要求保险公司必须获得从事其他经济活动的牌照, 包括在境内销售保单 (无论风险因素所在的地理位置)、销售产品、促进交易等。

牌照可能给国内模式制造重大障碍, 因为: (1) 国内保险公司不太可能与移民住在国的保险公司竞争; 而且 (2) 移民人口往往相对少, 所以很难实现覆盖牌照相关的财务和管理费用所需的规模经济。国内模式可能通过与移民住在国的保险公司确立伙伴关系, 来努力克服这些困难, 但是这种做法要取决于移民住在国的法律规定, 有可能行不通。出于法律考虑, 曾经有两项此类计划因此终止 (均处于拉美和美国之间)[①]。

因为已经在移民住在国获得牌照的保险公司可以与位于这些国家的移民签订保险合同, 所以住在国模式避免了许多与保险公司牌照有关的障碍。但是, 住在国模式可能仅限于为移民投保, 所以若保险公司在住在国没有开设分支机构或附属机构, 那么他们便无法为移民位于海外的家庭投保。

(四) 保险中介及市场营销监管

大多数国家要求参与订立保险合同的中介必须获得授权。根据发布广告、签订合同、支付保费等活动的发生地点, 这 3 种模式的中介均可能受到母国和住在国的监管。尽管移民住在国的保险公司可能已经设立了销售和交付渠道, 但是这些渠道往往不太适合为移民提供服务。因此, 需要找到可能没有能力获得经纪人或代理人牌照的备选渠道[②]。即便是已经获得牌照的经纪人和代理人, 也会在销售或以其他方式帮助无牌照的

---

① 由于担心某医疗保健计划会被监管者视作非法交易, 小额金融国际公司 (Microfinance International Corporation, MFIC) 已停止向美危地马拉移民提供此类服务。因为 Banco Sol 保险公司意识到, 其合作伙伴提供的信息有误, 而外国保险公司在美销售保单将受到法律限制, 所以该公司也停止了向美国境内的玻利维亚移民提供遣返保险。

② 经纪人 (代表被保险人) 几乎都必须获得许可证, 而代理人 (代表保险人) 则可能无此限制。这一区别的基本理由是, 代理人代表直接被监管的保险人行事, 所以他们间接受到监督。代理人通常至少需要在监管机构或专业协会进行注册登记 (Vollbrecht, 2000)。

保险公司销售产品时受到限制①。

尽管没有牌照的中介开展经营活动的范围可能因国家而存在巨大差异，但是无照中介在宣传涉及移民的保险计划时还有一定的回旋余地。例如，意大利的一些保险产品可以由未取得牌照的人员通过银行和邮局出售（国际货币基金组织，2006）。印度法律允许保险公司指定的一些"保险代理人"协助收集申请、分销产品、处理保费付款和理赔，但是这些代理人只能选择监管者特别批准的产品，如小额保险产品②。相比之下，尽管美国有些州的限制严于其他州，但是大多数涉及市场营销、招徕客户、以其他方式协助保险业务交易的活动仅限于获得牌照的代理人和经纪人（Magnoni 等，2010）。

（五）额外挑战

许多移民没有合法身份，致使其在住在国购买保险产品时遭遇严重挑战。尽管很多时候法律并没有对此做出规定，但是保险公司往往要求提供移民不具备或不愿出示的证明文件。在绝大多数发达国家，无证移民享有广泛的权利，可以上法庭并且执行合同规定的权利。但是，这些权利在实践中往往会受到限制，若此类移民与保险公司发生纠纷，那么这些权利反而可能伤害他们③。

四 挑战和机会

（一）法律和监管

保险公司一般在移民的母国和住在国均未取得牌照，所以法律和监管限制是向移民及其跨国家庭出售保险产品的最大的限制性因素。保险公司面临的限制因情况而异，如移民的住在国和母国情况，移民和母国境内的家庭成员否为保单受益人，保险公司所在地等。这些限制因素通常有待充分研究，或遭到低估，但却是致使计划"无法启

---

① 保险人和中介也必须遵守产品销售国的广告法。
② 《保险监管和开发机构（小额保险）规例》，2005 年。
③ 美国的非法移民有权出庭提起诉讼（Hagl 诉 Jacob Stern & Sons 有限公司案和 Montoya 诉 Gateway Ins. 案）。欧盟的许多基本权利适用所有人，不论他们的行政地位如何。但在实践中，非法移民普遍缺乏社会保障（Carrera 和 Merlino，2009）。

动"的罪魁祸首。

(二) 市场营销

市场营销上的挑战很大,这是由于目标市场的双本地化特征,以及许多项目是跨境的。为了让与移民有关的保险模式取得成功,保险公司要么找到向跨国家庭双方销售产品的方式,要么以一方拥有完全决策权的方式来构建其项目。对于那些希望在国内为其家庭成员投保的移民,大部分保险模式陷入了两难境地——难以触达移民或其家庭。初步研究成果表明,直接向移民营销与移民有关的保险产品可能更有效。因为移民家庭不太熟悉正规保险的概念,所以他们特别需要消费者教育。

(三) 操作流程

操作流程包括保单发布、客户服务、索赔、核实在内的跨境交易等,其挑战性可能很大。例如,获得遣返保单和寿险保单所需单证对处于母国的移民家庭可能非常棘手。为了解决这一问题,一些母国模式通过与住在国的遣返公司合作来管理索赔。

(四) 合作

与第三方展开合作可能是一种克服市场营销中部分挑战的方式。如何选择合作伙伴,如已经开展定期交易并取得社区信任的宗教团体、体育团体、汇款机构等,会影响保险公司的价值。例如,保险公司还可以通过移民住在国的移民组织来挖掘利用移民创造的社会资本。

(五) 汇款流

保险公司还可通过与移民的母国或住在国境内的转账代理(Money Transfer Agents,MTA)或银行结成伙伴关系来利用汇款流,这些伙伴关系可以使得保险公司在汇款流的起始点或接收点开展干预。当汇款主要通过正规渠道汇送"日常的"而非"大额的"款项时,与转账代理之间的合作关系最有效。日常汇款的金额一般较小,通常通过常规(正规)的渠道定期汇送。大额汇款的发生频率低,也不太好预测,而且更多通过非常规(非正规)的渠道。

表10—1总结了这3种模式的一般特征。表10—2总结了这3种模式

的主要机会和挑战。

表10—1　　　　　　　　3H模式的一般特征

模式	被保险人	风险缓释的受益方	对中介的需要	利用汇款金
住在国（Host Country）	移民	移民和移民家庭（取决于产品）	可能出于营销目的	不太可能
母国（Home Country）	移民家庭（最可能）或移民（离境前）	移民（间接）和移民家庭（直接）	若针对移民，则肯定。若针对移民家庭，则有可能。	很可能
混合（Hybrid）	移民和/或移民家庭	移民和移民家庭	营销或转账	可能

表10—2　　　　　　　　3H模式的机会和挑战

	机会	挑战
住在国（Host Country）	因为保险公司已经获得牌照，所以法律和监管障碍很可能并不那么重要。 因为金融业通常无法很好地服务移民，并且几乎不存在来自其他保险公司的竞争,所以移民是一个尚待开发的巨大市场。 尽管并非针对目标人群定制，但是现有模型可能支持分销。 移民可能比其家庭成员更需要保险，也有更强的支付能力。 移民经常有组织地汇集到促销协会/网络之中	不太可能了解目标群体的需求。 不太可能获得对目标人群起作用的分销渠道的可及性。 受益人是母国境内的家庭成员，所以客户支持和理赔管理很复杂

续表

	机会	挑战
母国 (Home Country)	更可能理解目标客户群的需要。 鉴于保险在许多"移民输出"国是一个巨大的市场，因此更倾向于进入保险业。 可以更易于向移民家庭销售保险并且为其管理保单，这尤其适用于需要服务供应商的保险产品，比如健康保险。 可以利用已与目标客户展开合作的当地分销渠道（包括汇款机构和小额金融机构）或移民安置机构来触达移民家庭	在住在国推广和销售保险产品的法律障碍。 与移民接触不够导致产品推销变得愈发困难。 需要在移民的住在国建立分销渠道，以此来与移民展开合作，或为直接支付保费提供便利。 产品母国的需求限制因素（缺乏必要的消费者教育和信任等）
混合 (Hybrid)	因为在移民的住在国和母国均有持牌保险公司，所以避免了许多法律和监管挑战。 在家庭成员共同决策的情形中，能够更有效地向移民和重要家庭成员推销产品。 尽管可能不适合目标市场，但是移民的母国和住在国拥有现成的分销渠道。 能够为返回母国的移民提供持续服务	合作伙伴是有其经济利益的主体，所以保费可能增加。 在受益人和服务项目位于移民的住在国和母国，并且涉及两家保险公司时，理赔管理便更复杂。 法律选择问题更复杂

五　早期经验带来的初步教训

移民保险方面的早期实践给我们带来了丰富的经验教训，这包括以下几个方面。

（1）因为保险公司通常在母国和住在国均未获得牌照，所以法律和监管限制给予移民相关的保险造成了一些深远影响。在启动一项计划前，保险公司必须充分分析法律和监管问题。（2）鉴于移民及其家庭的消费偏好往往存在差异，并且移民承担着保障家庭风险的责任，向移民直接推销与其相关的保险产品可能更有效。（3）许多移民的非法身份会对保险公司在住在国向其推销保险产品构成严重挑战。（4）在向移民家庭推广与移民相关的保险产品时，移民家庭亟须消费者教育和金融素养提升。（5）找到合适的分销渠道是实现规模效益的关键。对于母国模式，当移民基本上取得合法地位后，在移民离开母国前向其推销保险可能更容易，而在移民离开故土之后，他们通常需要在住在国找到一位合作伙伴。尽管移民住在国的保险公司可能已存在传统的销售渠道，但是这些渠道往往不太适合移民，因此住在国的保险公司应当寻求新的伙伴关系。（6）保险公司可以通过选择受社区信任的合作伙伴，并与之保持经常交易往来而获益。（7）为了便于支付，与移民有关的保险产品供应者可以通过与转账代理建立合作关系来利用汇款流。当汇款主要通过正规渠道汇送时，这一关系很有效。当汇款成本水平较低、转账代理之间存在良性竞争时，这类关系可能更有效。政策制定者和利益相关方可以通过推广国际资金流动监管的最佳措施来支持这一竞争。在线平台和其他技术创新手段则可能成为保险公司的选择，尽管保险公司还普遍不知道移民对这些支付渠道的接受程度。（8）这些计划应当特别注意索赔程序和客户支持设施的开发，赋予海外移民及其家庭可及性。（9）分析现有计划可为那些有意深入开发这些模式的保险公司提供参考，然而，应当注意，与移民有关的保险模式面临的机遇和挑战可能恰好针对该国及其移民走廊。移民的种类和特点随国家和地区而变化，所以有必要对与移民有关的保险采取或多或少的客户定制化措施。

参考文献

第二章

Annan, F., and W. Schlenker, 2014, "Federal Crop Insurance and the Disincentives to Adapt to Extreme Heat", *American Economic Review*, Vol. 105, No. 5, pp. 262-266.

Asfaw, A., and J. P. Jütting, 2007, "The Role of Health Insurance in Poverty Reduction: Empirical Evidence from Senega", *International Journal of Public Administration*, Vol. 30, No. 8 – 9, pp. 835 – 858.

Blanchard-Horan, C., 2007, "Health Microinsurance in Uganda: Affecting Malaria Treatment Seeking Behavior", *International Journal of Public Administration*, Vol. 30, No. 8, pp. 765 – 789.

Dercon, S., 2005, *Insurance Against Poverty*, Oxford University Press.

Dercon, S., T. Bold, and C. Calvo, 2008, *Insurance for the Poor? Social Protection for the Poor and Poorest*, Palgrave Macmillan, London, UK.

Derriennic, Y., K. Wolf, and P. Kiwanuka-Mukiibi, 2005, "An Assessment of Community-Based Health Financing Activities in Uganda", The Partners for Health Reform Plus Project, ABT Associates Inc, Bethesda, Maryland, US.

Døskeland, T., and H. A. Nordahl, 2008, "Intergenerational Effects of Guaranteed Pension Contracts", *Geneva Risk and Insurance Review*, Vol. 33, No. 1, pp. 19 – 46.

Dror, D. M, R. Radermacher, S. B. Khadilkar, P. Schout, E. Hay, A. Singh, et al., 2009, "Microinsurance: Innovations in Low-cost Health Insurance",

Health Affairs, Vol. 28, No. 6, pp. 1788 – 1798.

Gatzer, N., and H. Wesker, 2012, "A Comparative Assessment of Basel Ⅱ/Ⅲ and Solvency Ⅱ", Geneva Papers on Risk and Insurance, Vol. 37, No. 3, pp. 539 – 550.

Gertler, P, D. I. Levine, and E. Moretti, 2009, "Do Microfinance Programs Help Families Insure Consumption Against Illness?", Health Economics, Vol. 18, No. 3, pp. 257 – 273.

Bobtcheff, C., T. Chaney, and C. Gollier, 2016, "Analysis of Systemic Risk in the Insurance Industry", Geneva Risk and Insurance Review, Vol. 41, No. 1, pp. 73 – 106.

Gollier, C., 2008, "Intergenerational Risk-sharing and Risk-taking of a Pension Fund", Journal of Public Economics, Vol. 92, No. 5 – 6, pp. 1463 – 1485.

Han, L., D. Li, F. Moshirian, and Y. Tian, 2010, "Insurance Development and Economic Growth", Geneva Papers on Risk and Insurance, 2010, Vol. 35, No. 2, pp. 183 – 199.

Jütting, J., 2004, "Do Community-based Health Insurance Programs Improve Poor People's Access to Health Care? Evidence from Rural Senegal", World Development, Vol. 32, No. 2, pp. 273 – 288.

Kotler, P., 1994, Marketing Management: Analysis, Planning, Implementation, and Control, Simon & Schuster, New Jersey.

Lee, C. C., C. C. Lee, and Y. B. Chiu, 2013, "The Link between Life Insurance Activities and Economic Growth: Some New Evidence", Journal of International Money and Finance, Vol. 32, pp. 405 – 427.

Msuya, J. M., J. P. Jütting, and A. Asfaw, 2004, "Impacts of Community Health Insurance Programs on Health Care Provision in Rural Tanzania", ZEF-Discussion Papers on Development Policy, Vol. 8, No. 2, pp. 1 – 26.

Plaster, G., and J. Alderman, 2006, Beyond Six Sigma: Profitable Growth through Customer Value Creation, John Wiley & Sons, New York.

Preker, A. S., G. Carrin, D. Dror, M. Jakab, W. Hsiao, and D. Arhin-

Tenkorang, 2002, "Effectiveness of Community Health Financing in Meeting the Cost of Illness", *Bulletin of the World Health Organization*, Vol. 80, No. 2, pp. 143 – 150.

Rajan, R., and L. Zingales, 1998, "Financial Dependence and Growth", *American Economic Review*, Vol. 88, No. 3, pp. 559 – 586.

Sebstad, J., and M. Cohen, 2000, "Microfinance, Risk Management and Poverty", United States Agency for International Development AIMS Project, Washington, D. C.

Webb, I., 2006, "Assessment on How Strengthening the Insurance Industry in Developing Countries Contributes to Economic Growth", United States Agency for International Development.

Wagstaff, A., and M. Pradhan, 2005, "Health Insurance Impacts on Health and Nonmedical Consumption in a Developing Country", World Bank Policy Research Working Paper 3563, Washington D. C.

Werner, W. J., 2009, "Micro-insurance in Bangladesh: Risk Protection for the Poor?", *Journal of Health Population and Nutrition*, Vol. 27, No. 4, pp. 563 – 573.

Woodruff, R. B., 1997, "Customer Value: The Next Source for Competitive Advantage", *Journal of the Academy of Marketing Science*, Vol. 25, No. 2, pp. 139 – 153.

第三章

Burns, C., and A. Dalal, 2010, "Explaining Insurance: Implementing Consumer Education in CARE-India's Insure Lives and Livelihoods Program", The Financial Access Initiative and Innovations for Poverty Action Case Study.

Kotler, P., and G. Armstrong, 2001, *Principles of Marketing*, Prentice Hall, Upper Saddle River, NJ.

Lee, N., and P. Kotler, 2012, *Social Marketing: Influencing Behaviors for Good*, London, SAGE Publications.

Lowder, S. K., J. Skoet, and S. Singh, 2014, "What Do We Really Know about the Number and Distribution of Farms and Family Farms in the World?", Background Paper for the State of Food and Agriculture. ESA Working Paper No. 14 – 02. Rome, FAO.

Smith, A., M. Matul, S. Ncube, and H. Bester, 2010, "South African Insurance Association Consumer Education Programme: 2005 – 2009", International Labour Organization Microinsurance Innovation Facility.

第四章

Basaza, R., B. Criel, and P. Van der Stuyft, 2008, "Community Health Insurance in Uganda: Why Does Enrolment Remain Low? A View from Beneath", *Health Policy*, Vol. 87, No. 2, pp. 172 – 184.

Cai, H., Y. Chen, H. Fang, and L. Zhou, 2015, "The Effect of Microinsurance on Economic Activities: Evidence from a Randomized Field Experiment", *Review of Economics & Statistics*, Vol. 97, No. 2, pp. 287 – 300.

Chen, K. Z., Y. Liu, R. Hill, C. Xiao, and L. Liu, 2012, "Can We Relax Liquidity Constraints on Microinsurance Demand? Piloting an Innovative Design for Agricultural Insurance", International Labour Organization Microinsurance Innovation Facility Technical Report, Geneva.

Cole, S., D. Stein, and J. Tobacman, 2011, "What is Rainfall Index Insurance Worth? A Comparison of Valuation Techniques", Working Paper.

Crayen, D., C. Hainz, and C. S. de Martinez, 2010, "Remittances, Banking Status and the Usage of Insurance Schemes", CESifo Working Paper Series 3117, CESifo Group Munich.

Crayen, D., C. Hainz, and C. S. de Martínez, 2013, "Remittances, Banking Status and the Usage of Insurance Schemes", *Journal of Development Studies*, Vol. 49, No. 6, pp. 861 – 875.

Criel, B., and W. P. Waelkens, 2003, "Declining Subscriptions to the Maliando Mutual HealthOrganization in Guinea-Conakry (West Africa): What is Going Wrong?", *Social Science & Medicine*, Vol. 57, No. 7, pp. 1205 - 1219.

De Allegri, M., M. Sanon, J. Bridges, and R. Sauerborn, 2006, "Understanding Consumers' Preferences and Decision to Enrol in Community-based Health Insurance in Rural West Africa", *Health Policy*, Vol. 76, No. 1, pp. 58 - 71.

Dong, H., M. De Allegri, D. Gnawali, A. Souares, and R. Sauerborn, 2009, "Dropout Analysis of Community-based Health Insurance Membership at Nouna Burkina Faso", *Health Policy*, Vol. 92, No. 2 - 3, pp. 174 - 179.

Galarza, F. B., and M. R. Carter, 2010, "Risk Preferences and Demand for Insurance in Peru: A Field Experiment", Agricultural and Applied Economics Association Annual Meeting, Denver, Colorado.

Platteau, J. - P., and D. Ugarte, 2013, "Understanding and Information Failures: Lessons from a Health Microinsurance Program in India", International Labour Organization Microinsurance Innovation Facility Research Paper No. 29, Geneva.

Thornton, R. L., L. E. Hatt, E. M. Field, M. Islam, F. S. Diaz, and M. A. González, 2010, "Social Security Health Insurance for the Informal Sector in Nicaragua: A Randomized Evaluation", *Health Economics*, Vol. 19, No. S1, pp. 181 – 206.

第五章

Dalal, A., E. Zimmerman, B. Magnoni, and M. Matul, 2014, "Is There Value in Microinsurance?", International Labour Organization Client Value Brief No. 1, Geneva.

Rendek, K., J. Holtz, and C. Fonseca, 2014, "The Moment of Truth: Claims Management in Microinsurance", International Labour Organization Microinsurance Paper No. 28, Geneva.

第六章

Dalal, A., E. Zimmerman, B. Magnoni, and M. Matul, 2014, "Is There Value in Microinsurance?", International Labour Organization Client Value

Series Brief No. 1. , Geneva.

Fonseca, C. , and A. Dalal, 2014, "Creating an Enabling Environment to Improve Client Value", International Labour Organization Client Value Brief 3. , Geneva.

Mahul, O. , and C. J. Stutley, 2010, *Government Support to Agricultural Insurance: Challenges and Options for Developing Countries*, World Bank, Washington, D. C.

Ramm, G. , 2011, "Public Private Partnerships in Microinsurance", Microinsurance Network Discussion Paper No. 1, Luxembourg.

Smith, A. , H. Smit, and D. Chamberlain, 2011, "Beyond Sales: New Frontiers in Microinsurance Distribution", International Labour Organization Microinsurance Paper No. 8, Geneva.

Voordijk, J. , 2013, *Coen Tunnel: The Netherlands. Public Private Partnerships in Transport: Trends & Theory*, Belgium, COST.

World Bank, 2014, "Risk and Opportunity—Managing Risk for Development", World Development Report, Washington, D. C.

第七章

Angove, J. , M. Herrndorf, and B. Mathews, 2012, "Teaching Elephants to Dance: Experiences of Commercial Insurance in Low-Income Market", In *Protecting the Poor: A Microinsurance Compendium*, Vol. 2, edited by Churchill, C. , and M. Matul. International Labour Organization and Munich Re Foundation, Geneva.

Burns, C. , and A. Dalal, 2010, "Explaining Insurance: Implementing Consumer Education in CARE-India's Insure Lives and Livelihoods Program", The Financial Access Initiative and Innovations for Poverty Action Case Study.

Churchill, C. , and M. McCord, 2012, "Current Trends in Microinsurance", in Churchill, C. , and M. Matul (eds.)*Protecting the Poor: A Microinsurance Compendium*, Munich Re Foundation and International Labour Organization

Microinsurance Paper, Munich.

Hirschmamn, A., 1967, *Development Projects Observed*, Brookings Institution Press, Washington D. C.

Mullainathan, S., and E. Shafir, 2009, "Savings Policy and Decision-Making in Low-Income Households", in Michael, B., and R. Blank (eds.), *Insufficient Funds: Savings, Assets, Credit and Banking Among Low-income Households*, Russell Sage Foundation Press.

第八章

Berman, P., R. Ahuja, and L. Bhandari, 2010, "The Impoverishing Effect of Healthcare Payments in India: New Methodology and Findings", *Economic and Political Weekly*, Vol. 45, No. 16, pp. 65 – 71.

Chandani, T., and D. Garand, 2013, "Lessons Learned and Good Practices in Health Microinsurance—A Guide for Practitioners", Microinsurance Network, Luxembourg.

Greyling, L., 2013, "Microcare Insurance Uganda—Case Study", International Labour Organization Microinsurance Paper No. 24 Geneva.

Koven, R., T. Chandani, and D. Garand, 2013, "The Business Case for Health Microinsurance in India: The Long and Winding Road to Scale and Sustainability", Microinsurance Centre MILK Brief No. 26.

Leatherman, S., C. Dunford., M. Metcalfe, M. Reinch, M. Gash, and B. Gray, 2011, "Integrating Microfinance and Health: Benefits, Challenges and Reflections for Moving Forward", Global Microcredit Summit.

Rendek, K., J. Holtz, and C. Fonseca, 2014, "The Moment of Truth: Claims Management in Microinsurance", International Labour Organization Microinsurance Paper No. 28, Geneva.

Shahrawat, R., and K. D. Rao, 2012, "Insured yet Vulnerable: Out-of-pocket Payments and India's Poor", *Health Policy and Planning*, Vol. 27, No. 3, pp. 213 – 221.

The Economist, 2012, "Asian Welfare States: New Cradles to Graves", *The*

Economist, 8 September, 21 – 23.

United Nations, 1948, "The Universal Declaration of Human Rights", Resolution adopted by the General Assembly 10/12, United Nations, New York.

World Health Organization, 2014, "Antimicrobial Resistance—Global Report on Surveillance", Geneva.

第九章

Carrera, S., and M. Merlino, 2009, "Undocumented Immigrants and Rights in the EU: Addressing the Gap between Social Science Research and Policy-Making in the Stockholm Programme?", CEPS Liberty and Security in Europe.

Cornell University Law School, n.d., 1946, US Code: Chapter 20 Regulation of Insurance, *McCarran-Ferguson Act*, 15 U.S.C. §§ 1011-15, Legal Information Institute.

International Monetary Fund, 2006, "Financial Assessment Program: Detailed Assessment of Observance of the Insurance Core Principles: Italy, Program", Washington.

Krishnan, S., 2010, "Beyond 'Non-Admitted': A Closer Look at Trends Affecting Today's Multinational Insurance Programs", ACE Progress Report, ACE Group.

Latortue, A., A. de Montesquiou, and V. Ward, 2008, "Microinsurance: What Can Donors Do?", CGAP Working Group on Microinsurance.

Magnoni, B., A. Lovoi, J. Brown, and R. Thornton, 2010, "Risk across Borders: A Study of the Potential of Microinsurance Products to Help Migrants Cope with Cross Border Risks", Inter-American Development Bank.

Mayoux, L., 2002, "Gender Dimensions of Microinsurance: Questioning the New Bootstraps", Microinsurance: Improving Risk Management for the Poor No. 7, Luxembourg, ADA.

McCord, M. J., 2007, "Partnerships: Microfinance Institutions and Commercial Insurers", United States Agency for International Development.

Vollbrecht, J., 2000, "Insurance Regulation and Supervision in OECD Countries", Insurance and Private Pensions Compendium for Emerging Economies, Book 1 Part 2, Organization for Economic Co-operation and Development.

词汇缩略及译文

全称	缩写	译文
Accidental Death and Disability	AD&D	意外死亡及残疾
Aggregate Excess of Loss	XOL	累积超赔
Anti-Counterfeiting Trade Agreement	ACTA	反伪贸易协议
Casualty Actuarial Society	CAS	财产和意外险精算师协会
Community Based Health Insurance	CBHI	基于社区的健康保险
Confederao Nacional das Empresas de Seguros Gerais	CNSeg	巴西保险联合会
Gesellschaft für Internationale Zusammenarbeit	GIZ	（德国）国际合作机构
Groupe de Recherche et d'Echanges Technologiques	RET	（法国）研究与技术革新组织
International Cooperative and Mutual Insurance Federation	ICMIF	国际合作与相互保险联合会
International Livestock Research Institute	ILRI	国际畜牧研究所
International Monetary Fund	IMF	国际货币基金组织
Internet of Things	IoT	物联网
Latin American Reinsurance Group	LARG	拉美再保险集团
Micro Insurance Academy	MIA	小额保险学会
Microf Inance Institution	MFI	小额金融机构
Microfinance Opportunities		小额信贷机遇组织
Microinsurance Catastrophe Risk Organisation,	MiCRO	小额巨灾保险组织
Mobile Network Operator	MNO	移动网络运营商
Mutual Benefit Association	MBA	互助社
Organization for Economic Co-operation and Development	OECD	经济合作与发展组织
Product, Access, Costs, Experience	PACE	产品、可及性、成本和体验
Product, Price, Place, Promotion,	4Ps	产品、价格、场所和营销
Public-Private Partnership	PPP	政府和社会资本合作

续表

全称	缩写	译名
South African Insurance Association	SAIA	南非保险行业协会
Sustainable Development Goals	SDGs	可持续发展目标
Swedish Cooperative Centre		瑞典合作中心
Third-Party Payment	TPP	第三方支付机制
United States Agency for International Development	USAID	美国国际开发署
Usage-Based Insurance	UBI	"基于使用的"保险
World Health Organization	WHO	世界卫生组织